LA BANQUISE

DU MÊME AUTEUR

ROMANS

La Dernière Cartouche, E.F.R., 1953
Le Bout-Galeux, Amiot-Dumont, 1955 ; Gallimard, 1965 (Folio)
Fleur d'épine, Gallimard, 1957 (Folio)
Un homme de trop, Gallimard, 1958 (Folio)
Les Innocents de mars, Gallimard, 1959
Les Fous de Dieu, Gallimard, 1961 (Folio)
La Chatte rouge, Gallimard, 1963 (Folio)
Je t'aimerai sans vergogne, Gallimard, 1967 (Folio)
Le Canon Fraternité, Gallimard, 1970
Les chevaux l'aimaient, Gallimard, 1972 (Folio)
Le Bouc du désert, Gallimard, 1975
La Folie des miens, Gallimard, 1977 (Folio)
Vladimir et les jacques, Grasset, 1980 (Le Livre de Poche)
Le lion est mort ce soir, Grasset, 1982 (Le Livre de Poche)
Le Bonheur du manchot, R. Laffont, 1993 (Presses Pocket)
Les Aveux du silence, R. Laffont, 1995 (Presses Pocket)

(En collaboration avec Claude Marti :)
Caminarem, R. Laffont, 1978
Les Petites Espagnes, Grasset, 1984

LES REBELLES

Les Rebelles, Plon, 1965 ; Omnibus, 1993
La Gueuse, Plon, 1966 ; Omnibus, 1993
L'Embellie, Plon, 1968 ; Omnibus, 1993

CONTES ET NOUVELLES

L'Illustre Fauteuil et autres récits, Gallimard, 1967
Les Contes d'outre-temps, Plon, 1969 (Presses Pocket)
Portes d'embarquement, Plon-France Inter, 1983
Contes à mi-voix, Grasset-France Inter, 1985
Les Mille et Une Veillées, R. Laffont, 1997 (Presses Pocket)

DIVERS

Titane et Bougrenette, album illustré par l'auteur, O.D.E.J. Presse, 1966
Ma déchirure, conte dramatique en seize tableaux, Gallimard, 1968
Mille Millions de Nippons, illustré par l'auteur, Plon, 1964 ; Julliard, 1971
Le Crève-Cévenne, Plon, 1972 ; Omnibus, 1993
La Cévenne par ses gens, sur des photos d'Alain Gas et une enquête de Kikou, Arthaud, 1972
Le Balafré, imagé par Marcel Tillard, La Farandole, 1978
L'est pas très mort, avec le Théâtre de la Jacquerie et les photos de Claude Cugny, Galilée, 1979
Lumpen, avec le Théâtre de la Jacquerie, Grasset, 1980
La Fluviale, sur des photos de Bernard Lesaing, Denoël, 1986
La Felouque des copains, sur des photos de Daniel Faure, les Presses du Languedoc
Le Petit Chabrol illustré (dessins de l'auteur), les Presses du Languedoc, 1989
Alès, plurielle et singulière, avec Jean Carrière, sur des photos d'Alain Gas, Equinoxe, 1991

Jean-Pierre Chabrol

LA BANQUISE

Roman

Production Jeannine Balland
Romans Terres de France

PRESSES DE LA CITÉ

Les personnages et les faits de ce livre sont purement imaginaires. Toute ressemblance avec des personnages, des faits ou des lieux réels ne pourrait être que fortuite.

ISBN 978-2-258-07575-7

A toutes les femmes indomptables.

Ah mois d'août 44
Maintenant il peut
Ce vieux cœur s'arrêter de battre
Je sais ce que c'est qu'un ciel bleu
Aragon

Le petit village cévenol de Bouscassel est en fête. Son unique rue, qui longe la rivière, est pavoisée de drapeaux rouges et de quelques drapeaux tricolores. Les gens rient, se donnent l'accolade à s'en étouffer, chantent des couplets de *La Jeune Garde*, parfois de *L'Internationale* mais surtout des refrains populaires arrangés pour la circonstance. Par moments, la joie s'exprime par quelques coups de feu tirés en l'air. Certains hommes en civil, arborant le brassard F.F.I., sont armés, qui d'un fusil de guerre allemand, qui d'un revolver... Ils ont rajouté ce qu'ils ont trouvé comme accessoires pour faire plus militaire, celui-ci un ceinturon, celui-là un casque de la guerre de 14... Il traîne là-dessus des souffles composés d'odeurs fortes où priment tour à tour la poudre, la poussière, la vinasse, la sueur et la crasse, et qui ont presque complètement étouffé le parfum des foins coupés, aux portes du village, que l'on rentrait dans les granges, il y a peu. C'est, dans l'air cotonneux de cette matinée d'un mois d'août torride, un pétillement très gai.

Devant le bistrot de Marie, dite «la Rumeur» à cause de sa langue, les gens se servent librement au robinet d'un tonneau que son mari, dit «le Gamate» parce qu'il est aussi maçon, vient de mettre en perce. Le bureau de tabac a été pillé, chacun s'est servi, les premiers arrivés fument des cigares, les gosses jouent au canon avec la carotte de l'enseigne, en se gavant de réglisse.

Une belle maison aux volets clos ne pavoise pas, les gens grondent en la longeant.

Soudain, on se passe le mot : «Elle arrive, tous au pont!...»

Sur le pont en dos d'âne, arrive une charrette aussitôt entourée d'une foule qui crie, certaines femmes hurlent à la mort.

— *Ti pendjarén!*

«Nous allons te pendre», le vieux cri, le hurlement oublié des rages populaires, semble resurgir soudain d'un lointain Moyen Age, tout naturellement, tout neuf.

Au milieu de ce tombereau à ridelles tiré péniblement par un vieux percheron, sur une chaise, les mains liées derrière le dos, une femme est assise, une solide quadragénaire qui baisse la tête. Ce qu'elle a de plus remarquable, c'est une extraordinaire chevelure rousse dépeignée qui lui tombe sur les épaules et devant la figure qu'elle masque. En sautoir sur sa poitrine, une pancarte se balance au rythme du roulis qu'impriment à la charrette les coups de collier du vieux canasson sur les pavés disjoints de la calade. Cette planche porte ces mots d'une écriture maladroite mais parfaitement lisible même de loin :

ELLE A VENDU SON CUL
ET SON FILS AUX S.S.

Au milieu d'une haie d'injures, de menaces, de cris «à mort» soulignés par des poings tendus, le cortège, grossi de gens accourus de loin, remonte la rue de Bouscassel pour s'arrêter devant le bureau de tabac. L'énorme sabot velu du percheron écrase de son fer une enseigne en bois verni arrachée de la façade et jetée sur les pavés. Elle porte ces mots :

DEBIT DE TABAC
Clémence Van Khyse
et Fils

Là, on fait place à Maurice Candelaire, dit « le Clouque » (celui qui couve), cantonnier municipal, coiffeur le samedi soir et fossoyeur à l'occasion. Le Clouque se hisse, aidé par des bras complaisants, sur la charrette et se place derrière la rouquine. Il brandit glorieusement ses ciseaux, pas ses outils de coiffeur, non ! des « forces », ciseaux barbares qui ne sont utilisés que pour tondre les moutons. Il fait mine de s'attaquer à l'ouvrage mais se recule sans arrêt pour exciter la populace dont les vociférations s'élèvent dans l'aigu. Enfin le Clouque attrape à pleines mains la longue crinière rousse et la tire brutalement vers l'arrière, démasquant ainsi le visage de la prisonnière qu'il force à se tourner dans tous les sens pour que les spectateurs, de plus en plus montés, n'en perdent rien.

La prisonnière est très pâle mais impassible. Sa figure est large, de proportions harmonieuses, le nez droit, les lèvres charnues. A peine quelques rides aux commissures et des pattes-d'oie au coin des yeux qu'elle ne baisse pas. Des yeux usés, d'un bleu pâli, ceux des bergers de transhumance, yeux étranges qui voient au loin avec ce regard qui semble pourtant tourné vers l'intérieur. Elle n'esquisse pas le moindre geste pour éviter les projectiles, débris de boîtes de cigares, emballages froissés, tout ce que les pillards du débit de tabac ont jeté par terre et que les plus montés ramassent à présent.

Enfin, les forces attaquent la chevelure en prenant leur temps, avec, entre chaque mèche, de grands moulinets de ciseaux qui cliquettent dans le vide.

A mesure qu'apparaît la peau blanche du crâne, les applaudissements crépitent et les gens commencent à rire. Ils se regardent rire les uns les autres, comme si chacun avait peur de rester le seul impassible, car alors toute tiédeur devient suspecte. Ainsi les rires se multiplient, se nourrissant les uns des autres à chaque boucle qui tombe, jusqu'à devenir un fracassant fou rire qui secoue Bouscassel, d'autant plus violent qu'il est né d'une longue peur. Le coiffeur jette les frisettes et les mèches aux mains qui se tendent. Le soleil une seconde, au passage, les transforme en lambeaux sanglants.

Quand la tonte est terminée, le Clouque salue dans une révérence outrée désignant d'une main son œuvre. Alors, suivant une voix surexcitée qui se met à brailler : « Allons enfants de la Patrie... », la populace entonne *La Marseillaise.*

Assis sur le marchepied de la charrette, tourné vers la tondue, le Pétronille, un gros homme flasque, la main droite mutilée, n'arrive pas à retenir de gros sanglots d'enfant.

Mais le Clouque trouve autre chose. Il enlève le panneau infamant. Il pose ses mains sur les épaules de la tondue et d'un coup il fait tomber le corsage.

C'est d'abord deux robustes épaules, bien rondes, d'une chair délicate. Puis deux seins gros mais fermes d'une rondeur attendrissante, aux larges aréoles brunes, une poitrine de mère et non d'amante, qui suggère moins la volupté que l'allaitement... *La Marseillaise* s'arrête net. La foule suspend sa respiration.

Alors la tondue relève la tête, elle regarde vers le haut, vers les cimes de ce mont Lozère qui lui fait face. Une grosse larme quitte son œil comme à regret et coule lentement vers sa bouche.

Elle se voit là-haut, dans ce paysage halluciné, où les amoncellements de rocs n'abandonnent au paysan que quelques lopins cultivables à grand-peine et de chiches pâtures. La tondue voit, sautant d'un rocher sur l'autre, une fillette maigrichonne en haillons, portant un manche de pioche et secouant dans le soleil sa tignasse d'un roux violent...

Les premiers âges de la terre avaient parsemé le crâne du vieux mont chauve de rocs énormes, du granite sans angles, pierres couchées, pierres levées, dolmens et menhirs d'avant le premier humain, colosses debout évoquant d'inquiétants pèlerins enveloppés dans leurs capes, monstres accroupis prêts à bondir, cavaliers tellement cuirassés qu'ils ne formaient qu'une masse avec leurs pesantes montures... Cette armada dépareillée donnait en ordre dispersé l'assaut sur les pentes du sommet, exhortée par une piétaille de sorciers voûtés et de sorcières encagoulées, attaque fantastique dans son inlassable élan immobile. Et les grands vents, la tramontane tantôt et tantôt le marin, jouant des trous et des bosses de ces guerriers à l'affût, en tiraient de longs hurlements d'agonie.

L'hiver, la nuit tombante dotait cette populace pétrifiée d'une vie délirante. Chaque soir, l'écolière devait traverser ce cauchemar de granite. Elle courait à perdre haleine, de toute la vitesse de ses jambes courtes mais musclées, infatigables, avec de brusques écarts pour éviter des bottes de Sept Lieues ou la face plate au nez épaté d'un cyclope sortant soudain de terre devant elle. Et lorsque le pan de son tablier frôlait l'une de ces peaux granuleuses, elle ne pouvait s'empêcher de marmonner des excuses sans ralentir pour autant. Chaque trajet quotidien était une fuite affolée dans l'histoire et les légendes au programme du cours élémentaire première année. La fillette serrait convulsivement son manche de pioche, résolue à se battre jusqu'au lever du soleil comme la brave petite chèvre de Monsieur Seguin.

Clémence Tardiou avait toujours haï la terre, elle disait volontiers « la glèbe » avec plein de salive comme pour cracher le mot qu'elle croyait péjoratif. Aujourd'hui même, elle se demandait de quand datait cette haine. Elle croyait se souvenir de cette scène : elle avait peut-être à peine quatre ans, elle était assise au pied d'un pommier rabougri, regardant son père courbé, pesant de tout son poids sur les mancherons de la charrue tandis que sa mère tirait de toutes ses forces, hurlant des insanités, sur les rênes du mulet. Le soc s'engluait dans une matière de la couleur et de la consistance du caca.

L'équipage peu à peu s'éloignait d'elle, la nuit tombait. Ni son père ni sa mère ne se retournaient un instant pour la regarder. La terre fumait sous leur pas répandant une odeur répugnante. Elle s'accrochait à leurs sabots, entrait avec eux jusque devant la cheminée. Quand plus tard on traînait Clémence aux enterrements, sur le bord de la fosse, elle comprenait que la terre avait enfin gagné... A ce seul souvenir, aujourd'hui encore, lui en venait en bouche un goût boueux comme si elle était enterrée vive et nue.

Elle aimait par-dessus tout les choses dures, lisses et brillantes. Elle garda assez longtemps une bille provenant d'un gros roulement, qu'elle prenait plaisir à serrer secrètement jusqu'à la réchauffer dans le creux de sa main. Mais son seul jouet, son unique poupée fut et resta un manche de pioche. Elle caressait sans fin la rondeur du bois poli et durci par la sueur d'innombrables paumes calleuses. Elle apprit très vite à cracher dans ses mains avant de l'empoigner aux bons endroits de sa longueur, elle exécutait ainsi des moulinets redoutables. Pour mancher un outil ou un autre, dans cette maison on avait toujours besoin d'un gourdin, mais quelques plaies et bosses firent renoncer qui tendait la main vers le jouet de la terrible gamine.

Elle n'existait pas pour ses trois aînés, et si peu pour ses parents toujours abrutis de travail. Les Tardiou étaient les paysans les plus pauvres de la commune, leur bien était si maigre qu'ils passaient leur temps sur le champ des autres. Ils ne se retrouvaient ensemble que le dimanche à l'office, sur les bancs du fond, et encore ! s'il restait de la place au temple.

Elle avait beau fouiller sa mémoire, elle ne se souvenait d'aucune couleur. Sa petite enfance était tout entière peinte en marron sale et huileux, excrément grand teint. Pas la moindre fleur. Ni le moindre moment de paresse reposante, hormis le dimanche matin au temple quand on lui laissait un siège, mais on risquait le coup de pied de la mère dans les chevilles pour vous réveiller en plein sermon.

Le mot repos n'existait pas, on disait « la pause » et la pause, c'était le tricot. Quand on avait les mains vides une minute, un ricanement sans tendresse vous faisait sursauter : « Qu'est-ce que tu attends ? qu'il pleuve ?... »

Elle était rarement battue puisqu'elle obéissait. Jusqu'à l'âge de dix ans, elle croyait que le monde, c'était ça.

Aujourd'hui, à quarante-quatre ans, Clémence essayait parfois de revoir les décors de cette petite enfance, sa maison natale en particulier. C'était flou, c'était sombre. Les siens rognaient sur la chaleur et la lumière. Elle ne voyait qu'un détail après l'autre de cette grande salle à tout faire, cuisine, salle à manger, chambre à coucher. D'un côté la cheminée, en face la cloison de planches qui séparait les humains du bétail. Une seule fenêtre étroite, entre la porte d'entrée et la pierre d'évier. Le lit des parents collé contre la cloison de planches pour profiter de la chaleur animale, les enfants couchaient dans une sorte de nid ménagé dans le foin au-dessus de la salle. Mais jamais assez de lumière pour voir l'ensemble, il fallait recomposer d'après les déplacements de la bougie. D'ailleurs, on y restait trop peu de temps, d'un sommeil à l'autre.

On n'y voyait clair que dehors, au travail, et encore... toujours le nez sur la terre car si l'on s'attardait à regarder le ciel, les sarcasmes ne manquaient pas : « Tu bayes aux corneilles... » ou « Qu'est-ce que tu attends ? que les cailles te tombent toutes rôties dans la *maïsso* ? *flaougnardasso* ! » (Voilà ce que devenaient les mots « bouche » et « fainéante » grossièrement occitanisés.)

Une poigne de fer vous appuyait brutalement et en permanence sur la nuque pour vous maintenir courbé sur la terre. Elle ne se rappelle rien des talus, des arbres, du paysage, rien que cette glèbe à toujours éventrer avec un outil dont le manche transmettait ses chocs, douloureusement, dans tout le corps...

Elle n'évoquait, les noircissant à plaisir, ces dix premières années de son existence que pour mieux jouir de son confort actuel.

En 1910, à Polilhac le chef-lieu de canton, vint s'installer un jeune médecin frais émoulu de la faculté de Montpellier. Célibataire, vivant seul avec sa mère, s'il avait embauché une servante en âge de femme, il aurait fait jaser. Moindre mal, moindre prix, il recruta une enfant : Clémence. Alors, là, elle se souvient de tout.

Il fallait que le ménage soit terminé avant 9 heures où commençaient les premières consultations. La petite Clémence partait de chez elle à 5 heures du matin, la plupart du temps de nuit, pour arriver à temps au bourg. Elle dévalait à perdre haleine, parmi les Grands Rocs, suivant les raccourcis qu'elle avait fini par découvrir, afin d'arriver à temps pour ses trois heures de travaux ménagers, et plus si c'était nécessaire. La plupart du temps, elle ne pouvait aller que l'après-midi à l'école, située à une bonne heure de course même en traversant la horde des titans de granite, et encore s'il n'y avait pas d'urgences chez elle, mais elle avait l'esprit si vif, au dire du maître, qu'elle se maintenait sans peine au niveau de ceux qui ne manquaient pas un jour. L'école lui plaisait mais moins que ses heures chez le médecin.

C'était une honnête maison bourgeoise située sur la

place presque en face du temple. Clémence découvrit là des boiseries, des tapisseries, un lustre comportant six lampes à pétrole, une cheminée dans laquelle flambaient deux troncs d'arbres apportés par le jardinier, des armoires sculptées, des crédences pleines de vaisselles de toutes sortes, de précieuses assiettes peintes qui pendaient au mur autour d'un soleil de lames de sabres jaillissant d'un bouclier, un plafond à caissons peints, un parquet de chêne qu'il fallait cirer au moins deux fois par semaine. Clémence n'avait jamais vu ça. Il y avait donc autre chose dans la vie.

Le docteur Henri Berlandier était, à moins de trente ans, presque chauve et déjà légèrement fripé. De belle taille, il portait un pince-nez qu'il faisait tomber au bout du cordonnet noir qui le retenait à son oreille gauche, quand il relevait la tête pour y voir de loin, du coup, une grimace lui crispait le visage depuis les sourcils, qu'il avait épais, jusqu'à la lèvre supérieure ornée d'une moustache quotidiennement cirée. Ce n'était pas un mauvais jeune homme, simplement, Clémence, il ne la voyait pour ainsi dire pas. D'ailleurs c'était sa mère qui menait la maison, madame veuve Hortense Berlandier. Une grande et forte femme, très droite, les épaules carrées, un visage de madone quinquagénaire qui ne souriait jamais. Elle n'appelait Clémence que « la petite rouquine », il faut bien dire que cette fillette de dix ans, à la tête carrée un peu trop grosse pour son corps trapu, n'avait de remarquable que le rouge violent de sa tignasse.

Ce n'était pas une patronne injuste, elle savait ce qu'elle voulait et ne donnait qu'assez peu de gifles et encore, pas très violentes. D'ailleurs, toujours pleine de bonne volonté, la petite rouquine ne fainéantait pas. A vrai dire, Clémence se régalait de travailler dans le propre avec de la cire d'abeille, du savon de première qualité, de laver et repasser des draps fins, de recoudre des boutons de nacre, de vider et rincer des pots de chambre qui sentaient à peine.

La maison était telle que Clémence avait l'impression

de nettoyer ce qui n'était pas sale. Il n'y avait pas d'odeurs — de puanteurs — mais des parfums. Elle en était à se laver les mains avant de faire les parquets. Dans la nuit verglacée ou l'aube estivale, elle allait au travail comme à la fête, elle avait de plus en plus de mal à se retrouver parmi les siens. Elle avait à présent une image précise de ce qu'était le paradis, une image indélébile, qui se gravait dans sa peau au jour le jour, surtout l'hiver quand, après son trajet dans la nuit et la neige, mal chaussée, mal vêtue, crispée sur son manche de pioche, épiant les bruits inquiétants des mystérieux nyctalopes de ces forêts pétrifiées, elle entrait dans l'atmosphère douillette des Berlandier. Sa peau se réchauffait, ses peurs se dissipaient, elle se sentait sortir d'un corset de torture pour déployer des ailes chatoyantes, elle n'était plus chenille, elle était le papillon se dépêtrant enfin de sa cruelle chrysalide glacée, sa prison Tardiou ! Elle était prête à filer de la soie. Elle devait se retenir de crier de plaisir, à peine entrée dans le vestibule. Elle refermait la porte derrière elle, laissant dehors toutes les laideurs, les puanteurs, les coups, les cris. Elle quittait ses sabots à l'endroit prévu pour, enfilait des chaussons, et faisait consciemment ses premiers pas sur les tapis d'une aube nouvelle.

Mais ce qui l'étonnait le plus étaient les rapports du fils et de la mère. Il l'adorait, dans le sens le plus fort, le plus religieux du verbe. Il la vénérait jusqu'à la saluer obséquieusement, flexion du genou et baisemain. Le docteur Berlandier vouvoyait sa mère, qui, elle, le tutoyait. Il s'empressait pour la servir en tout lieu de la maison, en toutes circonstances, lui coupant sa viande ou lui présentant d'abord le fauteuil, puis le coussin sous ses pieds. Clémence comprit ce que c'était qu'une reine, mieux : une reine mère !

Un matin de très grand froid, madame Berlandier accorda à sa servante transie une tasse de son chocolat chaud. C'était si bon que Clémence en fut un peu malade. Chez elle, les petits déjeuners étaient invariablement des châtaignes sèches dans du lait de chèvre. Ce qui lui valut une mémorable raclée paternelle quand elle rapporta ses gages et qu'on s'aperçut que la patronne avait retenu le prix du chocolat : « On t'a pas trouvé cette place pour t'y galavarder... » hurlaient ses parents et ses frères. Cette ponction, considérable eu égard à la modicité de son « gagné » (comme on disait à l'époque) et à la cherté du chocolat, loin d'entamer son admiration pour sa patronne, l'accrut : madame Berlandier venait de se montrer une fois de plus « femme de tête pour qui un sou est un sou... » Un modèle, décidément !

La Dame aurait pu demander n'importe quoi à sa « petite rouquine »...

— Dépêche-toi de finir ton travail et viens me peigner...

Le ménage était terminé, après s'en être assurée, madame Berlandier prenait place dans son fauteuil favori devant la cheminée où flambaient de belles bûches de chêne. Avant d'ouvrir son cabinet de consultation, son fils lui apportait son petit déjeuner. Sur le plateau, il tenait à arranger lui-même dans un petit vase les fleurs fraîches que le jardinier cueillait chaque matin. Il ajoutait le journal qu'il était allé chercher à la poste. Il se reculait un peu pour juger, clignant des yeux, de l'harmonie de l'ensemble et, avant de déposer pieusement le plateau sur ses genoux, il s'assurait que sa mère était bien installée, qu'elle n'avait plus besoin de rien. C'est seulement alors qu'après avoir reçu un baiser sur le front et donné un baiser sur la main, il consentait à l'abandonner aux mains de la petite rouquine non sans avoir accablé celle-là de recommandations tatillonnes sur l'art capillaire.

C'était pour Clémence un merveilleux moment. Elle démêlait patiemment les beaux cheveux gris, aux brillances de vieil étain, qui formaient des carottes car la patronne passait ses nuits à faire « non » de la tête au creux de ses oreillers. Au fil des semaines, elle s'y prenait de mieux en mieux, les petits cris de douleur devenaient rares. Elle lissait longuement les cheveux, les parfumait, puis, les ayant partagés en deux parties bien égales, elle les serrait en deux tresses parfaites qu'elle enroulait autour de chaque oreille. Ensuite, elle allait chercher le miroir et le présentait. Si madame Berlandier ne disait rien, c'est qu'elle était satisfaite.

C'est ainsi que Clémence Tardiou conçut son idéal : disposer un jour d'un fils et d'un fauteuil.

Mais il lui fallait bien quitter cette atmosphère enchantée pour rentrer chez elle. Quand elle avait terminé sa tâche, il n'y avait pas de raisons qu'elle reste là, à encombrer. Sur le chemin du retour, la petite rouquine devait se hâter pour retrouver les siens dans la masure où l'attendaient des travaux autrement salissants, malodorants et surtout harassants.

Chaque fin de semaine, quand elle donnait à son père les piécettes de son gagné, il y avait une scène épouvantable. Ses parents, ses frères faisaient chorus : c'était pas possible ! elle donnait pas tout ! elle regrattait ! elle les grugeait, vous allez voir, elle doit cacher des sous dans sa culotte... si elle travaillait mieux ! si elle se donnait plus de peine... si elle savait se faire apprécier, elle serait mieux gagneuse... Ils la fouillaient brutalement, elle était heureuse si elle s'en tirait avec quelques gifles, avant de se ruer sur le travail le plus rebutant qu'ils lui avaient réservé.

Cet « arrangement » (c'était le mot de madame Berlandier pour « embauche ») dura plus de quatre années pendant lesquelles la petite rouquine se développa incroyablement. Elle devint une robuste luronne de quatorze ans, déjà formée, sur le passage de laquelle louchaient les gars du pays. En particulier Arsène Maillart, le fils unique du menuisier, un presque homme de vingt ans, pas très fin, plutôt malingre mais beau parti. Ils échangeaient des sourires qui n'étaient pas sarcastiques, en arrivaient même à se bafouiller quelques mots anodins au passage quand ils ne pouvaient être entendus par personne. Une fois seulement, à la tombée de la nuit, se trouvant nez à nez à l'angle de deux ruelles, il l'avait prise dans ses bras... mais des volets s'étaient ouverts juste au-dessus de leurs têtes. L'occasion ne s'était jamais représentée.

Il faisait ses classes dans l'infanterie quand, par l'un des plus beaux mois d'août qu'ait connus la Cévenne, la guerre fut déclarée.

Vers la mi-septembre, la petite rouquine dut faire les bagages du docteur Henri Berlandier qui venait de recevoir sa feuille de route. Il lui fit mille recommandations concernant les soins à donner à sa mère pendant qu'il ferait la guerre. Ce jour-là, quand elle eut fini de coiffer la patronne, pour la première fois de sa vie, Clémence se regarda dans le miroir, et pas pour se sortir une saleté de l'œil, pas pour se presser un bouton, non, pour se voir, pour voir comment elle était. Elle se trouva bien quelconque. Elle ne vit pas que, dans sa tête formidablement couronnée d'or rouge, maintenant tout à fait proportionnée à ce corps pétant de santé, sa figure plutôt large, son nez droit, ses grands yeux bleu pâle, sa peau hâlée par toutes les tramontanes auraient pu servir de modèle pour le buste d'une forte et rustique Marianne.

Désormais, c'est Clémence qui allait chercher le journal, qui remplaçait le fils dans les mille petits soins à donner à la mère. Car madame Berlandier exigeait à présent une attention de tous les instants. Elle ne lâchait sa «petite rouquine» que de plus en plus tard sans pourtant augmenter d'un liard ses gages, ce qui posait à celle-là de sérieux problèmes à chaque fin de semaine, surtout que, ses deux aînés partis pour la guerre, il y avait de plus en plus de travail pour ceux qui restaient.

Le matin du 14 octobre 1914, Clémence venait d'apporter le journal à sa patronne quand on frappa à la porte. Elle reçut l'ordre d'aller ouvrir. Sur le perron, il y avait le maire et le pasteur raidis dans leurs costumes du dimanche. Madame veuve Berlandier les reçut debout, devant sa grande cheminée, comme si elle savait déjà. Clémence était sûre que son esprit n'avait cessé de communiquer avec celui de son fils. Quand les deux officiels lui eurent annoncé le décès du major Henri Berlandier, tombé au champ d'honneur quelque part dans la Somme, sa mère ne broncha pas, elle se contenta de les congédier d'un geste de quatre doigts. La petite rouquine, abasourdie par la noblesse de la Dame, en fut marquée pour la vie. Le pasteur l'entraîna : « Viens... j'ai l'habitude maintenant... il vaut mieux la laisser seule, reviens demain à l'heure habituelle, elle aura besoin de toi... »

C'est ainsi que Clémence se trouva avec deux heures devant elle, deux heures de libres, ce qui ne lui était jamais arrivé. Elle flâna sur les sentiers, faisant bruisser les feuilles mortes. Elle n'arrivait pas à penser au héros, ni même à ses deux frères qui risquaient d'avoir le même sort, elle était obsédée par madame Berlandier. Ce qui, bizarrement, l'amena à s'apercevoir qu'elle n'avait jamais rien vu en dehors du sentier qu'elle suivait depuis quatre ans deux fois par jour. Elle prit le temps d'observer une vipère péliade et le vol d'un vautour moine. Elle vit la couleur du ciel, celles des différents feuillages, elle respira à pleins poumons et savoura ainsi l'odeur d'un feu de broussailles assez lointain pourtant. Elle caressa du bout de ses doigts le granite d'un menhir qui lui parut amical... Elle en ressentit une sorte d'heureuse ivresse qu'elle se reprocha étant donné les circonstances... Elle faillit arriver en retard, elle avait dû presser le pas, scandant « pauvre madame ! pauvre madame... »

Son père ricana : « Au moins, il a bien vécu, lui ! » Sa mère demanda : « Et qu'est-ce que ça change pour toi ? » Le plus jeune de ses frères, qui venait d'avoir dix-sept ans, marmonna : « Pourvu que la boucherie finisse avant trois ans... »

Le lendemain, à l'heure habituelle, Clémence trouva madame veuve Berlandier morte dans son grand fauteuil, au milieu du salon, en face de la cheminée sur laquelle elle avait disposé la photo de son fils Henri. Autour d'elle les flacons vides de tous les poisons contenus dans la pharmacie du docteur.

Clémence eut le courage de contempler longuement le

cadavre. Sur la face raidie, aux yeux braqués sur le portrait, elle crut voir pour la première fois un semblant de sourire mais ce n'était peut-être que le rictus de l'agonie.

Quand elle apprit la nouvelle aux siens, ce ne fut qu'un cri : « Et tes gages ? » C'est vrai qu'on était presque en fin de semaine. Elle dut refaire le chemin séance tenante, bon gré mal gré.

La maison mortuaire était pleine de monde, on la laissa sur le seuil où l'on vint lui apporter une enveloppe sur laquelle était écrit : « Pour la petite rouquine ». A l'intérieur ses gages pour six jours de la semaine, exactement comptés, pas un sou de plus, pas un sou de moins, et pas un mot.

L'enveloppe vidée de son contenu sur la table, son père, sa mère et son frère restèrent stupides, leurs yeux allaient de ces quelques piécettes à Clémence, hésitant à la frapper comme on secoue un sac pour bien le vider...

— *Caou lous recata* (il faut les mettre de côté), n'y aura pas plus... grognait sa mère.

Alors, Clémence regarda cette femme qui l'avait mise au monde. Une vieillarde de quarante ans, voûtée, squelettique, la peau parcheminée, édentée, le blanc des yeux jaune, les paupières bordées de rouge, le cheveu rare. Clémence serra les dents, elle se dit farouchement : « Jamais, je ne serai une femme comme ça... jamais ! »

La guerre s'enlisait, jamais le mot ne fut si bien, si concrètement employé. Toute cette jeunesse qui était partie joyeuse, la fleur au fusil, pour une « promenade de santé jusqu'à Berlin » afin de reconquérir l'Alsace et la Lorraine, s'enterrait vivante.

Seuls les morts n'étaient pas ensevelis, ils pourrissaient dans le no man's land. Les mourants étaient dévorés par les rats. Les cadavres empuantissaient les survivants des tranchées amies et ennemies accablés par les hurlements d'interminables agonies.

Grands blessés ou permissionnaires, ce que ces soldats de la boue rapportaient au village renforçait la haine de Clémence pour la terre et chaque coup de bêche qu'elle donnait était assassin.

Le cadet, celui de ses frères qu'elle préférait (qu'elle supportait le moins mal), fut démobilisé à la suite de l'amputation de sa jambe droite à mi-cuisse. Dans la maison, il parvenait à se déplacer en sautillant d'un meuble à l'autre, mais pour sortir, c'est-à-dire pour aller au cabaret, il fallait le charger dans la brouette, il entraînait son père, qui la poussait, à se pocharder avec lui. En quelques mois, son caractère avait aigri, il se croyait tous les droits, jouait de sa canne, cherchait la bagarre, sûr de l'impunité due à un infirme glorieux. Il martyrisait sa mère, sa sœur et son jeune frère, qui pourtant assuraient à eux seuls, et de plus en plus péniblement, la survie de la famille. Il portait au bistrot leurs pauvres sous jusqu'au dernier, empruntant par la menace, et au moindre reproche hurlait : « C'est votre guerre qui m'a fait comme ça ! »

La pire des humiliations était, pour Clémence, d'aller faire la queue à la distribution des fripes et des denrées comme le riz et les pâtes collectées au profit des plus défavorisés avec priorité aux victimes de la guerre. L'épouse du maître d'école, qui présidait au partage, avait ses chouchous, la rouquine avec ses grands airs n'en était pas.

Presque chaque nuit, Clémence était réveillée en sursaut par le grincement de la roue de la brouette et les coups de canne furieux dans la porte, le tout assorti de jurons, d'injures et de refrains obscènes. Il fallait se lever pour mettre l'infirme au lit, et, souvent, le torcher et le changer comme un bébé. Et il était lourd, l'animal ! Le père n'aidait pas. Aussi saoul que son fils, il avait toutes les peines du monde à se hisser dans son lit où sa femme, abrutie de fatigue, ne se réveillait même pas. Le plus jeune des frères de Clémence était à bout, il parlait de devancer l'appel, persuadé que les tranchées ne pouvaient être pires que cette vie et qu'il ne fallait pas croire tous ces racontars, en particulier ceux de son vantard de cadet assez maladroit pour y avoir laissé une jambe. Sur le front au moins, on était nourri à ne rien faire. L'aîné n'avait pas donné de ses nouvelles depuis son départ, ce qui pouvait s'expliquer de trois façons : il pouvait avoir disparu dans quelque trou d'obus, ou avoir été fait prisonnier, ou avoir déserté... La famille, avec des nuances diverses, penchait pour la dernière solution, car il avait la réputation d'être le plus malin.

Le fils du menuisier vint enfin en permission. Contrairement à Clémence, il n'avait pas embelli, l'Arsène Maillart ! Le teint grisâtre, son visage était prématurément vieilli par les bouffissures dues au mauvais alcool servi abondamment aux poilus avant qu'ils sortent des tranchées pour se ruer, à travers les barbelés, sur les mitrailleuses ennemies.

Elle eut de la peine à le reconnaître. Il traînait sur un

chemin où il n'avait rien à faire, qui bordait le champ où s'échinaient Clémence et sa mère. Ils restèrent à dix pas l'un de l'autre, n'échangèrent que ces quelques mots, maladroitement :

— Alors, Arsène, comment ça va, tu es encore vivant ?

— Oh, Clémence, qu'est-ce que tu as fait de tes taches de rousseur ?

Mais déjà, la mère hurlait à sa fille de se remettre au travail au lieu de bavasser. Ils ne se revirent pas, même de loin, jusqu'à la fin de sa permission.

Clémence le jugea définitivement nul et sans intérêt, pas assez costaud pour fonder une famille et la nourrir... Incroyable qu'il ait tenu trois ans sur le front si la guerre était ce qu'on disait.

D'ailleurs, son ambition était autre, et si elle se mariait un jour, ce ne serait certainement pas avec un voisin. Pleine de cette résolution, elle bêchait avec des « han ! » étouffés, pieds nus dans la terre, jambes écartées, genoux fléchis, dos rond. Elle préparait la terre pour planter les patates, c'était au début du printemps 1917.

Quand Clémence risquait par en dessous, rarement, un bref regard vers sa mère, sa rage alors la reprenait. Elle la voyait de dos, c'était affreux, un monstre sans tête qui avançait par saccades douloureuses.

« Il faut qu'il m'arrive quelque chose pour me sortir de cette merde... » grondait-elle.

De temps en temps, par besoin et par précaution, elle se redressait, les mains sur les hanches, se rejetait vers l'arrière, dressant la tête au ciel, les yeux fermés. Ce qui soulageait son échine et, croyait-elle, la prémunissait contre l'irrécupérable voussure de sa mère. Elle refaisait ce mouvement plusieurs fois avant de se coucher. Appliquée, acharnée comme elle l'était, ce devint une sorte de tic. Cette attitude, encore qu'atténuée, devenue machinale, était l'une des raisons qui faisaient dire : « La Clémence, elle se prend pas pour une queue de cerise... »

L'armée avait réquisitionné non seulement les chevaux, qui étaient rares, mais, peu après, les mulets. Tous les hommes entre vingt et quarante ans étaient mobilisés. Il fallait produire quand même autant si ce n'est plus qu'avant, et le meilleur partait pour le front. Même ceux qui avaient pu mettre quelques sous de côté en voyaient le bout. Chaque famille redoutait la visite du maire habillé en dimanche.

Grands blessés, amputés, gazés, « gueules cassées » hantaient hameaux et villages comme des figures de cauchemars. Les plus sobres, les plus travailleurs avaient perdu leurs forces et leurs vertus. Ils avaient pris le goût de l'alcool, seule denrée qu'on trouvait encore à volonté. Il ne faisait pas bon les rencontrer le soir au coin d'un bois surtout quand on était une belle plante de dix-sept ans. Clémence ne rentrait qu'à la nuit tombée des champs lointains, seule la plupart du temps, mais toujours son manche de pioche à la main ; pour elle il n'y avait pas de héros.

Clémence avait parfois, au moment le plus inattendu et sous le prétexte le plus menu, une émotion si soudaine et si violente que des larmes jaillissaient tandis qu'elle était secouée de frissons. Voilà qui lui arriva par exemple ce matin où un chevreau s'était cassé la patte. Il gémissait et pleurait comme un enfant. Clémence ne retrouva son calme qu'en le prenant entre ses cuisses pour lui passer son couteau en travers du cou. Elle le dépouilla à chaud, tirant sa peau alors qu'une de ses pattes de derrière s'agitait encore spasmodiquement. Ce n'était déjà plus que de la viande et de la bonne, une chance qu'il se soit cassé la patte.

En 1917, la deuxième pleine lune du printemps fut implacable. Les paysans redoutent cette « lune rousse » qui fusille les jeunes pousses. Les bourgeons, exposés de nuit à sa terrible lumière, roussissent et gèlent. Pas un souffle de vent, les nuits sont très calmes, d'une sérénité meurtrière, pétrifiant les plantes. C'est sur les deux heures du matin qu'elle est la plus redoutable.

C'est à cette heure de la nuit que Clémence fut réveillée

par des coups frappés à la porte, des petits coups timides, et par son nom presque murmuré.

Elle dut tendre l'oreille pour le saisir au milieu des bruits divers, du ronflement au gémissement, des lourds sommeils de la maisonnée, et se rendre compte enfin qu'elle ne rêvait pas. Elle descendit donc, pieds nus, en chemise de nuit, pour venir coller son oreille à la porte.

— C'est moi, Arsène Maillart... Ouvre-moi, Clémence !

Elle ouvrit la porte et ne distingua d'abord qu'une sorte d'entonnoir posé à l'envers qui se dandinait légèrement. C'était bien l'Arsène en uniforme. Sa petite tête paraissait encore plus disproportionnée dépassant du col grossier de la capote militaire beaucoup trop ample pour lui. Il portait une série de musettes bourrées qui lui faisaient un énorme tour de taille. Il tenait à bout de bras, par la jugulaire, contre sa cuisse, son casque de tranchée.

Clémence distingua à une vingtaine de pas derrière l'Arsène un groupe de gens immobiles et silencieux, au premier rang desquels elle crut reconnaître le maire et le pasteur.

— Je leur ai dit de m'attendre derrière, faut d'abord que je te parle seul à seule...

L'Arsène avait dû préparer longuement son exposé, voire le répéter et l'apprendre par cœur, il le débita d'une voix monocorde sans trop chercher ses mots. Les gendarmes étaient venus lui signifier que sa permission était écourtée, on manquait sans doute de monde pour l'offensive de printemps sur Verdun. Bref, il fallait qu'il prenne le premier train de ce matin et il y avait bien trois heures de marche jusqu'à la gare. Il devait donc faire vite... Là, il hésita quelques secondes pendant lesquelles il ravala sans doute sa déclaration d'amour : d'amour, il ne souffla mot, ni rien d'approchant.

L'Arsène dit : « Je vais être tué... Ne proteste pas, je le sais, j'en suis sûr... » Clémence n'avait pas protesté, elle se taisait toujours. Dans le bref silence, on entendit la plainte du grand duc. Le pays tout entier semblait enneigé sous cette lune rousse dont la lueur spectrale figeait toute vie.

Voilà ce qu'il avait pensé, l'Arsène Maillart, dans son grand désespoir : « Les veuves de guerre touchent paraît-il une bonne pension, faut nous marier tout de suite, Clémence. Je suis allé réveiller le maire et le pasteur. Tu as qu'à dire oui, et ça peut se faire en quelques minutes, et je raterai pas mon train... »

La porte, que la jeune fille avait simplement poussée derrière elle en sortant sur le seuil et sur laquelle elle s'adossait, s'ouvrit brutalement, projetant Clémence à genoux aux pieds du permissionnaire :

— Dis oui ! Clémence, dis oui, vite !

La lune rousse éclairait cruellement leurs faces très éveillées par ce qu'ils avaient surpris, l'oreille collée à la porte. Le père avec, autour du cou, les bras noués de l'unijambiste qu'il portait sur ses épaules, la mère et le benjamin emplissaient la moitié supérieure de l'embrasure de leurs grimaces avides, soudaine vision de cauchemar qui fit reculer Arsène. Clémence se releva très mécontente, brossant des mains démonstrativement sa chemise de nuit.

— Alors ? répétait l'Arsène, pressant.

— Puisque de toute façon il va mourir... suppliait le père de Clémence.

Elle parla enfin, et tout ce qu'elle trouva à dire : « C'est vrai que tu vas mourir ? »

Elle ne savait pas elle-même dans quel sens elle voulait se rassurer. Arsène le comprit ainsi : « Alors, c'est oui ? »

Elle hésitait encore, surtout pour éviter de les faire entrer dans son taudis. On aurait dit qu'Arsène avait deviné : « On peut faire les écritures dehors, on y voit bien assez avec cette lune... »

Il fit signe, à ceux qui l'avaient accompagné jusque-là, de s'approcher.

Il y avait le maire, le pasteur, le menuisier, deux ou trois voisins réveillés pour être les témoins et les gendarmes qui regardaient de temps en temps la montre, chargés de mettre le soldat dans son train.

En conséquence, il n'y eut pas de discours ni de l'autorité civile ni de la religieuse.

— Halte-là... Pas de mariage sans au moins boire un bon coup ! glapit le père de la mariée farouchement soutenu par son fils l'infirme. Mais y a plus une goutte de raide dans le gourbi...

Ils étaient tous embarrassés, les gendarmes s'impatientaient, les témoins étaient trop loin de chez eux pour aller chercher des bouteilles. Mais le marié souleva ses musettes pour extirper de là-dessous la gourde réglementaire que son père avait remplie de bonne eau-de-vie de clinton. Et la mère de Clémence revint bientôt avec une bonbonne de vin...

— Ah ! garce ! tu nous l'avais cachée, celle-là... rugit son mari en envoyant sa femme rouler par terre d'une gifle en plein élan.

— On se pressera... marmonna le brigadier, acceptant de participer aux libations.

Les nouveaux mariés n'osaient pas se regarder.

Le permissionnaire fit enfin un pas vers son épouse. A peine Arsène effleura-t-il la joue de Clémence, mais elle eut le temps de le respirer : il sentait le propre, la remise à neuf, la graisse d'armes, le savon et la gnôle. Dès que la gourde et la bonbonne furent vidées, les gendarmes entraînèrent l'époux.

Elle leva les yeux pour le voir partir, silhouette grotesque entre deux gendarmes : « Pourvu qu'il soit tué », elle le pensait, elle s'en voulait de le penser mais elle ne pouvait pas s'empêcher de ruminer cet espoir.

C'est ainsi que Clémence Tardiou devint madame Arsène Maillart. Trois mois et cinq jours après, elle devint madame veuve Clémence Maillart.

La pension des veuves de guerre n'était pas tellement automatique. Conçue dans le but de tranquilliser les futurs défunts sur l'avenir de leur famille, que leur sacrifice devait en principe assurer, les pouvoirs publics n'étaient pas pressés de donner les sous. Il fallait apporter des preuves, réunir des certificats de mariage, de décès... et les veuves chargées d'enfants passaient d'abord, fallait comprendre...

Les Tardiou s'impatientaient, ils tournaient rageusement autour de Clémence comme autour d'une vache qui retient son lait. Ils l'accablaient de reproches, elle n'insistait pas assez, il fallait qu'elle écrive des réclamations, qu'elle fasse le siège du maire, qu'elle monte même jusqu'au chef-lieu de canton... Pour ça, ils la déchargeaient de travail, usaient de tous les arguments, allant jusqu'à soupirer hypocritement que le poilu héroïque, du haut de son ciel de gloire, devait être bien triste de voir le peu de cas que son épouse faisait du bel argent qu'il lui avait si durement gagné. Le père et le cadet étaient les plus acharnés, tarabustés eux-mêmes par le bistrotier qui leur faisait crédit sur la future pension de la jeune veuve.

La vie en famille devenait tellement intenable que le plus jeune des frères partit avec soulagement pour le front.

Clémence subissait tout cela, apparemment sereine. Son beau visage semblait taillé dans la pierre. Elle présentait en permanence une esquisse de sourire qu'on pouvait interpréter comme on voulait, on pouvait le trouver triste ou provocant, narquois ou nostalgique selon l'idée qu'on se faisait d'elle, mais c'était toujours le sourire figé sur ses lèvres tandis que ses yeux gardaient le même regard froid.

Elle subissait ces pressions, obéissait sans rechigner, contente de descendre au bourg pour les démarches qu'elle savait depuis longtemps parfaitement vaines mais, pour les accomplir, il fallait se laver, mettre ses meilleurs habits, rencontrer des gens qui l'écoutaient avec déférence d'autant plus que ça ne servait à rien. Ces relations même brèves et superficielles lui donnaient de l'importance, la mettaient en contact avec un petit monde autrement intéressant que le quotidien hargneux du « gourbi » perdu sur la montagne, elles lui rappelaient le temps heureux où elle faisait le ménage chez le médecin et sa mère.

Madame veuve Clémence Maillart parvint même à se faire recevoir par le député, le marquis Maxence du Vestard que l'on surnommait « Engeance de Bâtard ». Quand il descendait au canton, il tenait sa permanence dans la salle des mariages, à l'hôtel de ville, mais il accepta avec grâce de recevoir Clémence, qui arrivait après l'heure, dans sa chambre de l'auberge où il avait ses habitudes. C'était un grand bel homme dans la cinquantaine qui était parti volontaire dans les premiers jours de la guerre qu'il avait faite dans l'intendance, réformé d'ailleurs quelques mois après pour coryza chronique, ce qui était suffisant pour qu'il appelle feu le mari de sa visiteuse « mon malheureux camarade de combat ». Il l'accueillit en robe de chambre avec deux verres de porto, s'installa dans l'unique fauteuil et pria Clémence de s'asseoir sur le rebord du lit où elle se posa avec un petit cri douloureux.

La visiteuse ne montrait ni étonnement ni crainte. Même pas quand le député lui conseilla paternellement : « Il fait chaud ici, vous pourriez vous défaire un peu... » Sans se faire prier, elle quitta son châle, et défit les deux premiers boutons de son corsage blanc. De ce moment, il promit tout ce qu'elle voulut, les yeux rivés sur le décolleté pourtant modeste qui laissait quand même deviner deux jeunes seins ronds et fermes. Il dut s'arracher à cette vision prometteuse pour aller jusqu'à la petite table, lui faire une lettre de recommandation, sur son papier à en-tête, pour le ministre, lettre qu'il s'offrit à glisser lui-même dans le corsage. Quand elle y fut Clémence se leva, elle s'ébroua, et déclara confuse :

— C'est pas l'envie qui me manque mais ce serait pas honnête vis-à-vis de vous, ce serait mal remercier la bonté que vous venez d'avoir pour moi... A sa permission, avant de repartir pour le front, mon pauvre défunt, votre « camarade de combat », m'a passé une sale maladie... dans ma culotte, ce n'est plus qu'une plaie...

Et elle se dirigea péniblement vers la porte, accompagnée par le député qui, en resserrant la cordelette de sa robe de chambre, se confondait en consolations machinales, heureux de l'avoir échappé belle. Sa dernière phrase était un petit chef-d'œuvre d'hypocrisie :

— ... Faut pas en vouloir à nos pauvres poilus, ils ont si peu d'occasions derrière le front.

Les Tardiou l'accueillirent sur le seuil : « Alors, le député ? » Elle ne répondit que d'un haussement d'épaules avec toujours ce demi-sourire.

Sur ses dix-huit ans, Clémence changea. Ce mariage furtif, ces noces blanches, cette lune de miel solitaire au cours de laquelle, à l'aide de son manche de pioche, toute seule sur sa paillasse de la grange, sans un cri, elle força son hymen, en firent dans un flot de sang une épouse tragique, une femme achevée, à la dureté, à la brillance de l'âme des canons.

Lâcher les sabots, chausser les brodequins pour descendre au chef-lieu de canton la grandissaient. A Polilhac, on l'appelait « Madame ». Elle impressionnait les passants. Le bourg était un monde privilégié dans lequel elle se sentait sur le point d'être admise. Il lui était de plus en plus pénible de remonter à Santomel, dans la caillasse de ce flanc de montagne. L'ascension sociale était en sens inverse de l'altitude, plus on montait plus on s'abaissait, plus on « s'ensauvageait »... En revanche plus on descendait, plus la terre était généreuse, plus l'herbe était verte et grasse, plus les vergers étaient chargés de fruits, plus les gens étaient bien mis, bien polis, plus ils avaient le temps, plus l'air était doux...

Son beau-père, le menuisier Maillart, demeurait en bas, à l'entrée de Polilhac. Il lui avait fait dire de passer le voir, qu'il avait quelque chose pour elle.

C'était un petit homme gai, invraisemblablement, quels que soient les avatars, les deuils, il avait toutes les peines du monde à refréner son sourire, sa bonne humeur sautillante, et pourtant le mauvais sort s'acharnait sur lui. Il restait seul. Sa femme l'avait quitté dès avant la guerre, elle était, murmurait-on, à Marseille où elle faisait la vie. Il ne s'était pas étonné que sa bru ne soit jamais venue le voir, il était tout intimidé de la recevoir. Il fut bêtement rassuré et même conquis par son immuable petit sourire.

L'armée avait renvoyé les affaires d'Arsène, son père estimait qu'elles revenaient à l'épouse... qu'elle ait au moins ça !

Le petit menuisier avait défait le paquet puis étalé la dépouille de son fils sur son établi, dans l'ordre, en commençant par les pieds : le pantalon, la capote encore crottée de la boue des tranchées et le casque. On aurait dit un cadavre sur lequel serait passé le rouleau compresseur d'un de ces tanks à l'essai sur le front.

— Il n'a pas dû souffrir... murmura monsieur Maillart, en montrant les deux trous de la balle qui avait transpercé le casque de part en part. Il fit remarquer à sa bru que les barbes de l'orifice de sortie du projectile étaient situées sur le devant du casque, ce qui tendait à prouver que le poilu avait été tué par-derrière... Alors qu'il s'enfuyait ?... Ou par erreur ? Ou intentionnellement, par une balle française... Dans la folie des attaques, il se réglait des comptes, ce n'était pas rare, d'ailleurs on ne saurait jamais... Le père d'Arsène exposait tout ça calmement, avec son petit sourire, tandis que deux grosses larmes, épaisses comme du mercure, suivaient ses rides.

Il y avait aussi dans le paquet restitué par l'armée un luger, le revolver d'ordonnance allemand, prise de guerre. Il le remit dans le pantalon en le roulant pour remballer le tout...

— Pouvez-vous me le garder encore, je viendrai prendre le paquet le jour où je serai chez moi...

Son beau-père accepta, hochant la tête, compréhensif.

Il lui fit traverser l'atelier où l'on enfonçait dans les copeaux jusqu'aux chevilles, et la fit entrer derrière dans une cambuse d'homme seul où il dormait, mangeait, sans jamais faire le ménage. Après les bonnes senteurs de bois de l'atelier, les remugles de ce taudis suffoquaient. Mais ce qui frappa Clémence, qui en avait vu et reniflé d'autres, c'était les piles de magazines et de livres dans tous les coins.

— Tu lis ?

— Je sais... j'aimerais beaucoup... j'ai pas l'occasion...

Dans deux verres dépareillés et culottés, il lui servait un fond de cartagène :

— Choisis des livres, tu me les rendras quand tu les auras lus, ça sera une façon de te rapprocher de mon garçon...

— Chez moi, je peux pas lire...

— Alors viens lire ici, quand tu voudras, personne ne te dira rien, après tout, c'est aussi ta maison, ici...

— C'est vrai ?

— Tiens... voilà une clé, tu viendras quand tu voudras, de jour et de nuit...

Clémence contemplait ce petit homme chauve, dont les lunettes cerclées de fer dansaient sur un gros nez. Il lui paraissait étrange, comme venu d'un autre monde, il était la première personne à lui faire totalement confiance, et tout de suite encore.

Elle accepta l'invitation de son beau-père et en usa largement. Les Tardiou laissaient faire, non sans ricanements et sous-entendus égrillards. N'était-elle pas maintenant l'héritière du menuisier que l'on disait fort riche (forcément, il vivait comme un grigou !). Il devait bien cacher un magot sous les copeaux, quelque part, alors si la petite sœur savait y faire, le père après le fils, c'était presque naturel...

Dans sa jeunesse, Hildebert Maillart avait fait son tour de France sous le nom de Cévenol-la-Franchise, comme compagnon ébéniste, il en avait ramené un savoir professionnel et des idées, le premier tellement admirable qu'il faisait pardonner les secondes. On venait le supplier de loin mais il n'acceptait que les travaux qui l'excitaient et ne les réalisait qu'à sa tête. Dès qu'il avait un mois de gagné devant lui, il fermait boutique et se jetait sur ses bouquins. Il avait deux passions : le bois et la lecture, il disait : je ne vis que de mes mains et de ma tête. Et son épouse l'avait fui...

Entre Clémence et le petit père Maillart se tissaient des liens étranges qui tenaient plus d'une complicité insolite que du sentiment, ils se humaient discrètement, de la même race, une espèce humaine d'une grande rareté. Ils se parlaient très peu, ils se comprenaient d'un regard, d'un grognement. Le plus souvent, elle traversait la menuiserie dans son dos, sans le déranger, s'arrêtant parfois un instant pour admirer son travail à l'établi, puis elle allait dans la cambuse où elle faisait le ménage, ranimait le feu pour le café ou la soupe selon l'heure puis elle s'enfonçait dans le fauteuil dépaillé qui était devenu tacitement sa place, enfin elle prenait un livre et l'ouvrait à la page marquée lors de sa précédente visite. Ses visites se prolongeant, il arrivait qu'elle partage le souper du solitaire, à la préparation duquel elle apportait de plus en plus de soins. Ils veillaient encore un bon moment après la tisane, puis elle prenait son manche de pioche et rentrait chez elle par le sentier.

Elle avait commencé ses lectures par le plus facile, où il y avait beaucoup plus d'images que de textes, ce furent des numéros de *L'Assiette au beurre* de l'année 1904. Un choc!... Hermann-Paul, Grandjouan, Roubille, Delannoy, Radiguet, Hellé, Florès, Camara, Kupka, D'Ostoya... tous ces flamboyants dessinateurs anarchistes la comblaient littéralement, ils remplissaient les trous béants et sombres qu'un instinct presque animal avait creusés dans sa personnalité. Il lui semblait se régaler d'une nourriture dont elle était depuis toujours affamée. Cet hebdomadaire violemment satirique confiait chacun de ses numéros à un dessinateur qui traitait un sujet de son indignation. Pour n'en citer que quelques-uns de l'année 1904 : «Rastaquouères», «La Hurle» (la populace), «Les Larbins», «Les Diplomates», «Les Inutiles», «La Graine» (de bois de lit), «Petites et Grandes Superstitions», «Les

Bagnes de l'Amour», etc. Clémence revenait sans cesse au «Credo», du puissant dessinateur Jossot : «Je crois en une seule Déesse Toute-Puissante : L'AUTORITÉ... et en la redoutable FORCE, sa fille unique, Notre Terreur...», où la phrase : «Je crois au Saint-Esprit de RESPECT» était illustrée par un valet de chambre emportant, fronçant le nez au-dessus, le pot de chambre fumant et armorié de son seigneur et maître.

Jetant, de temps en temps, un regard sur le livre qu'elle lisait, Cévenol-la-Franchise mesurait les progrès de Clémence dans ce qu'il nommait «sa prise de conscience sociale». Il ne poussait pas à la roue, n'intervenait que rarement, pour lui glisser, par exemple, un livre ouvert à la page où il avait coché un paragraphe à son intention.

Un jour, le vieux menuisier crut pouvoir demander à la jeune veuve ce qu'elle pensait de toutes ces lectures.

— Tout ça, c'est bien beau, répondit-elle, mais la vie est ce qu'elle est, et faut faire avec...

Cela dit, haussant les épaules, avec son petit sourire.

Un bruit de cloches tout à fait insolite les attira sur le seuil de la menuiserie.

C'était un jour de fin d'automne, d'un froid sec et lumineux. L'air semblait vitrifié, il portait les sons en les faisant vibrer. La menuiserie était située sur une hauteur à l'entrée de Polilhac, de là, on prenait en enfilade toute la vallée qui formait une sorte d'entonnoir acoustique apportant et enflant le tintamarre jusque sur le bord de l'oreille. Au premier plan, les grosses cloches de la cathédrale du bourg, relayées par la campène du temple, puis par le carillon de toutes les chapelles, de toutes les églises de la vallée, jusqu'au son aigrelet des cloches de tourmente, on n'aurait jamais cru que les siècles avaient semé tant de bronze dans ce creux de montagne... Ce n'était pas le glas. Les gens sortaient dans les rues, des femmes de tous âges presque toutes en noir, tout ce peuple en deuil était silencieux comme pétrifié, c'était à n'y pas croire : le télégraphe venait d'annoncer la signature de l'armistice, on était le 11 novembre 1918. Puis les cloches s'arrêtèrent presque simultanément, comme par transmission de pensée, les carillonneurs lâchèrent les cordes, alors soudain le silence fut glacial.

Il y eut dans la vallée une longue immobilité, les gens ne bougeaient pas, ne se parlaient pas, suspendaient leur respiration comme si le moindre mot, le moindre geste pouvait casser le miracle, pouvait les réveiller. « L'armistice »... c'était quoi, exactement ?... c'était vraiment la fin ?... ça voulait vraiment dire que ceux qui étaient encore vivants ne seraient pas tués ?... Bizarrement, les gens allaient très lentement, à pas lourds, les uns vers les autres, ils se serraient la main sans oser se regarder. Des femmes s'embrassaient, des voisins fâchés depuis des lustres se donnaient l'accolade. Comme ça, sans un mot, sans un regard, et certains des plus rancuniers restaient longtemps dans les bras les uns des autres... C'était un de ces moments comme il n'y en a pas dix par siècle où les hommes se sentent vraiment frères.

Un chien qui se mêla soudain d'aboyer au milieu de la place reçut un terrible coup de sabot, il avait fait scandale.

L'instant d'après, chacun se détacha froidement de son voisin, la mère qui avait perdu deux de ses fils se rappelait aigrement que la voisine n'en avait perdu qu'un, le père du cul-de-jatte en voulait au père du manchot... Chacun se renfermait dans ses deuils, tous volets barricadés.

Au fait, c'était la victoire ?... ah bon... Pour tous, c'était surtout une victoire sur la mort.

Quelque temps après, les soldats du canton rentrèrent le même jour, par le même train : douze vivants et treize cercueils. Coïncidence ou calcul à l'économie d'un bureaucrate tatillon ? Deux charrettes les attendaient sur le quai. A la gare, on manquait de main-d'œuvre, les survivants durent aider à charger les cercueils, ils travaillaient en silence, lisant sur le bois blanc l'étiquette portant le nom d'un frère, d'un cousin, d'un ami d'enfance. D'un accord tacite, ils laissèrent la priorité au véhicule funèbre, puis les douze survivants se hissèrent sur le second. C'était un tombereau à deux roues conçu principalement pour les charrois sales, le fumier en particulier. Le modèle n'avait pas changé depuis la charrette qui mena Louis XVI à la guillotine. Ils y restèrent debout, six de chaque côté, appuyés aux ridelles et de là, ils regardaient leur pays. Ils avaient le temps, au pas pénible du cheval sur les douze kilomètres de côte entre la gare et Polilhac, les uns les yeux pleins de larmes, d'autres secoués de frissons, d'autres l'air mauvais, la mâchoire crispée. Sur le bord du chemin, des passants et quelques vieux occupés dans les champs les regardaient l'air stupide, incapables de comprendre tout de suite quel était ce charroi insolite, ils ne pouvaient reconnaître personne même pas ceux qu'ils avaient très bien connus. Ils voyaient mal ce que transportait la première charrette, d'autant plus que la seconde les hypnotisait. Des fantômes squelettiques secoués par les bosses du chemin dont l'empierrage avait été négligé pendant quatre longues années.

Avant de les lâcher dans le civil, l'autorité militaire les avait poussés à faire toilette. Ils avaient donc rasé leur barbe des tranchées, révélant ainsi le bleu-gris de peaux malsaines. Leurs visages osseux engoncés, en haut, dans le calot dont ils avaient rabattu le protège-oreilles et, en bas, par le col relevé d'une capote décolorée, avaient quelque chose de chafouin, de vaguement menaçant. Dans la traversée du hameau de Valsol, à mi-chemin, un vieux s'enhardit à demander à l'un des charretiers : « C'est qui ? »

— C'est les héros, les vainqueurs du Kaiser !

Sur la charrette, entre leurs pieds, ils avaient entassé leurs paquetages, leurs trophées, casques à pointe et fusils mauser. Polilhac ne les attendait pas, les drapeaux et les guirlandes tricolores du 11 novembre avaient été enlevés depuis longtemps, les rues étaient presque vides. Alors, de rage, ils prirent leurs fusils allemands et tirèrent furieusement en l'air, hurlant : « Nous voilà ! » La population terrorisée finit par mettre timidement le nez dehors.

Les charretiers étaient pressés de prendre le chemin du retour. Les vivants débarquèrent les morts. Les cercueils furent posés au milieu de la place, comme ça se trouvait, à la six-quatre-deux, chacun trierait les siens. Soudain éclatèrent les sanglots et les rires. Femmes et vieux se précipitaient en criant de joie au cou des revenants, s'abattaient en hurlant de douleur sur des cercueils, parfois c'étaient les mêmes qui passaient en une seconde du rire aux larmes, des jeunes femmes semblaient folles, lâchant le cercueil du frère pour étouffer dans un rire dément le cou du fiancé...

Des gens de bonne volonté apportèrent le cercueil d'Arsène Maillart chez les Tardiou, chez son épouse, quoi... Ils le refusèrent, firent barrage de leurs corps devant la porte : « Il n'est jamais entré chez nous, c'est pas maintenant qu'il va commencer... si encore il apportait la pension de la veuve, mais on n'a pas encore vu la queue d'un liard... »

Flanquée de Clémence portant au garde-à-vous le manche de pioche avec lequel elle venait de rosser les siens, la dépouille d'Arsène fut convoyée chez son père par les mêmes voisins compatissants.

Déposée soigneusement sur l'établi, la caisse oblongue de pin mal raboté jurait comme une insulte dans la menuiserie Maillart. Le vieil ébéniste apporta un magnifique cercueil de beau châtaignier ciré orné de coins en cuivre et de poignées en bronze.

— Je l'ai fait pour lui, je l'ai commencé le jour de sa mobilisation, j'ai pris les mesures sur lui... Je vais le mettre dedans... Clémence, il vaudrait mieux que tu sortes...

— Non, je veux voir, je veux tout voir. Je verrai toujours tout...

Le cadavre simplement enveloppé dans un morceau de bâche militaire avait séjourné de longs mois dans une fosse commune de la Champagne pouilleuse, il s'était ainsi presque momifié. La jeune femme ne détournait pas les yeux de cette tête de mort cireuse où les chairs restantes et l'os ne faisaient plus qu'un. Le petit père Maillart et sa bru eurent beaucoup de peine à détacher les lambeaux de la bâche. Ils s'étaient incrustés dans tout ce corps qui avait la consistance du bois et la couleur de l'acajou. Ils durent renoncer à l'habiller car ils avaient cassé deux doigts en essayant de lui enfiler sa chemise des dimanches. Ils l'enveloppèrent avec des soins infinis dans le plus beau des draps que Cévenol-la-Franchise était allé choisir dans son armoire : « Le drap de mon mariage à moi, ma pauvre petite... »

Ils l'enterrèrent sous le cyprès devant la porte, dans le petit cimetière familial des Maillart. Ils firent venir le pasteur, par correction, parce qu'ils étaient protestants, que leurs aïeux s'étaient battus pour l'être, mais ils supplièrent le ministre de Dieu de ne rien dire surtout, ni de l'Eternel, ni de la patrie, ni de rien, ils ne pourraient pas le supporter, le silence seul était respectueux, était digne. Le village comprit parfaitement cette attitude, le pasteur du canton n'eut plus rien à dire sur les morts protestants de la Grande Guerre, si ce n'est : ils sont morts en protestant.

Trois mois après, l'aîné des frères de Clémence rentra au village, sur ses deux jambes, frais et rose, gras à lard, en vainqueur volubile et tonitruant. Il avait été fait prisonnier dans les premiers mois de la guerre et avait été envoyé dans une ferme de Rhénanie pour remplacer le patron mobilisé.

— Et comment que je l'ai remplacé ! remplacé partout, ah ! ces frau... ces gretchen... et les delikatessen... et le schnaps... les plus belles années de ma vie... ne le dites pas au village, on m'y payerait plus le coup si j'étais plus un héros...

Sa sœur refusa de l'embrasser, passa en revue sa famille, son père, sa mère, l'unijambiste et le plus jeune, revenu du front gazé et totalement abruti, tous en train d'admirer le grand démerdard d'aîné. Elle se retourna et claqua la porte pour ne plus revenir.

La voiture du marquis Maxence du Vestard, dit Engeance de Bâtard, péniblement réélu député de la circonscription des Hautes-Cévennes, s'était arrêtée devant la menuiserie Maillart.

— On m'a dit que vous étiez le meilleur ébéniste du pays. Je voudrais vous montrer quelque chose, si vous voulez bien me suivre...

Le marquis fit débâcher un meuble qui était arrimé à l'arrière de sa calèche.

— Vous connaissez ça ?

— Oui, grogna Cévenol-la-Franchise, c'est une crédence à pans, sculptée, du XIIIe siècle, très rare, très belle mais dans un fichu état...

— Pourriez-vous me la réparer ?

Maillart fit la moue, il hésitait démonstrativement. Le noble insistait :

— Oui... vous, vous pourriez la remettre à neuf? Je paierai ce qu'il faudra...

Le maladroit ! Cévenol-la-Franchise aurait payé pour s'appliquer sur cette merveille. Ce qui l'embêtait c'était de travailler pour ce « politicard pourri »... Au fait...

— Monsieur le Marquis, c'est un travail à y perdre ses yeux, je suppose que vous n'avez trouvé personne pour s'en charger, je veux bien essayer mais ce sera donnant, donnant... Mon fils a été tué à Verdun. Il laisse une veuve sans rien. Qu'est-ce que vous me proposez pour ma bru ? Il y a bien des emplois réservés...

— Votre bru, elle a son certificat d'études ?

— Je pense bien, elle est même allée jusqu'au brevet, c'est une personne qui passe son temps à lire...

— Voilà qui tombe à pic, la buraliste de Bouscassel vient de mourir, elle aura le « tabac », votre bru...

Pour cette fois, le député tint parole, il voulait récupérer sa crédence en bon état.

Bouscassel, le village où Clémence s'installa, était aussi au flanc du mont Lozère mais à quatre cents mètres d'altitude seulement. Arrivant de son mas natal perché à neuf cents mètres, elle ressentit une orgueilleuse chaleur.

Les ruisselets nerveux qui serpentaient dans la caillasse des hauteurs étaient devenus cinq cents mètres plus bas une ample rivière aux colères brutales mais brèves, dans l'intervalle desquelles son cours affichait un calme aussi trompeur que celui des naturels de Bouscassel, tellement plus avenants que les rustauds d'altitude, au premier abord du moins.

Avec ses deux douzaines de feux, Bouscassel n'était qu'un hameau dépendant de la mairie de Saint-Jean-du-Val, le chef-lieu de canton situé à cinq mauvais kilomètres. Jusqu'à la Grande Guerre, Bouscassel avait été prospère grâce aux vers à soie et à une petite mine de charbon toute proche. Les paysans des alentours, esclaves de leurs champs perchés sur des terrasses exiguës, n'encombraient que rarement l'unique rue de Bouscassel où ils ne se rendaient que « pour affaires », quand ils ne pouvaient faire autrement. Vivant en autarcie, ils n'étaient pas de bons clients pour le petit commerce bouscassellois. Leurs épouses, disertes mais diligentes, leur ramenaient la provision de tabac, de pétrole, et de rumeurs de « la ville » (Bouscassel) ; on les voyait aussi à l'office dominical.

La filature à un bout, le temple à l'autre, village huguenot et cévenol typique, Bouscassel étirait sa double rangée de maisons le long de sa rivière avec, entre elles, tendrement étouffée, cette rue unique qui avait été, des siècles durant, la route royale de Paris. Elle franchissait l'eau sur le vieux pont en dos d'âne à l'arche unique, admirable d'humilité.

Le parler de Bouscassel est impossible à rendre sur le papier. La richesse de son vocabulaire en constante évolution et de ses tournures désinvoltes était servie comme dans un écrin somptueux par ce qu'on appelle communément «l'accent du Midi» mais qui n'avait, dans cette rude vallée, rien de la mollesse rigolarde qu'on lui attribue généralement. Les gens qui n'en sont pas n'imaginent l'accent du Midi que bonasse. Il est certains de ces accents, et le cévenol en est un exemple, qui rajoutent aux duretés, aux cruautés, au point qu'ils peuvent blesser même en disant des aménités. En famille et dans la rue, la langue ordinaire était le vieil occitan qui conservait encore, dans cette première moitié du vingtième siècle, pas mal des vingt-cinq mille mots de sa grande époque. Le français, fermement enseigné par l'école gratuite, laïque et obligatoire, un français très pur, élégant, un peu gourmé, pratiquement inchangé depuis Richelieu, était la langue officielle, pour les démarches, les grandes circonstances, la langue du dimanche, quelque chose comme le latin des curés. C'était la seule langue que l'on écrivait. Des vieilles paysannes, incapables de s'exprimer oralement en français courant, quand elles trempaient la plume sergent-major dans l'encre violette, étaient capables de torcher à leur percepteur une réclamation se terminant par la formule : «Veuillez, Monsieur, tenir pour agréable de me considérer comme votre très humble et très obéissante débitrice», et en cachetant la lettre, de marmonner : «Voudrièï que la testo li fouïré a chaco fés qué lou cïou mi prus én d'aquel d'aqui ! [1]» (Je voudrais

1. Les mots de francitan sont écrits phonétiquement pour le plaisir du lecteur qui lit avec l'oreille. En principe, il faut donc prononcer toutes les lettres, surtout les finales : par exemple, à Bouscassel, un mas (une ferme) ne se dit pas un mâ, mais un masse.

que sa tête se vide comme une diarrhée, à celui-là! à chaque fois que le cul me démange!) Traduction assez approximative et quand même un peu désodorisée.

L'occitan, langue sans surveillance, sans maître et sans académie, était avide et d'un sans-gêne!... Elle empruntait au français des vocables qu'elle employait souvent d'abord de façon sardonique, avant de les assimiler plus ou moins transformés. En un demi-siècle, 1900-1950, la victoire relative du français sur l'occitan aboutit à un savoureux sabir de transition qu'on est convenu d'appeler «le francitan[1]». A certains endroits de ce récit, ces mots de francitan se sont imposés d'eux-mêmes. Ces pauvres mots ne subiront pas la ségrégation de guillemets, ils seront seulement imprimés en italique, ce qui leur donnera l'air penché de croquants dans un salon. Toutefois, l'amateur pointilleux pourra trouver confirmation du vocable équivoque dans un petit lexique en fin du volume.

Le parler de Bouscassel, dans sa boulimie, se jetait sur le moindre mot qui passait pourvu qu'il imposât son sens avec truculence, fasse de l'effet sur le public et surtout soit jouissif dans la bouche de qui le formulait. C'est ainsi que le hameau cévenol s'accaparait des mots du monde entier, parvenus jusque dans cette vallée par les immigrés du travail, mineurs espagnols comme les Ramirez, polonais comme les Kandinski, mais aussi des mots razziés depuis plus longtemps, ramenés des guerres coloniales de l'Empire, et redorés par les anciens combattants de 14-18 comme par exemple «cagna». De l'annamite «maison», il fut employé d'abord pour «abri de tranchée» puis tout simplement pour cabane. Certains de ces vocables négligemment chapardés à l'étranger prenaient chair et vie dans les ruelles de Bouscassel. Ainsi «la Guitoune». De l'arabe «kitoun» (tente). Le mot désignait un abri individuel de toile, de forme ronde, évasée en allant vers le bas

1. On aura du plaisir à se reporter au savoureux ouvrage de Pierre Mazoyer *Paroles d'ici, lexique du francitan — ou français parlé de la région alésienne*, Ed. librairie occitane, Salindres, Gard.

et coiffée d'un toit conique et pointu. Le sobriquet allait comme un gant à la Guite (Marguerite) Rabastel, la femme du rétameur, «le Mastard» (le colosse), surnommé ainsi, lui, par antiphrase car il était maigrelet et fébrile, en contraste frappant avec son imposante moitié : «un ménage à la Dubout» se plaisait à dire monsieur René Renard, le jeune instituteur de Bouscassel surnommé «le Gandin» pour ses costumes et sa démarche.

La Guitoune, un mètre quatre-vingts, cent dix kilos, trimballait avec aisance et même élégance un *tafanari* qui n'entrait pas dans les fauteuils mais imprimait à chaque pas un harmonieux roulis à sa longue et lourde jupe. Son beau visage tout rond semblait vermillonné à la «Valentine». Elle arborait un petit chignon au sommet du crâne, touche finale à sa silhouette de guitoune. Sa fenêtre, au premier étage, de l'autre côté de la ruelle à l'angle de laquelle était situé le débit de tabac, était son observatoire. Personnage indispensable de Bouscassel, la Guitoune en était officieusement la sage-femme. Un peu sorcière aussi, elle avait une réputation méritée pour la guérison des brûlures. C'est elle, naturellement, qui fut la première au courant pour la nouvelle buraliste.

C'est trop peu dire que Clémence arriva par une après-midi à Bouscassel : elle y fit son entrée. Elle n'avait pas encore amené ses bagages, elle avait les mains vides sauf le manche de pioche qui ne la quittait jamais, à toutes fins utiles. Elle traversa la rivière par le vieux pont en dos d'âne, d'un pas lent, la taille cambrée, coudes en arrière, le regard droit devant elle, elle faisait ainsi une apparition conquérante.

Elle restait vêtue en veuve, sa chevelure rousse rassemblée en chignon sous un chapeau cloche tout simple retenu par deux longues aiguilles. Un châle tricoté d'épaisse laine brute dont la pointe descendait jusqu'à couvrir totalement les reins, une ample robe qui arrivait jusqu'aux bottines à boutons, le tout : noir.

Soudain, un troupeau piaillant et débridé de très jeunes filles déboula du pont dans son dos, s'arrêta net et se tut. C'étaient les fileuses espagnoles, venues d'Aldeaseca de Alba, qui allaient manger leur gamelle de midi à la fontaine. La guerre avait causé un tel manque de main-d'œuvre que les familles cévenoles gardaient leurs enfants sur leur terre pour tous les travaux y compris les plus durs, ceux qui incombaient jadis aux pères et aux frères pris par l'armée, et parfois rendus par elle, mais dans quel état ! Ces jeunes Espagnoles, importées pour la saison des cocons, vivaient dans une sorte d'internat très rigide, confinées entre les murs de cette filature qui dressait sa haute et orgueilleuse bâtisse à l'écart du village, de l'autre côté du pont, contemplant de haut Bouscassel dont la séparait la rivière. Derrière les jeunes filles pétrifiées apparut la silhouette crochue du curé de leur village venu avec elles de Salamanque, et à leurs frais, pour les surveiller de près, apparition sinistre du capelan soupçonneux dans ce village sans église. Il claqua ses mains osseuses et les filles, leur rire perdu, filèrent en bon ordre dans le sentier de la fontaine.

Clémence continuait de sa démarche lente et souple, et voyait tout sans rien regarder. Le facteur lui lança : « Si c'est pas malheureux de voir ces pauvres *droulettes* !... » Et il replongea dans sa boîte à trier son courrier, Clémence s'aperçut alors qu'il n'avait qu'un seul bras. Pour mieux la voir passer, le cordonnier cul-de-jatte sortit de son porche, roulant des deux mains son fauteuil Voltaire monté sur roues de bicyclette. Le forgeron s'arrêta un instant de frapper sur l'enclume et se tourna vers elle de biais car il avait un bandeau noir sur l'autre œil. Deux vieilles portaient sous leur bras leur linge à la rivière. Des gamins jouaient à la guerre avec des fusils en bois de leur fabrication. Un jeune paysan, qui avait une jambe raide, faisait reculer sa jardinière sous un appentis, forçant sur le mors de sa mule qui résistait en soufflant, de l'écume aux naseaux.

Clémence longeait des maisons de gros galets à un seul

étage sur cave ou écurie. Un escalier extérieur permettait d'accéder au logis. Le talon de ses brodequins sur le pavé faisait taire les conversations et attirait les gens sur le pas des portes. Une douzaine de cyclistes, dont les yeux et les dents luisaient diaboliquement au milieu de leurs gueules noires, arrivaient dans son dos, c'étaient les mineurs du poste de jour qui sortaient de leur trou de charbon.

Jeunes ou vieilles, toutes les Bouscasselloises étaient en noir. Père, époux, frère ou fils, chacune avait perdu au moins un homme à la guerre. Toutes portaient, à des degrés divers, le deuil empreint sur leur visage.

Clémence s'arrêta au milieu de la rue, en face d'une porte fermée par deux vantaux de bois plein surmontés de l'enseigne à la carotte rouge. Les gens hochèrent la tête en se consultant du regard. Un bruit insolite les fit sursauter : en mettant les mains sur ses hanches pour mieux rejeter ses coudes en arrière, Clémence avait laissé tomber son manche de pioche. Elle était arrivée chez elle.

Le bureau de tabac se trouvait vers le milieu de la rue de Bouscassel, en face de la forge, sur le côté gauche, à l'angle d'une ruelle aboutissant à la rivière... La clientèle entrait par la grande porte. La boutique, quatre mètres sur cinq environ, était sommairement meublée d'un comptoir le long du mur de gauche, d'un tourniquet présentant des cartes postales, d'une petite table ronde et de deux chaises dans l'angle droit du fond. Les paquets de tabac, cigarettes, cigares, réglisses Car, tubes de coco et autres friandises étaient soigneusement rangés sur des étagères étroites derrière le comptoir. Le tout dans un ordre et une propreté irréprochables. Les murs étaient décorés par des calendriers, et des affiches de réclames dont la plus jolie, la plus regardée aussi, représentait une fillette en tablier à fleurs et bas noirs, au regard émerveillé, coiffée avec des tresses, qui, après avoir déposé son grand parapluie et son panier, se hissait sur la pointe des pieds pour écrire sur une vitrine « Chocolat Menier ».

Ce qui frappait le plus l'étranger dès l'entrée, c'était l'odeur, l'odeur unique et irremplaçable qui était celle de tous les bureaux de tabac d'alors dans le Midi. C'était un mélange savant des parfums de l'Orient, cela participait du musc, de l'ambre gris, du camphre et de l'arôme des virginies, des marylands, des hollandais, des turcs, des havanes, des bonbons de toutes sortes, de la vanille et de la réglisse... Et par-dessus tout ça, dominants, des effluves venus on ne savait d'où, qui contribuaient grandement au plaisir du nez, et dont le plus minable débit de hameau était riche. Ce n'est pas sans raison que tant de ces orgueilleux petits commerces revendiquaient l'enseigne : à la civette, en hommage à ce mammifère carnivore au pelage gris et noir qui sécrète cette matière onctueuse et odorante d'où l'on extrait tant de parfums.

A Bouscassel, cependant, on ne fumait guère que du gris, caporal ordinaire en paquet cubique. Quelques délicats préféraient les « toutes roulées ». D'impécunieux originaux par un jour de fête s'offraient une Camel, vendue à l'unité. Pour le Magnat, l'ancien filateur, il fallait des cigares, pour la belle madame Leraton, du tabac turc, alors que son mari, le notaire en retraite, ne supportait dans sa pipe en écume que du Semois importé de Belgique... Même en toutes petites quantités, ces tabacs d'exception imposaient leur personnalité dans la fragrance d'ensemble, avec l'insistance des minorités. Quand les ballots arrivaient, leur emballage de grosse toile libérait le fumet des cales, celles des cargos de Manille ou de Panama, imprégnant discrètement la boutique d'un soupir d'aventure océane. Ce délicat cocktail de senteurs a charmé, sans qu'ils s'en rendent compte, des générations de gamins du début de ce siècle.

Quand madame veuve Clémence Maillart déverrouilla les volets, la vieille buraliste était morte et enterrée depuis plus de trois mois. Le débit de tabac était fermé depuis, il sentait fort : toutes les composantes des senteurs d'un bureau de tabac concentrées. La nouvelle titulaire se campa sur le seuil, les poings sur les hanches, les épaules rejetées en arrière, le menton levé, et elle renifla trois grands coups, elle aima immédiatement sa nouvelle respiration.

A droite, dans le prolongement du comptoir, une porte donnait sur une cuisine avec sortie sur la ruelle. L'espace y était occupé par une cheminée, un évier de pierre sous une fenêtre étroite, une table, quatre chaises de paille et un escalier de bois du type « échelle de meunier » qui permettait d'accéder au premier où deux chambres jouissant chacune de deux fenêtres étaient beaucoup plus claires que le rez-de-chaussée. Pour la pièce de devant, une fenêtre donnait sur la rue, l'autre sur la ruelle. La chambre dans laquelle on arrivait par l'échelle de meunier avait aussi sa fenêtre sur la ruelle, mais la deuxième s'ouvrait directement sur la rivière. L'escalier de bois se poursuivait jusqu'à la trappe d'un grenier assez grand mais où l'espace était mangé par la poutrellerie. Il était pourtant lumineux grâce à un assez grand vasistas.

Les héritiers de la buraliste défunte étaient venus en coup de vent, vidant les tiroirs sur le sol, fouillant avec la rage de cambrioleurs déçus. Clémence s'assit au milieu de ce fouillis, vit des photos jaunies, lut des lettres, des cartes postales, des reçus, des extraits de naissance, de mariage, des avis militaires de « mort pour la Patrie », des demandes d'argent de la part d'enfants et de parents accrochés à ses basques pour dépouiller jusqu'au dernier sou la veuve pensionnée, puis des traites impayées, des exploits d'huissier. Le dernier faire-part était celui de son fils tué dans un accident de chasse. Clémence put sans peine reconstituer la vie modeste et malheureuse d'une femme qui s'était dévouée pour les siens et s'était retrouvée vieillie, seule, méprisée, traquée…

La nouvelle buraliste fit un feu pour détruire les seules traces de cette vie lamentable. Assise devant la cheminée, son manche de pioche entre ses genoux, ses deux mains croisées dessus et servant d'appui à son menton, elle réfléchit longtemps, le regard perdu sur les photos qui se tordaient douloureusement, en proie aux flammes que leur chimie bleuissait. Quand tout ça ne fut plus qu'un monceau de cendres à briser de la pointe du pique-feu, elle revint dans la boutique et chercha une place où cacher son manche de pioche tout en le gardant à portée de la main. Finalement, elle le glissa sous le comptoir, accessible aussi bien quand elle était derrière la banque que lorsqu'elle était adossée devant : il lui suffisait alors de passer le bras par-dessus.

Bouscassel ne fut pas long à lui apprendre que la vieille buraliste s'était suicidée.

1924... Depuis près de quatre ans, madame veuve Clémence Maillart était la buraliste de Bouscassel. Elle tenait parfaitement sa place, se faisait respecter et même apprécier. Elle avait appris à connaître chacun de ses clients, leurs besoins et leurs manies.

Ce matin-là, quand elle ouvrit les doubles volets de la porte-fenêtre du bureau de tabac, comme à un signal, l'orage qui avait grondé toute la nuit éclata avec une violence démesurée, transformant la rue en ruisseau, dans un accompagnement de tonnerre et d'éclairs dont les faux jours bleutés dessinaient un quart de seconde la pierre des façades... La vallée était habituée à ces coups de fureur céleste en plein été, tranchants comme des coups de bistouri acharnés à crever le gigantesque phlegmon purulent des semaines de canicule. Les Bouscassellois en ressentaient une sorte de soulagement et contemplaient de leur fenêtre le ciel bas, noir et lourd, zébré par la foudre, avec un sourire et des soupirs de soulagement : c'était bon pour les jardins, ça promettait des cèpes...

La pratique ne se bousculerait pas ce matin. Les rares passants traversaient la rue en courant au clapotis de leurs sabots, courbés, la tête et les épaules couvertes d'un sac de farine vide déformé en capuchon. Clémence commença à balayer la pièce par le fond.

Soudain, le peu de jour qui parvenait jusqu'à elle par la porte ouverte sur la rue s'assombrit, la nuit traversée d'éclairs tomba au fond de la pièce et la fit se retourner d'un bond. Elle sursauta, reconnaissant aussitôt la haute silhouette qui bouchait la porte, c'était bien lui : le docteur Henri Berlandier ! Il n'était donc pas mort à la guerre et il venait la chercher... Pas tellement étonnant : des poilus, qui avaient été abandonnés pour morts dans un trou d'obus du no man's land, entre deux attaques, étaient finalement recueillis par l'un ou l'autre camp, sauvés. Ils traînaient dans des hôpitaux de l'arrière alors que leur décès était déjà annoncé chez eux. Dans chaque département, il y avait deux ou trois de ces revenants, assez pour entretenir l'espoir fou des parents de disparus.

C'était lui, pas de doute : grand, un peu voûté, avec son crâne chauve qui brillait maintenant qu'il avait quitté son chapeau ruisselant et le secouait en franchissant le seuil. Son pince-nez se balançait au bout du cordonnet noir, deux perles de pluie tombaient des bouts de sa moustache... Cela faisait... voyons... 1914 à 1924... tout juste dix ans... il n'avait pas changé, le grand chéri de madame Berlandier, l'amoureux de sa maman... De même, là, il devait la reconnaître facilement, il ne l'avait toujours vue que le balai à la main... Il était là, planté dans le contre-jour, auréolé par à-coups de lueurs bleutées comme un saint couronné de gloire sortant de sa niche...

Et Clémence restait sur place, dans le fond, le balai d'une main, la pelle de l'autre, sans faire un pas, sans dire un mot, retenant son souffle.

Alors l'apparition se décida à parler :

— Pardonnez-moi, madame, je suis en train de mouiller, de salir, de crotter votre parquet... Je suis parti au petit jour de Saint-Jean, à pied, par le sentier de la vallée, et je me suis laissé surprendre par l'orage... (il éternua brutalement et, confus, s'excusa d'une courbette) dans quel état je me suis mis !... j'ai honte... C'est que, chez nous, on n'a pas l'habitude de ces brutaux changements météorologiques en plein été, en pleine canicule...

Clémence s'approchait peu à peu, avec une lenteur craintive, quand il partit dans un enchaînement de terribles éternuements qui semblaient ne pouvoir s'arrêter jamais. La buraliste fut pliée en deux par un fou rire dont les secousses semblaient accompagner les spasmes du visiteur. Ils s'arrêtèrent en même temps, se redressèrent, reprirent leur respiration, et se regardèrent :

— Pardonnez-moi, murmura Clémence, c'est pas de vous que je me moque, c'est de moi... Je vous avais pris pour un autre...

— C'est, madame, que je suis fragile des bronches...

— Je m'en doutais, vous ne pouvez pas rester comme ça, venez, suivez-moi, j'ai pas allumé un grand feu ce matin, juste de quoi réchauffer mon café, mais j'ai du bon chêne bien sec, en trois minutes vous aurez un feu d'enfer pour vous sécher...

Elle s'affairait avec efficacité. Pendant que s'enflammait le gros fagot, elle lui fit un grog brûlant.

Il protestait :

— De l'alcool... à cette heure-ci ?

— C'est pas de l'alcool, ça, c'est une *poutingue*, de la médecine !

Elle disposa quatre chaises autour de la cheminée, dossiers tournés vers le feu. Lui, navré, contemplait la flaque qui s'étalait autour de lui, marmonnait des excuses : « Je sens le chien mouillé... je vous en prie, madame, ne prenez pas tant de peine... », le tout entrecoupé d'atchoum qui les faisaient encore sourire tous les deux. Enfin, elle se fit très autoritaire, apportant un drap et une couverture.

— Laissez-moi faire... Pas un mot, hein... Je vais vous laisser seul le temps qu'il faudra, tout seul... d'ailleurs, j'ai à faire derrière mon comptoir... Vous allez quitter toutes ces nippes trempées et les disposer sur le dossier de ces chaises... J'ai rien à vous prêter comme vêtement, y a pas d'homme dans la maison, mais en attendant que tout sèche, prenez ça, vous aurez l'air d'un bicot...

Elle le laissa seul, referma ostensiblement derrière elle la porte de communication, se dirigea vers la sortie mais là, elle quitta ses galoches et revint silencieusement sur ses pieds nus coller un œil sur la fissure de la porte de communication. Le visiteur finissait de se déshabiller. Puis il s'étira tout nu face au grand feu, se retourna pour lui présenter son dos, ses fesses. Il était beau, bien découplé, il se dorait sur toutes les coutures en faisant rouler ses muscles les uns après les autres... Clémence mit la main sur la poignée mais la retira vivement comme si elle brûlait, et retourna sur ses orteils récupérer ses chaussures à semelles de bois. Elle commença son ménage matinal par le devant du comptoir.

Un moment après, n'y tenant plus, elle refit le même trajet furtif : assis du bord des fesses sur l'une des chaises, tendant ses orteils aux flammes, enveloppé dans le drap de lit, il était beau comme le César dans sa toge sur le dessin du manuel d'histoire (cours complémentaire première année) d'Ernest Lavisse.

L'inconnu dormait avec de petits cris attendrissants... Mais pourquoi n'était-ce pas le docteur Henri Berlandier, pourquoi ne suis-je pas sa mère ?... scandait en elle-même Clémence sur la cadence de ses coups de balai...

Il ne pleuvait presque plus, les fumeurs allaient rappliquer. Maintenant que l'orage s'était arrêté, on entendait le grondement de la rivière qu'il avait gonflée en deux heures. La première cliente fut la Guitoune qui arriva, roulant d'une hanche sur l'autre. La grosse commère voulait un timbre-poste, prétexte à bavardage. Alors que Clémence lui rendait la monnaie en prêtant une oreille distraite aux derniers potins du village, la porte de la cuisine s'ouvrit et l'étranger parut, tout habillé heureusement, brandissant le drap qu'il ne savait où mettre.

— Je vois bien que je vous dérange... fit la Guitoune l'air pincé, et elle sortit avec la pesante dignité d'une vieille chaloupe.

— Je crois bien que je vous compromets...

— Oui... Prenez l'autre bout du drap et aidez-moi à le plier...

Ainsi, ils étaient forcément debout bien en face l'un de l'autre. Comment me voit-il ? Il la voyait mal, à contre-jour, dans la pénombre du fond, il appréciait pourtant la fière et robuste silhouette d'une demoiselle (pensait-il) de vingt-quatre ans, droite et décidée, dont le tablier sans élégance laissait deviner des formes libres, alliage piquant de naïvetés et de savoirs qui n'était pas rare chez celles qui avaient passé leur adolescence entre 14 et 18... Clémence le voyait assez bien, elle, dans la lumière mauve qui perçait après l'orage. C'était bien le jeune frère du docteur Henri Berlandier, surtout que, pour plier le drap, il avait chaussé son binocle qui dansait sur son nez à chaque parole. Quand ils en arrivèrent au moment où il faut plier le drap par le milieu, ils se trouvèrent fatalement rapprochés nez à nez...

— Madame Clémence, pour deux sous de pâte à mâcher, siouplaît!...

L'Adé (Adélaïde), dix ans, fille de la Guitoune, laquelle avait sacrifié deux sous pour l'envoyer voir. Malheureuse enfant, l'esprit de sa mère et le physique de son père, malingre, museau de musaraigne, petits yeux de rongeur qui tentaient de voir le monsieur derrière Clémence.

— Pose ta pièce sur le comptoir et sers-toi, je sais que tu es honnête, toi!... répondit Clémence sans se retourner, toujours figée au nez à nez avec le jeune homme.

Elle ajouta :

— Et va dire à ta mère que je couche à pied, à cheval et en voiture et que je prends qui je veux... et que je compte sur elle pour annoncer la nouvelle du temple à la filature...

Du coup, de rire, le lorgnon bondit du nez et se balança entre leurs deux poitrines comme un fil à plomb.

Il riait, elle ne riait pas.

— Je ne sais comment vous remercier, il faut que je parte, mademoiselle... fit-il, très gêné en se passant l'index sous l'oreille.

— «Madame», corrigea-t-elle, puis le regardant fixement dans les yeux : pourquoi?

La nuit retombait brutalement et, sur un terrifiant coup

de tonnerre qui parut ébranler Bouscassel, l'orage creva de nouveau. Les éléments prenaient parti à leur place.

Il y avait cette petite table poussée contre le mur avec deux chaises à la disposition des gens qui voulaient remplir les cartes postales qu'ils venaient d'acheter. Ils pouvaient ensuite les glisser dans la boîte aux lettres suspendue à la porte. Elle le fit asseoir en face d'elle. Il se remit à éternuer :

— Vous voyez bien, lui dit-elle, sans même sourire. Nous allons être tranquilles un moment : les curieux n'aiment pas se faire tremper.

Dans l'étouffante pénombre cisaillée de fulgurances d'acier bleuté, ils parlèrent. Tant que dura l'orage, ils parlèrent. Bientôt, elle sut tout de lui, bientôt il sut tout sur elle. Il la regardait de plus en plus franchement et la devinait de mieux en mieux.

— Je m'appelle Jocelyn Van Khyse... rassurez-vous, ce n'est pas un nom allemand, mes aïeux étaient flamands, c'est quand même un nom difficile à porter...

Il faillit dire : vous verrez... mais se contenta de l'épeler très lentement. Elle répéta à mi-voix : Van Khyse, comme si ce nom allait avoir de l'importance pour elle.

Il racontait qu'il était ingénieur, présentement chargé d'étudier les possibilités d'amener le courant électrique dans la vallée...

— Je vais vous ruiner... dit-il en montrant les paquets de bougies et l'écheveau des mèches pour lampes à pétrole suspendu au-dessus du comptoir.

Mais elle se contenta de hausser les épaules, elle ne riait pas, ce qui le déconcertait mais l'intriguait et l'attirait. Il logeait à l'Hôtel Moderne de Saint-Jean-du-Val depuis quelques jours. Il avait trente ans... « Déjà ! les études sont longues... » Français, il n'avait été mobilisé que dans les derniers mois de la guerre car il avait été affecté spécial comme technicien « ... Bref, j'ai eu toutes les veines... » Il se frictionnait d'un doigt sous l'oreille comme pour masser une glande.

— Moi, je suis veuve de guerre... (Voyant qu'il se

redressait, visiblement refroidi, et se lançait dans les condoléances de rigueur, elle s'empressa d'ajouter :) Oh ! c'est pas ce que vous croyez... c'était uniquement une question d'argent...

Elle ne s'expliqua que sobrement, et pourtant il était de plus en plus attiré, il subissait un charme qui lui était inconnu et qui — c'était absurde — le pénétrait d'angoisse. Cette jeune femme si bien faite pour l'amour ne dégageait pas une séduction de type courant. Elle ne jouait pas le jeu, elle n'avait pas non plus ce grain de folie qu'il avait apprécié dans quelques-unes de ses précédentes aventures, et qu'il avait su utiliser en virtuose. Celle-ci ne se manierait pas facilement, elle n'avancerait pas un pied sans avoir posé l'autre sur un terrain solide. Et pourtant, centimètre par centimètre, il se rapprochait d'elle, se penchait un peu plus sur la table, avançait sournoisement ses coudes. Il se surprenait lui-même, se traitait de benêt, mais il subissait une aimantation proprement physique, délicieuse et inquiétante à la fois. Il répondait à ses questions sur le même ton, c'est-à-dire sur un souffle, machinalement, obsédé par son odeur de propreté ménagère, sans chichis, ni poudre de riz, ni crème, rien que la peau, la chair et une aigrelette, guillerette transpiration... Soudain il se rendit compte qu'elle s'intéressait à sa santé, à celle de ses parents, de ses aïeux, aux maladies qui couraient dans son pays natal, lesquelles étaient héréditaires ? Moins insolites quand même, ses questions sur sa mère, sur la qualité de ses relations avec elle... Il se demandait où elle voulait en venir, si ce genre de curiosités s'inspirait d'une lecture, par exemple d'un de ces dictionnaires médicaux à bas prix dont les colporteurs inondaient la campagne française. Les questions étaient posées si habilement qu'il ne pouvait s'empêcher de répondre sans protester, d'ailleurs « il n'avait rien à cacher », jurait-il, la main sur le cœur.

Elle se leva, elle qui était face à la rue. Elle gardait les pieds sur terre, elle venait de s'apercevoir non seulement que la pluie avait cessé mais que trois ou quatre de ses clients passaient et repassaient lentement devant la porte du bureau de tabac, affichant une discrétion appuyée de quelques commentaires narquois. Il comprit qu'il devait partir. Ils se dirent au revoir debout, elle adossée à son comptoir dans ce recoin qui les dissimulait un peu à la curiosité publique.

Les derniers mots étaient difficiles à trouver, alors, gentiment, il montra l'un des bibelots exposés à la vente : sous une cloche de verre de dix centimètres de haut, un couple de mariés debout sur un rocher... il murmura à son oreille : « c'est mignon... » et, dans ce mouvement, il lui effleura les seins de son index. Aussitôt, elle passa son bras droit par-dessus le comptoir et, sa main droite, à l'aveuglette, mais sans hésiter, empoigna le manche de pioche... elle le relâcha presque aussitôt, reprit son calme. Elle écarta insensiblement Van Khyse de sa poitrine et avec son étrange sourire prit le bibelot, le retourna puis le remit sur son socle. Une tempête de neige tomba sur le couple de mariés.

Ils se promirent de se revoir.

Ils se revirent toute la belle saison, en se cachant comme des adolescents. Jocelyn Van Khyse avait le goût du secret, « on est plus proche, loin du regard d'autrui, disait-il, les véritables sentiments n'ont pas besoin de publicité ». Clémence, d'abord un peu étonnée, adhéra volontiers à cette clandestinité qui correspondait à sa pudeur ainsi qu'à sa méfiance à l'encontre des méchantes langues de Bouscassel. Et puis Jocelyn parlait si bien, sa voix était si prenante... Ils se donnaient des rendez-vous dans des endroits impossibles où ils se rejoignaient par des sentiers différents. Les plus jolis coins étaient déjà connus et fréquentés, alors ils se rabattaient sur des sites rébarbatifs, comme le puits de mine abandonné du Bosc, un enchevêtrement de ferrailles rouillées dans la clairière d'un bois touffu. Bientôt, ils aspirèrent à un peu plus de confort. Ils se marièrent donc le premier octobre 1924 à Saint-Jean-du-Val. Les bans avaient été publiés au plus simple : deux lignes sur la feuille d'avis municipale, deux noms, Van Khyse et Maillart, qui ne disaient rien à personne.

— Ce n'est qu'une démarche, Clémence chérie, nous ferons un grand mariage, des noces flamandes ! Chez moi, dans le Nord, lorsque je te présenterai à ma nombreuse famille...

Elle ne lui avait accordé, tant qu'il ne lui avait pas passé la bague au doigt, et malgré son insistance parfois à la limite de la brutalité, que les trois bises de la montagne cévenole sur les deux joues, deux fois par rendez-vous, trois à l'arrivée, les trois autres en se quittant. Son témoin fut son beau-père, Cévenol-la-Franchise. Son témoin à lui fut la patronne de l'Hôtel Moderne où ils firent le repas après lequel ils empruntèrent le tortillard pour descendre à Alès. Ils passèrent leur nuit de noces dans le meilleur hôtel, le Riche, en face de la gare.

Le lendemain, au petit jour, elle prit le premier train pour rentrer à Bouscassel, seule.

Neuf mois après, elle mit au monde un enfant.

La Guitoune n'était pas près d'oublier cette naissance :

— De mon côté, j'étais enceinte de mon Miston (il a juste deux mois de moins que son Riri)... C'était pas encourageant de voir ça, toute sage-femme que j'étais j'en menais pas large...

L'accouchement dura trente-sept heures, montre en main, un jour et deux nuits pendant lesquels Clémence subit d'effrayantes tortures, sans crier, sans gémir, sans même se plaindre.

— *Quanté patidouïré* ! N'importe quelle autre femme aurait enduré le tiers du quart du commencement de ce qu'elle a souffert, s'exclamait la Guitoune, personne à Bouscassel aurait pu fermer l'œil de ces nuits-là... Elle : rien ! *pamén* ! elle est dure, j'ai jamais vu ça de ma putain de vie ! c'est un homme, cette femme ! (baissant la voix) : par moments, elle me fait peur...

Et, en allant vider les seaux d'eaux teintées de sang dans la rivière, la sage-femme ronchonnait contre tous les mâles... « Maris ou pas, ils sont vraiment que des moins que rien... comme si son homme n'aurait pas dû être là, au moins dans la cuisine, en bas, à attendre, à faire chauffer l'eau... Ah! ces je-m'en-foutistes!... ils prennent leur plaisir, et puis salut! moi, je m'en balance; comme dans la chanson : "Moi, ça m'est égal! chuis pas d'ici, chuis du Sénégal!" Ah! quelle engeance! je te le mets, à toi de le pondre, c'est moi qui bois, c'est toi qui trinques! On a bien raison de le dire, pour les femmes, l'enfant c'est une minute de plaisir (et encore!...), neuf mois à le faire et une vie à le regretter!... »

Au milieu de ses douleurs, la parturiente, accablée par les récriminations de la remuante « sage-femme », parvenait parfois à porter l'index à ses lèvres craquelées, mais sans assez de forces pour dire chut!

Un mois durant, la Guitoune ressortit à toute occasion sa diatribe basée sur le courage de Clémence Van Khyse pour aboutir à la condamnation définitive de tous les hommes présents et à venir. Elle essayait, avec plus ou moins de succès, d'entraîner ses commères. Bien sûr, la Céline ne pouvait la suivre sur ce terrain. Il est vrai que la pauvrette était née par une nuit noire, elle ne pouvait donc pas avoir d'enfants. Elle était de ces femmes sèches qu'on nomme des « sans-lune ». Elle se rattrapait, la bonne pâte, en s'inquiétant pour les autres :

— Mais aussi! le *péquélet*, quand il est sorti de ce massacre, il était *trassette*, on aurait dit un écureuil écorché, maigre comme une fourchette, soupirait-elle. (C'était la plus serviable des voisines, une menue personne, effacée. La Céline était la femme du Clouque qui la battait.) On était sûr qu'il était pas fait pour vivre, son *moutchachou*, cette pauvre Clémence n'en dormait plus, peur qu'il s'en aille comme ça, dans la nuit... ça lui passera jamais, *peuchérette*! cette peur!

La buraliste déclara son fils sous le nom d'Henri Van Khyse et commanda la fameuse pancarte « et Fils ».

Elle refusa, courtoisement mais fermement, le baptême qu'était venu lui proposer le vieux pasteur.

Le nouvel instituteur était frais émoulu de l'Ecole normale (promotion de la Victoire), sémillant garçon assez rigolard du nom de René Renard. Dans ce village où chacun était affublé d'un surnom, le sien fut vite trouvé : « le Gandin ». Il était féru d'entomologie, il passait ses jeudis le nez dans l'herbe. Autre trait singulier, il était abonné à *L'Illustration*, et passionné par les expéditions polaires, son héros était le commandant Charcot. Le Gandin était aussi intéressé par la belle rouquine qui tenait le bureau de tabac et dont on n'avait jamais revu le mari, une beauté sans homme, espèce rare à Bouscassel. Il se mit à lui tourner autour jusqu'à lui souffler un jour dans le cou, pendant qu'elle lui servait son paquet de cigarettes : « La douce Clémence... hé ! hé !... »

Il se retrouva plaqué contre le mur avec, en face de lui, une dame glaciale, qui, le manche de pioche à la main, lui jeta :

— Madame Van Khyse, s'il vous plaît !

Le Gandin partit en grommelant : « La Van Khyse... la banquise... »

Le surnom, assonance et double sens, facile à retenir, agréable à lancer, plut immédiatement aux Bouscassellois. C'était bien la première fois que, dans un village cévenol, un sobriquet était dû au maître d'école.

Comme presque chaque matin, Clémence ouvre les yeux cinq bonnes minutes avant que sonne son réveil. Elle se lève, s'étire brièvement et va s'asseoir sur le seau hygiénique où le jet puissant et bref prend une résonance métallique. Devant la table de toilette aux pieds grêles et au dessus de marbre, elle verse le contenu du broc dans la cuvette, se rince le visage à l'eau froide, s'essuie puis entreprend de peigner longuement sa tignasse rousse qu'elle tresse et noue finalement dans un haut chignon qui dégage largement sa nuque magnifique. Soudain, elle se penche sur le petit miroir mobile fixé par le milieu sur deux montants de la table de toilette. Elle scrute sa pommette droite juste sous l'œil. Elle se lève pour aller chercher le bougeoir sur la table de chevet, allume la chandelle avec une grosse allumette de la Régie, revient devant le miroir et s'éclaire le visage.

Entre les deux index, elle s'acharne à presser un ver de peau entêté, mais moins qu'elle qui, grommelant puis pestant à haute voix, parvient à l'extraire avec un soupir de triomphe suivi presque aussitôt d'un cri de rage : elle a tant forcé sur les chairs qu'elle s'est fait un hématome : « Ils vont croire que je me suis battue... encore... mais avec qui, bon dieu ?... »

Elle souffle la chandelle, trempe un coin de la serviette de toilette et, retroussant sa chemise de nuit, se la passe deux fois entre les jambes.

De temps en temps, elle se tâte la joue avec trois doigts, ça enfle doucement, ce qui nourrit sa mauvaise humeur. Puis elle vide la cuvette dans le seau hygiénique qu'elle va jeter dans la rivière par la fenêtre restée ouverte toute la nuit. Elle se penche pour regarder un groupe de cabots et de sophies, poissons communs, mis en émoi par le cadeau.

Le petit soleil ourle à peine d'un fil doré la crête ouest de la vallée.

Elle ne s'attarde pas, quitte sa chemise de nuit.

Nue!... Elle est tout à fait inconsciente de cette sorte d'explosion de beauté qui se produit soudain et pour quelques brèves minutes (car elle ne se supporte pas longtemps nue), éclair de splendeur au milieu de cette modeste chambre, laquelle en devient plus petite, plus quelconque encore. C'est Vénus jaillie des flots. Large d'épaules et de bassin, longues cuisses, ventre à peine bombé. Son geste habituel, mains sur la hanche, coudes rejetés vers l'arrière, redresse ses seins lourds. Le long et soigneux allaitement de son fils en a élargi et gonflé magnifiquement les aréoles d'un beau bistre. Sur cette colonne de chair d'une douce blancheur, ressort le fin triangle roux du pubis, fourrure frisée, serrée comme de l'astrakan.

Vivement, elle enfile par en bas un jupon blanc, par en haut une combinaison blanche. Elle termine en revêtant une simple robe noire à pois blancs qui peut passer pour demi-deuil et qu'elle protège en nouant par-dessus un vilain tablier gris.

Pieds nus, elle ouvre précautionneusement la porte de communication, et la vue de son fils dormant d'un sommeil sans souffle ni soupir, si paisiblement, abandonné, un bras pendant jusqu'à terre, la main ouverte vers le ciel, lui arrache un bon sourire, inhabituel. Le gosse dispose encore d'une demi-heure de sommeil... Elle referme doucement la porte, comme à regret. Ce n'est qu'une fois descendue au rez-de-chaussée qu'elle enfile ses galoches bruyantes. Elle sort par la petite porte qui donne sur le passage, sa cruche à la main. Elle tourne sur sa droite pour redescendre la rue vers le sud, vers le pont, la filature et la source. Il est encore très tôt, mais Bouscassel est réveillé depuis longtemps. Clémence jette un salut à l'aveuglette dans le noir de la forge où elle devine le borgne, de dos, qui ranime son feu. A la source, il y a déjà du monde, elle est la troisième à passer. Les commères ne sont pas bavardes, mal réveillées, mal léchées, elles se saluent par des grognements, ce qui convient parfaitement à « la Banquise »... Au retour, elle dépasse au vif clapotis de ses semelles de bois sur les pavés les femmes qui, leurs seaux pleins à bout de bras, traînent leurs charentaises éventrées. Elles lancent un machinal :

— A Dieu ! Clémence !

Car, dans ce pays, pour dire « bonjour ! » on dit « Adieu ! » (A Dï-ou !)

Au pied d'un mur, d'un geste vif et souple, un geste de voleur, elle met un genou à terre pour cueillir une pervenche qui a poussé là, toute seule, entre deux pavés. A peine son eau potable pour la journée déposée dans sa cuisine, elle prend le pot au lait et remonte la rue vers le nord, après le temple, jusqu'à la dernière maison de Bouscassel, où se tient la laitière. Devant le bistrot de la Marie, dite « la Rumeur », Clémence presse le pas, en se bouchant le nez : dès le matin, la puanteur des cochons que l'avide cabaretière élève dans sa cour envahit la rue.

Au retour, Clémence prend une demi-miche de pain tout juste sortie du four de la boulangerie qui fait l'angle de la placette. Personne ne s'attarde en salamalecs, chacune des personnes rencontrées a beaucoup à faire. Même après le départ des hommes pour les champs ou la mine, les femmes ne souffleront que lorsque les gosses seront entrés à l'école. Enfin arrivée chez elle, Clémence prend son plaisir du matin, la préparation du déjeuner de Riri. Ces gestes tous les jours les mêmes, elle pourrait les accomplir machinalement, en pensant à autre chose, non, elle s'applique à « être à ce qu'elle fait », selon une de ses formules favorites. Sur le fourneau noir Delmas, acquisition récente, elle place l'eau pour le café sur le rond principal tandis qu'elle éloigne la casserole de lait car l'enfant n'aime son lait que tiède. Elle s'y reprend à plusieurs fois pour que la couche de beurre soit bien de la même épaisseur sur les tartines de pain. Elle dose avec le même soin le lait dans le bol de café afin qu'il soit de la nuance de gris voulue. Elle verse de l'eau de la source dans un grand verre à pied. Elle avise une trace de doigt sur le verre. Elle le vide, l'essuie, le vérifie à la lumière du *fenestrou* de la cuisine et le remplit de nouveau à la cruche. Elle donne un dernier coup de chiffon au plateau avant de disposer dessus le bol, le verre et les tartines. Elle se recule un peu pour juger de l'ensemble, cligne les yeux... Touche dernière, elle couche à ce qu'elle juge être le milieu du plateau, après plusieurs essais, à la meilleure place, la pervenche qu'elle a cueillie dans cette intention. Au pied de l'escalier, elle quitte ses galoches, monte au premier, traverse sa chambre, écoute, l'oreille collée sur l'autre porte, frappe doucement, puis plus fort, jusqu'à ce qu'elle perçoive une sorte de grognement douillet dans lequel se prélasse le mot «maman... an... an...» Alors elle fait une entrée triomphale : «Monsieur est servi!»

— J'ai pas faim!

Ce gémissement la décompose, elle pâlit, se voûte, vieillit, c'est une transformation démesurée, dont le gosse ne s'aperçoit guère, habitué qu'il est à cette scène, aux supplications de sa mère. Elle imagine pourtant toujours de nouveaux arguments pour exciter son appétit, elle joue sur l'orgueil, sur la peur de la maladie, sur la peine qu'il lui cause, elle coupe les tartines en deux, puis en quatre, mange avec lui... elle finit par se fâcher, menacer, puis, presque aussitôt, elle s'excuse, les larmes aux yeux, le prend dans ses bras, le serre convulsivement... Elle lui promet un avenir robuste, brillant, elle trouve des mots langoureux qu'elle débite en le balançant imperceptiblement dans ses bras, c'est une mélopée, une tendre complainte... qu'elle interrompt brutalement quand elle s'aperçoit que son petit se rendort.

— Allez ! debout ! viens que je te lave... si tu veux pas être en retard !

Revenue dans sa chambre, elle prend la cuvette sur la table de toilette et la pose sur la chaise, elle y verse de l'eau du broc. Il accourt tout nu, riant d'avance, elle le cueille au vol, l'enlève et le plante debout sur la cuvette. Chaque fois elle est saisie, surprise, atterrée par la maigreur, la fragilité de cet enfant de dix ans qui est le sien, son fils unique. Il n'est pas laid, on ne lui voit pas les os, il n'est pas nain, sa taille est normale pour son âge, ses proportions sont même harmonieuses, mais il est fluet, il évoque une fin de race, un tsarévitch, jusqu'à ses cheveux blonds, si fins, qui ajoutent à cette impression de fragilité, alors l'idée vient, insistante, répugnante, qu'il ne vivra pas vieux.

Clémence murmure et pense très fort « mon petit prince », et ce n'est pas du tout ridicule. Elle mouille un coin de serviette, le savonne, mais dès qu'elle touche l'enfant, il crie que c'est froid, alors elle se précipite dans l'escalier, va tirer de l'eau chaude au robinet de la bouillotte du Delmas, et remonte tiédir l'eau de la cuvette dans laquelle il risque un pied après l'autre. Elle l'appelle aussi tendrement *arsouille, bistanflu*, ma *pécole*, ma *bousette*, « mon petit lapin écorché » (alors ses yeux se mouillent). Elle entreprend de le récurer minutieusement, des pieds à la tête, fourrant son index enveloppé de la serviette dans toutes les cavités, dans les oreilles et derrière les oreilles... Il réagit par des rires chatouillés, des mouvements pour dérober telle ou telle partie de son corps, elle le maîtrise avec des cris de fausse colère... C'est un jeu convenu dans lequel elle prend encore plus de plaisir que lui, et un plaisir plus trouble. Soudain, il éternue, et pas qu'une fois, il enchaîne une série qui le secoue tout entier et qui affole sa mère, elle s'accuse de ne pas avoir fermé la fenêtre, elle court le faire, elle s'accuse de lambiner à sa toilette, court prendre une grande serviette-éponge bien sèche dans laquelle elle l'enveloppe et le frictionne vigoureusement, cependant, par des grognements qu'elle croit incompréhensibles pour l'enfant, elle maudit son père.

Elle vêt son Henri d'habits lavés et repassés : socquettes, caleçon, chemisette, le tout d'un blanc éclatant, de culottes courtes et d'un tricot sans manches bleu marine. Enfin la blouse traditionnelle des écoliers, noire, à liseré rouge, boutonnée sur l'épaule gauche à la manière des chemises russes. Elle bougonne : «Et essaye que ça te dure au moins deux jours, souillard...» Elle peigne sa tignasse emmêlée par un sommeil agité en le traitant d'*espialoufit*, ou encore de petit Polaque car ses cheveux sont d'un blond presque blanc...

Pendant cette toilette et cet habillage, ces rites d'adoubement maternel, Clémence rumine : je te fortifierai, moi, mon fils ! je te remplumerai, tu auras des bras épais, des cuisses puissantes, tu feras la loi autour de toi... Muscles d'acier ! cerveau numéro un ! Garde-à-vous, tout le monde ! On te respectera, on nous respectera et toi, on t'admirera... Elle se dit ça à elle-même sans se rendre compte que dans un murmure quelques mots par-ci par-là lui échappent quand ce qu'elle touche dément trop fort ses espoirs, quand elle remonte la culotte sur ces petites fesses trop étroites par exemple, ou quand elle sent l'os sous la chair trop mince...

— Maman... mais tu pleures !

— Mais non, grosse bête, j'ai un cil dans l'œil. Tiens... parle-moi plutôt du docteur Berlandier !

— Oui, maman, c'était un grand médecin, tu travaillais chez lui quand tu étais petite... C'était dans une belle maison, pleine de beaux meubles, avec des tableaux aux murs...

Il bâille, hésite, sa mère s'impatiente, elle le presse d'en venir à l'essentiel :

— Le docteur vivait seul avec sa mère, et il l'aimait...

— Oui, maman, ils s'aimaient beaucoup tous les deux... Il y avait des assiettes peintes accrochées au mur, tu n'avais pas le droit d'y toucher...

— Mais si, voyons, mon Riri ! pour les nettoyer une fois par mois... Et quoi encore ?...

— Au mur ? encore ?... Ah ! oui... un bouclier plein de sabres... Oh ! man ! j'ai encore sommeil !

Alors, elle s'en veut : ce jeu, elle l'impose à son gamin ensommeillé presque tous les matins, « pour son bien » se répète-t-elle, mais un petit soupir de son fils suffit pour qu'elle se sente égoïste, elle en est désemparée, et voici qu'elle le bouscule : il va arriver en retard à l'école, et puis il doit manger au moins encore un peu, elle s'énerve, s'agite pour cacher, pour oublier son émotion. En descendant, elle exige de passer devant lui, parce que l'escalier de bois est raide. Dans la cuisine, avant de le laisser sortir, il y a la visite du cartable. Elle lui fait réciter encore une fois son subjonctif plus-que-parfait en rapport avec la concordance des temps, leçon qu'elle a apprise ou réapprise en même temps que lui, la veille avant de se coucher car la nuit ancre dans la mémoire les règles difficiles et le par cœur.

Tout ça très vite, dans une sorte d'urgence injustifiée. Elle rajoute un cahier dans le cartable qu'elle arrime enfin sur les épaules du gamin tandis qu'il piaffe, elle le rattrape encore sur le seuil car elle a oublié de lui mettre un mouchoir propre dans la poche de ses culottes.

L'année dernière encore, Clémence accompagnait son fils jusqu'au seuil de la cour de récréation. Les autres gamins se moquaient plus ou moins sournoisement du chouchou à sa mémère, celle-ci n'en avait cure, alors que lui en souffrait cruellement. Enfin, pour ses dix ans, il obtint de couvrir seul, sans que sa mère le tienne par la main, les cinquante mètres du trajet. Elle avait fini par consentir à le lâcher dans l'étroite ruelle qui va de la rivière à l'école, traversant en son milieu, perpendiculairement, la grand-rue. De là, elle pouvait le suivre des yeux jusqu'à la porte de la cour de l'école.

Parfois, Clémence n'y pouvait résister : au moment de la récréation, elle venait rôder autour de la cour, essayant de passer inaperçue des écoliers et du maître. Quand elle entendait une série d'éternuements, elle risquait un œil, et si, comme c'était la plupart du temps le cas, il s'agissait bien d'Henri, elle repartait tête basse, attristée pour une bonne heure, et pas commode avec la clientèle.

Le Pacoulin, un paysan, faisait à l'occasion des charrois pour les uns et les autres. Quand il devait se rendre à Bouscassel à l'heure de l'école, son grand plaisir était de charger les écoliers des mas alentour qu'il trouvait sur le bord du chemin et de les emmener au grand galop jusqu'à la porte de la cour de récréation où il arrêtait brutalement son percheron. Agrippés aux ridelles, secoués, gamins et gamines riaient, criaient, et sautaient sous le nez d'Henri qui s'écartait, frémissant d'envie et de dédain. Les autres avaient fini par se lasser de l'appeler le Sans-père ou l'*amaïrit* mais ils le tenaient encore à l'écart…

C'est long, de se faire accepter par les Cévenols des vallées quand on est une femme seule, une Cévenole des hautes terres. Plus long et plus dur encore quand on est seule avec un enfant, même pas fille mère, un enfant sans le père, et surtout si l'on n'a pas envie de dire ce que ce père est devenu. Pas envie de donner des explications, même pas envie de répondre aux questions soi-disant bienveillantes, ni de relever les allusions perfides qui finissent par suivre les questions restées sans réponses… Le fiel sourd de partout, indirectement, par des biais imprévisibles. De la belle villa de maître Leraton, par exemple, où le notaire retraité passe son temps devant son échiquier, installé derrière sa fenêtre à la vue de tous, tandis que sa femme qui occupe le premier étage valse toute seule au son d'un phonographe. Ces gens qui vivent à part du village n'en veulent pas particulièrement à la Banquise, savent-ils seulement qu'elle existe ? La faute en est à cet assourdissant phonographe qui diffuse sur Bouscassel toujours les quatre mêmes faces des deux seuls disques 78 tours, trésor de la belle madame Leraton. Quatre grands succès d'opérette, dont la fameuse valse de *La Veuve joyeuse* — la veuve joyeuse ! on dirait que c'était exprès pour la buraliste : « Heure exquise qui nous grise... » Le village a repris les rimes à sa façon :

La Banquise
Qui nous grise
Sans chemise
Sur son cul...

Seuls les gosses, bien sûr, chantaient ça à tue-tête, à distance respectueuse de la buraliste, mais des passants le fredonnaient tout bas, en prenant des airs innocents.

Clémence maudissait l'orgueilleuse villa qui régnait sur Bouscassel, image provocante de confort et de luxe. Partis de là ou d'ailleurs, commérages, suppositions malveillantes, sous-entendus chansonnés ou pas, c'est remonté Dieu sait comment jusqu'à la brigade de Saint-Jean-du-Val. Et les gendarmes sont venus, mine de rien, se renseigner sur ce père mystérieux, suite aux bruits qui couraient : « ... Qu'elle pourrait bien l'avoir fait disparaître, qui sait, elle en est bien capable, non mais ! vous l'avez vue, avec son manche de pioche »... Elle te les a embobinés, les pandores ! ils sont sortis du tabac souriants, légèrement éméchés. Ils ont déclaré qu'un manche de pioche n'est pas une arme prohibée, que c'est bien le moindre soutien pour une faible femme... D'ailleurs, qui porte plainte ? — Oh ! personne, personne !...

Même les fumeurs invétérés ont pris le pli : le bureau de tabac n'ouvre qu'après le début des classes. Peu à peu, les gens ont compris qu'il valait mieux être bien avec la Banquise. Elle est toujours souriante, si l'on peut dire... mais quand ce semblant de sourire s'efface, il se met à faire froid. Méfiance... *Méfi !* Bref, elle a fini par être admise comme personnage bizarre, une femme comme on n'en voit gère, une « vedette » selon le mot du Gandin, il n'y a pas des buralistes de ce calibre dans tous les villages. « Elle laisse pas son *mourniflet* aller jouer avec les nôtres, elle le couve, c'est à y pas croire, avec sa figure de *moustielle*, pour moi il doit être souffrant... »

Bizarre retournement, les commères les plus malintentionnées au début, et qui le restaient à l'occasion entre gens du village, auraient volontiers volé au secours de leur buraliste si elle avait été critiquée par des étrangers à la commune. En somme, elle était presque de la famille. Même les plus mauvaises coucheuses ont dû faire contre mauvaise fortune bon cœur, personne ne peut se passer de la Banquise, c'est elle qui règne sur le seul poste téléphonique du village, elle qui prend les télégrammes, qui vend les timbres-poste et les journaux. Sans compter qu'elle seule a le droit de délivrer les plaques fiscales pour les briquets et les vélos, et de signer les congés pour les transports de vin, vu qu'elle est « recette auxiliaire des Indirectes ».

Voilà, son fils est rentré à l'école, elle referme la petite porte sur la ruelle, traverse la cuisine, la salle et vient ouvrir les deux grands volets sur la rue. Elle ramasse le paquet de journaux déposé par le Pacoulin sur le pavé, salue brièvement les deux fumeurs qui attendaient l'ouverture. Ils patientent encore un peu avant d'entrer à leur tour, ils ont l'habitude, elle les a dressés, ils savent qu'elle aime préparer son commerce avant de commencer la vente. Ils font les cent pas devant la boutique, avec accompagnement de toux, de crachats, de borborygmes divers particulièrement pénibles à l'oreille. Tous deux marchant à petits pas, à bout de souffle, s'appuyant des deux mains ou carrément du front sur le mur pour expectorer de compactes mucosités.

Le Groumille et le Bouffette, tels sont leurs surnoms imagés. Le premier en 1917 a été gazé à l'ypérite, le second, mineur, est silicosé. Ils se ressemblent comme des frères et pourtant leur seule parenté, c'est la mort lente de leurs poumons. Le gazé les crache un peu tous les jours, chez le silicosé, ils se pétrifient. Ils sont dans leur quarantaine d'une effrayante maigreur, ils ont perdu l'appétit et le sommeil. Ils habitent en face l'un de l'autre, de chaque côté de la rue. L'été, par les fenêtres ouvertes de leurs chambres, leurs toux se répondent. Ils s'accusent mutuellement de s'empêcher de dormir, ils se détestent mais ne peuvent se passer l'un de l'autre. Le Bouffette, socialiste, qui fait fonction de bedeau au temple, traite Groumille, catholique et soi-disant royaliste, de cul-blanc, à quoi ce dernier réplique en le traitant de «*Gorjiou nègro*», étant bien entendu que, le diable parlant par la bouche des protestants, ils viennent au monde avec la «gorge noire.»

Le Groumille et le Bouffette se livrent à d'âpres comparaisons, à savoir, par exemple, ce qui est le plus expéditif, de la silice ou de l'ypérite. Le matin, ils s'abordent avec cette question : «Alors t'es pas encore mort cette nuit?» Ils font la course au ralenti, se dépassent, se rattrapent, se redépassent, à en crever d'étouffement, ils ne sont un peu tranquilles que lorsqu'ils sont côte à côte, sur la même ligne. Fumer leur est strictement interdit, ils ne peuvent s'en passer. Chaque bouffée leur arrache des râles ponctués de crachats immondes, ils prétendent que ça les nettoie. Le médecin a averti la Banquise qu'elle leur vendait du poison, elle a répondu que refus de vente, et circonstance aggravante : refus de vente d'une marchandise de l'Etat, était un délit. En réalité, elle plaint le Groumille et le Bouffette, elle sait que leur tabac est leur seul vrai plaisir, celui qui fait qu'ils se sentent encore des hommes. Elle ne met qu'une condition à la vente, qu'ils ne s'allument pas à moins de trente mètres du bureau, qu'ils aillent faire assez loin leurs concerts catarrheux et leurs gluantes expectorations : «Je veux pas voir mes clients débouler dans ma boutique en patinant!» Elle traite cette paire de gamins vieillardisés en polissons et ils en sont ravis.

Tout Bouscassel l'avait surnommé « Pétronille ». De son vrai nom Pierre Delpuis, fils unique et tardif d'un couple de vieux paysans survivant sur un bien étroit à flanc de montagne, à quatre cents mètres du village. Pétronille, pour un célibataire de trente-trois ans, un mètre quatre-vingt-dix, cent vingt-cinq kilos mal répartis, tous tassés entre le nombril et les genoux... « *A ün cïou comm'ün assémaou...* » raillait-on communément (il a un cul comme un baquet de vendanges). D'autant plus que ces fesses énormes et molles laissaient une impression de fragilité gélatineuse. Le visage aurait été beau s'il n'avait pas été aussi empâté, aussi flasque des joues et du menton. Ses yeux paraissaient minuscules derrière les verres épais de ses lunettes qui glissaient sans cesse sur son nez et qu'il remontait par un geste de l'index, devenu une sorte de tic. La bouche était petite, ronde, rouge, toujours luisante de salive, on aurait dit deux cerises superposées. Une voix flûtée sortait de ce géant dont tous les mots, tous les gestes exprimaient une inaltérable gentillesse. Il attirait la sympathie, et même la tendresse, comme un enfant sage. A le fréquenter, même sans savoir, on comprenait mieux pourquoi « Pétronille ».

Il était resté loin de Bouscassel pendant des années et n'était revenu habiter chez ses vieux que récemment. Il était devenu une pratique régulière du bureau de tabac, il ne fumait pas mais adorait la réglisse, particulièrement ces lamelles torsadées qu'on plie et replie avant de se les fourrer dans la bouche. Clémence avait bientôt apprécié sa gentillesse respectueuse et surtout les attentions qu'il avait tout de suite témoignées à son fils. Il lui parlait comme à un homme, se promenait avec lui jusqu'au pont et retour pour rapporter l'eau de la source. Ils avaient même fait une petite excursion à deux, avec panier-goûter, un jeudi après-midi.

La Banquise avait bien remarqué les ricanements étouffés que soulevait le passage de Pétronille et de Riri la main dans la main, mais elle s'était blindée, en dix ans, contre les malveillances quotidiennes de Bouscassel. L'image était pourtant sympathique, on pensait à Cosette et Jean Valjean ou à Elephant Boy. Riri et son protecteur. Son premier vrai copain. C'était rassurant, de les voir ainsi tous les deux, elle les laissait échapper à sa vue sans angoisse. Clémence, elle, n'avait pas vraiment d'amis et s'en faisait une raison, et une force.

De retour au pays, Pétronille avait, sans trop de difficultés, trouvé de l'embauche aux Houillères, pas au fond où sa corpulence se serait mal prêtée aux reptations dans les étroites galeries du charbon, mais en surface, à l'atelier bois. Il faut dire qu'il avait des doigts de fée, il avait par exemple fait cadeau à Riri d'un plumier de sa fabrication sur lequel il avait inscrit à la pyrogravure HENRI entre deux myosotis. Il transpirait énormément, ses doigts laissaient des traces partout, y compris sur le cadeau, lui serrer la main était pénible surtout qu'il retenait longtemps la vôtre dans cet étau gluant. Mais Clémence appréciait sa politesse raffinée, dont il n'y avait pas d'autre exemple à Bouscassel. Jamais personne ne l'avait appelée « chère madame » avec cette intonation déférente soulignée par l'esquisse d'une révérence. Une bonne raison pour tous les rustauds de la commune de mépriser Pétronille et de l'affubler de cet outrageant sobriquet. La Banquise veillait cependant à tenir ses distances, tout en lui accordant quelques minutes de plus, quelques mots de plus qu'au commun de sa clientèle, et elle s'attachait aussi à ne manquer jamais de réglisse torsadée.

Elle avait beaucoup de mal à retenir son émotion quand il lui parlait avec attendrissement de son « adorable petit garçon, si mignon qu'on le voudrait tout… » Plus ou moins rejeté par tous, ce bon gros célibataire s'attardait volontiers dans le tabac, regrettant de ne pouvoir aider Riri pour ses devoirs du soir car il était pratiquement analphabète, si bien que Clémence devait le pousser gentiment dehors au moment de la fermeture pour profiter un peu de son enfant dans l'intimité. Elle mettait la barre aux volets avec un peu de regrets, se demandant si elle n'était pas trop dure envers Pétronille pour lequel elle commençait d'éprouver à son cœur défendant une inclination maternelle. Il n'avait jamais eu avec elle un geste ou un mot déplacé, elle pouvait, même seule à seul avec lui, s'éloigner de son manche de pioche.

Une après-midi où la Banquise se trouvait dans sa boutique qu'elle fermait jusqu'à trois heures, la jeune femme de l'instituteur demanda à lui parler. Le Gandin avait fini par épouser une fille du pays, Vivette, l'aînée du facteur, une brunette timide, avec un minois encore enfantin. Le jeune couple avait déjà un garçon de deux ans, Jean-Pierre. Clémence fit entrer madame Renard dans l'arrière-boutique qui était aussi la cuisine et lui offrit le café.

— Madame Van Khyse, je suis très gênée…

— Vous pouvez m'appeler Clémence, ou la Banquise si ça vous vient plus facilement, coupa la buraliste, glaciale.

Vivette Renard rougit, ses yeux s'emplirent de larmes, elle se leva de sa chaise, balbutiant : « Si vous le prenez comme ça… je peux pas… c'est pourtant important… pour vous… et surtout pour votre Henri. »

— Pour mon Riri ! rasseyez-vous, je vous demande pardon !… Vous voulez une langue de chat pour tremper dans votre café ?…

Après quelques minutes de silence, le temps de se

reprendre, de se retrouver entre mères, Vivette Renard commença à voix basse, très lentement :

— C'est si difficile... pour une mère... vous savez je me mets à votre place... C'est mon mari qui m'envoie. Il a votre Henri comme élève, un bon élément d'après lui, alors il se sent en quelque sorte un peu responsable, même en dehors des heures de classe... C'est lui qui aurait dû venir, mais il m'a dit que ça se passerait mieux entre femmes... et puis, il l'avoue pas mais il a un peu peur de vous...

— Alors ? alors ? soupirait Clémence en frémissant.

— Voilà : mon mari, il dit comme ça que vous devriez tenir votre gamin à l'écart de Pétronille.

— Quoi ! mais de quoi il se mêle, l'instituteur ?

— Ne vous fâchez pas, Clémence.

S'entendre appeler par son prénom, si tendrement, rendit à la Banquise un peu de son calme, elle sentit une sorte de solidarité des mères soucieuses, cette jeune femme était là pour son bien.

— Bon, allez-y, accouchez, quoi !

— Vous savez pourquoi Pétronille est resté si longtemps loin du village, où il était ? En prison.

— C'est possible... Y en a eu des gens, en prison, avec cette guerre... déserteurs, mutins... tous ont été amnistiés... oh ! et puis moi, j'entends rien en politique !...

— C'est pas pour ça qu'il était en prison ! pas pour des raisons... qui après tout ne font de mal à personne. Lui, il faisait du mal... et pas à n'importe qui...

La pauvre Vivette *s'empatouillait*, regardait ses mains. Clémence bouillait :

— Bon ! alors pourquoi il était en prison, *cré noun dé dîou* ?

— Pour pédérastie.

— Pour... quoi ?... Je sais pas ce que c'est, moi, ce que vous dites... le... la...

— Pédérastie ! Les pédérastes sont des monstres qui s'en prennent aux enfants et les utilisent comme ils feraient... avec des femmes, avec des... prostituées... Voyons ! vous savez bien...

— Mais non, qui voulez-vous qui m'ait parlé de ça, qui aurait osé ? D'ailleurs j'arrive pas à y croire, qu'il puisse exister des gens pareils, et surtout pas Pétronille, voyons...

La jeune Vivette la contemplait les yeux ronds, et pourtant, ce n'était pas douteux, la redoutable Banquise gardait de ces naïvetés, une sorte d'innocence sauvage. La buraliste se défendait encore sourdement contre cette révélation :

— Pétronille, tout le monde le déteste, c'est une calomnie...

— Mais non, Clémence, la preuve que le village ne le déteste pas, c'est que vous n'en avez rien su... On le charrie mais pas méchamment...

— Admettons... Alors tout Bouscassel était au courant sauf moi, avec tous ces fumeurs qui viennent *rampéler* à mon comptoir... et toutes ces *coudasques* dans mes jambes à *roumèguer* pendant des heures pour une boîte d'allumettes... et dans mon dos !

— Si... si... ils ont fait des allusions, mais vous ne vouliez pas y croire, d'ailleurs vous ne saviez même pas que ça existait... et puis... et puis...

Vivette baisse la tête.

— Et puis quoi !

— Ils sont comme mon mari, c'est pas facile à dire à une mère, surtout à vous... à vous, la mère d'Henri.

— Je ne crois pas que, s'il a fait de la prison, ce soit pour cette saloperie...

— Mais si, vous n'avez qu'à demander aux gendarmes, ils continuent à le surveiller...

Clémence s'est tassée sur sa chaise. Elle a devant elle cette petite bonne femme dotée d'un mari toujours présent, l'homme important de Bouscassel, et qui veille sur elle et sur leur fils... La Banquise se rend compte qu'elle envie la femme du Gandin et ça lui est insupportable. Sa montée de bile est-elle perceptible à ce point ? Toujours est-il que Vivette se lève, elle sent qu'il vaut mieux laisser la Banquise.

A quatre heures, Clémence ne put se retenir d'aller attendre son fils à la porte de l'école, ce qu'elle ne faisait plus depuis pas mal de temps. Henri redoutait le moindre changement dans les rites du quotidien, d'autant plus qu'avec une mère pareille, il était difficile d'avoir toujours la conscience tranquille. Déjà qu'il était d'un naturel anxieux...

Henri volait. Il trafiquait avec « Les Parisiennes ». Sous cette appellation coquine, la Régie des Tabacs vendait des cigarettes à l'unité ou par paquets de quatre dans leur emballage. Henri, qui n'avait pas la carrure pour se défendre contre les tracasseries de la robuste marmaille de Bouscassel, chipait par-ci par-là une ou deux Parisiennes à sa mère pour payer ses mercenaires. Le matin même, à la récréation, il avait encaissé un coup de poing de la part du Miston, le fils de la Guitoune, qui avait pourtant deux mois de moins que lui, mais était autrement costaud. Le fils de la Banquise, qu'il nommait « l'Iceberg », était son souffre-douleur habituel. Dans ces cas-là, le Riri faisait appel à l'un des fumeurs clandestins et fauchés. Le plus efficace était le grand Bogdan, l'aîné des Kandinski, qui, à treize ans, avait renoncé au certificat d'études primaires et allait entrer à la mine. Ses tarifs étaient élevés, deux Parisiennes la raclée, mais c'était du travail soigné, le Miston rentrait chez lui à cloche-pied, un œil au beurre noir, saignant du nez.

A la façon dont sa mère l'attendait au seuil de la cour de récréation, la rudesse avec laquelle elle le prit par la main, presque de force, Henri pensa que c'était grave, qu'elle avait sans doute contre son habitude recompté le carton des Parisiennes. Il appréhendait plus sa déception que sa colère. Pensez donc ! Ce fils promis aux plus hautes destinées de la médecine, plus haut que ce pauvre docteur Berlandier ! Elle qui lui recommandait tous les matins ou presque : « Fais attention en jouant, n'esquinte pas tes belles mains de chirurgien... » Découvrir que son fils est un voleur ! Car le mot était pour elle sans nuances, qui vole un œuf vole un bœuf, on commençait comme ça et on finissait au bagne sinon sur la guillotine... Comment allait-elle réagir ? Il était incapable de la moindre hypothèse, il était transi. D'angoisse, il lâcha trois gouttes dans son caleçon.

De son côté, elle interpréta sa réticence par une répugnance nouvelle. Se sentait-il coupable, déjà, de pédérastie ? S'éloignait-il d'elle ? Soudain, elle se reprenait rageusement : y avait-il seulement une once de vrai dans ces commérages ? Tant qu'elle n'aurait pas tiré tout ça au clair, elle aurait la tête en feu, les pensées en déroute, incapable de réfléchir...

Contrairement à ces retours d'école bavards où il racontait les événements de sa demi-journée, il ne pipait mot, bloqué, comme sa mère. Une gêne intolérable se communiquait mystérieusement de l'une à l'autre. Elle s'était dit : j'attendrai qu'il se couche pour lui parler, puis elle pensa que ce serait malvenu, que cela troublerait son sommeil... Et puis, non, elle n'aurait jamais la patience d'attendre jusque-là. Elle observait son fils à la dérobée, cherchant dans son maintien, dans sa démarche, dans son teint, un signe, quelque symptôme d'une lésion bien cachée, d'un trouble nouveau. Il y avait si longtemps qu'elle n'avait été à ce point désemparée.

Elle lui servit son goûter à la cuisine puis fut accaparée par son commerce, il y avait affluence comme si tout le village sous n'importe quel prétexte défilait pour voir la tête qu'elle faisait. Elle se cramponnait, plus banquise que jamais ! pour rester simplement polie et ne pas se jeter sur eux l'injure à la bouche et le manche de pioche à la main.

Elle mit la barre aux volets plus tôt que d'habitude et tant pis pour les *pétuneurs* ! Henri s'était attelé à ses devoirs, elle vint s'asseoir tout contre lui, passa son bras sur ses épaules et, rassemblant tout son courage, elle lui parla à l'oreille :

— Mon Riri, je voudrais que tu me répondes franchement : qu'est-ce qui se passe exactement entre Pétronille et toi ?

L'enfant s'écarta vivement :

— Rien... qu'est-ce que tu veux dire, maman ?

Il était tout rouge. Sa lèvre inférieure tremblait légèrement. Elle se fit insistante :

— Dis-moi tout, je te gronderai pas, promis ! Est-ce qu'il a sur toi des gestes qui te surprennent, même s'ils ne te sont pas désagréables, même s'ils te paraissent... euh... normaux...

— Mais il est très gentil, maman, il est très doux... c'est vrai, il me fait des caresses que personne ne m'a faites avant lui, même pas toi, maman...

— Des caresses où, mon Riri ?

— Ben... dans ma culotte... Mais qu'est-ce qui te prend maman, j'ai fait quelque chose de mal ?

Elle s'était levée d'un bond en montant l'escalier pour se réfugier dans sa chambre, elle lui cria :

— Rien, mon chéri, j'ai quelque chose d'urgent à faire, reprends tes devoirs...

Dès que le gosse fut au lit, elle sortit et demanda à une fillette qui passait dans la rue d'aller lui chercher Pétronille. En l'attendant, elle fit quelques préparatifs. Quand Pétronille, tout sourire, arriva, elle le reçut dans le bureau de tabac après avoir remis la barre aux volets. Elle passa derrière le comptoir devant lequel il resta debout, appuyé d'un coude dans l'attitude habituelle du client.

Elle le regarda dans les yeux sans rien dire, il crut voir qu'elle avait pleuré, il se détourna, gêné.

— Regarde-moi ! Pourquoi fais-tu ça à mon petit ?

Il n'hésita qu'un instant, comprenant qu'il n'était pas de force pour nier devant une telle femme :

— Vous pouvez pas comprendre... moi, je l'aime votre Riri, je l'aime tant... je peux pas m'empêcher c'est malgré moi, je suis embêté pour vous... Mais c'est en moi... Si fort...

Il gémissait de sa voix de fillette, demandait pardon, expliquait qu'il était né comme ça, qu'il ne faisait pas de mal...

Elle coupa court :

— Tu vas m'accompagner chez les gendarmes tout de suite...

Il poussa un cri aigu :

— Ah ! non, faites pas ça, ils me mettraient encore en prison, pour longtemps cette fois-ci : « deuxième récidive... » Il pleurait, voulait se mettre à genoux mais avec le comptoir entre eux, à quoi bon... Il jurait qu'il ne le ferait plus, plus jamais...

— Oh ! Arrête ça ! Ecoute, je te crois pas quand tu dis que tu le feras plus. Alors, il n'y a que deux solutions : ou je confie aux gendarmes le soin de te mettre hors d'état de nuire ou je m'en charge moi-même. Choisis !

— Vous ! vous ! pas les gendarmes, s'il vous plaît...

— Bon. Tu es gaucher ou droitier ?

— Droitier, pourquoi ?

— Tu vas voir pourquoi... Pose ta main droite sur le comptoir, bien à plat, les doigts bien écartés...

— Je veux bien, mais je comprends toujours pas...

— Voilà, comme ça... laisse-la là, et maintenant tourne la tête, regarde derrière toi.

Il prit docilement la posture, et n'attendit pas longtemps...

La Banquise abattit de toutes ses forces son manche de pioche sur la main droite de Pétronille.

— Qu'est-ce que vous avez fait ?

Sur la minute, il ne souffrit pas. Il ne bougeait toujours pas sa main meurtrie. Clémence entreprit de la tâter très doucement pour estimer les dégâts. Il ne pleurait plus, il se raidissait seulement. Pétronille n'était vulnérable que sentimentalement ; physiquement, il était très dur à la douleur.

Le manche de pioche avait fracturé trois phalanges et

deux métacarpes. La Banquise sortit une planchette qu'elle avait préparée. Elle banda précautionneusement la main blessée, aussi habilement que l'eût fait un soigneur dans un vestiaire de boxeur. Elle la fixa solidement sur la planchette avec une bande Velpeau, en veillant à ne pas déplacer les os cassés, puis fixa le tout avec du sparadrap. Elle agissait sans hâte, à gestes précis, murmurant des recommandations d'une voix consolante :

— ... Tu vas commencer à souffrir, pendant des heures tu auras de plus en plus mal... Mais, si tu arrives à ne pas bouger ta main ni tes doigts, à ne pas les bouger du tout, ça pourra se recoller tant bien que mal... Je te dis pas que tu récupéreras ta main comme avant, je crois bien que tu ne pourras plus jamais fabriquer de jolis plumiers pour séduire les gamins, mais au moins ta main te rappellera ta promesse...

Quand elle eut fini, elle se recula pour juger de son rafistolage. Il lui demanda :

— Où vous avez appris à faire ça?

— Là où je suis née, très haut sur la montagne, il fallait bien se passer de médecin, et puis j'ai regardé travailler le rebouteux...

— Mais qu'est-ce que je vais dire aux autres?

— Tu n'as qu'à dire la vérité : «La Banquise m'a brisé la main d'un coup de son manche de pioche parce que je l'avais mise, cette main! dans la culotte de son fils.» Ce sera très bien!

Sur le seuil, le temps qu'elle ôte les barres, il hésitait, son visage se crispait, la douleur montait. Il se tendait pour résister, il balbutia : «Merci!»

— Y a pas de quoi, vraiment...

— Si! Vous ne savez pas ce que font les autres détenus aux types comme moi...

Elle répondit, parce qu'elle ne voulait pas le laisser partir comme ça :

— Mais puisque c'est une maladie...

Il y avait dans ce soupir de la Banquise une nuance

imprévue, presque attendrie. Il le ressentit et, sur un souffle de sa voix de fillette :

— Alors, puisque c'est maladif, c'est sans rancune ?

Une seconde, il pensa qu'elle allait l'embrasser, au point qu'il tendit la joue, mais elle le poussa au-dehors, sans brutalité, puis resta sur le seuil pour le regarder partir, songeuse.

Riri remonta subrepticement dans sa chambre, pieds nus dans l'escalier. Blotti dans l'obscurité de la cuisine, il avait tout vu et tout entendu par l'entrebâillement de la porte de communication. Il se fourra vivement dans son lit et adopta la respiration d'un profond sommeil pour que soit pleinement rassurée sa mère, qui venait immanquablement jeter un coup d'œil avant de se coucher.

Riri n'aurait jamais cru que c'était aussi grave. A l'école, on se « touchait », c'était assez bon, sans plus, mais il fallait s'en cacher, c'était honteux. Les caresses de Pétronille, plus patientes, plus savantes, auraient été infiniment plus agréables sans sa transpiration. Quelques grands de treize ans, qui passeraient leur certificat d'études en juillet puis, certifiés ou pas, iraient travailler à la mine le mois suivant, se masturbaient en classe sous le pupitre. Ils s'en cachaient à peine, mais le maître n'était pas pressé d'intervenir. L'affaire aurait gêné tout le monde. Au pire, la punition, sans que le motif soit clairement énoncé, était une heure de piquet et cent lignes. Mais là, il avait été question de gendarmes, de prison, et finalement d'os brisés. Brisés par sa propre mère si douce avec lui, sévère mais juste, il devait bien le reconnaître. Il n'avait jamais connu sur sa tête les hurlements et les coups, les injures et les volées de ceinturon qui corrigeaient couramment des enfants de son âge. La correction infligée par sa mère à Pétronille dépassait tout ce qu'il pouvait imaginer, il en frissonnait, il remuait les doigts de sa main droite sous les draps, pour voir...

Cette main se rendit tout naturellement entre ses

jambes. Il regrettait l'affection de Pétronille... c'était bête... Il s'assoupissait ainsi se caressant, un peu inquiet, tracassé surtout par l'idée que toute cette histoire risquait de changer quelque chose entre sa mère et lui... Non, c'était trop invraisemblable. Il n'avait qu'elle au monde, cette constatation le rassura et lui permit de glisser dans un sommeil finalement apaisé...

Le Riri n'était pas aussi distant que sa mère le voulait, ni aussi solitaire qu'elle le croyait. Entré à six ans à l'école primaire de Bouscassel, il s'était assis depuis quatre ans sur les mêmes bancs que les autres gamins qui grandissaient en même temps que lui, tant d'heures par jour et tant de journées dans l'année. La population du village était assez stable, certaines familles demeuraient là depuis des siècles. Les arrivants d'après-guerre, comme les mineurs polonais et espagnols, ne s'y trouvaient pas trop mal, s'y incrustaient et y faisaient souche. Si le Riri ne participait pas ouvertement à tous les jeux et polissonneries, il les connaissait et en était bien souvent le complice. La marmaillonnerie locale en était arrivée à admettre sa singularité, à apprécier sa retenue. S'il n'était pas des leurs, il n'était pas un mouchard. En tout cas, lui ne se sentait pas du tout le petit prince que souhaitait sa mère, il se voyait à part, forcément, mais pas supérieur. Au contraire, il enviait la liberté et le je-m'en-foutisme de ses condisciples, il avait honte de ses bonnes notes et de ne pas ânonner les récitations. Ce qui le faisait tolérer par les plus grands, c'est qu'il permettait à ses copains de «fumer pour de vrai» alors que les autres se brûlaient les muqueuses en fumant de la *rabissane* (de la clématite sèche). Il parvenait ainsi à influencer secrètement sur certains points le petit peuple des écoliers. Ils continuaient à l'appeler «le *Bastardou*» mais c'était devenu un surnom comme les autres, dont on oublie l'origine et la signification. A l'école, il s'était taillé une place originale et discrète, bien à lui, il s'y sentait souvent plus à l'aise qu'au bureau de tabac, plus libre en tout cas. Il s'était fait un fameux copain de Noël, un balèze fumeur de Parisiennes, l'aîné du Ripailles, un mineur anarchiste, qui jouait de la clarinette, illustre dans tout le canton pour avoir un soir d'élections jeté l'urne dans la rivière. Noël, digne de ce père flamboyant, avait pris sa défense, mano a mano avec Bogdan, pendant une récréation où des petits paysans s'étaient mis à six contre lui.

La punition de Pétronille fit plus que quinze ans de cohabitation et de commerce pour naturaliser bouscassellois Clémence et son Riri : une mère qui savait défendre son fils sans recourir à la police, et qui, l'affaire réglée, savait oublier. Car Pétronille, le bras en bandoulière, fut plus que jamais client assidu de la buraliste, presque un ami. La Banquise fut enfin appréciée à sa juste valeur, il fallut en tenir compte en tout et pour tout. Ce glissement favorable ne se traduisait pas par des sourires et des mamours, ce n'était pas le style cévenol. On s'y aimait bien, mais en ronchonnant. Désormais Clémence relâcha sa surveillance : le Riri pouvait aller à la source tout seul et même s'attarder en route. Qui oserait y toucher? Pour son onzième anniversaire il reçut une canne à pêche (après laquelle il soupirait depuis trois ans au moins) et fut autorisé à l'utiliser sur un kilomètre de rivière.

Cette heureuse évolution s'accordait à l'époque à cet air de gaieté qui souffla sur le printemps et l'été 1936. Le refrain populaire fut à peine modifié : « Tout va très bien, Madame la Banquise !... » fredonnait-on en passant devant le bureau de tabac.

On vit même certains jours Pétronille remplacer pour une heure la Banquise derrière le comptoir et rendre la monnaie triomphalement : « Je deviens gaucher ! » Et ça faisait rire !

Sans qu'il ait jamais été question de l'ingénieur Van Khyse, Jocelyn, l'électricité arriva finalement à Bouscassel. Elle n'y reçut qu'un accueil mitigé. Les Cévenols d'un naturel soupçonneux et, de plus, près de leurs sous, se méfièrent d'un câble qui attachait leur logis, un fil à la patte en quelque sorte, et d'un compteur qu'on installe dans votre cuisine, ce qui autoriserait « n'importe qui » à venir fourrer son nez chez vous sans y être invité. Ils ne pouvaient surtout pas se faire à l'idée d'une lumière qui coûte même si on ne s'en sert pas. Il y eut donc ceux qui commencèrent par refuser carrément le courant, ceux qui n'acceptèrent qu'une ampoule de 25 watts, et uniquement dans l'écurie. La Banquise, en commerçante avisée, jugeant qu'elle devait offrir à sa clientèle ce que l'époque moderne proposait de mieux, fit installer une 60 watts dans le bureau de tabac. Pour le reste de son logis, elle continua de s'éclairer au pétrole et à la bougie, par habitude et aussi parce qu'elle appréciait la douceur de leur lumière et leurs odeurs. Beaucoup de Bouscassellois firent le même partage, ainsi son petit commerce de bouts de chandelle ne souffrit pas trop de cette nouveauté.

En revanche maître Leraton fut totalement séduit par « la Fée Electricité ». Il avait installé tellement d'ampoules, dans sa maison crépie tous les deux ans, qu'elles jetaient du feu par toutes les fenêtres ostensiblement ouvertes, on ne voyait qu'elles, dans les nuits de Bouscassel, découpant en carrés jaunes son petit pré gazonné « à l'anglaise », projetant l'ombre du buste du notaire retraité cloîtré avec ses rois et ses reines d'ivoire.

— C'est comme s'il n'était pas du village, avait constaté le Gandin.

L'instituteur avait pris comme exemple la villa Leraton pour faire comprendre à ses écoliers ce qu'on entendait par l'expression : « Vivre dans une tour d'ivoire ». Il n'avait pu s'empêcher d'ajouter à mi-voix : « Heureusement que la jolie madame Leraton sort faire ses courses... »

— Même qu'elle met tous les jours sa robe du dimanche, pas vrai, monsieur? avait ajouté Mauricet, le cadet du Ripailles, en prenant son air futé, provoquant ainsi, à coup sûr, l'hilarité graveleuse de toute la classe.

— Voilà une observation qui n'est pas de ton cru, dit

le maître d'école pas dupe mais riant aussi : j'y reconnais la griffe de ton anar de paternel.

Le téléphone était fiché à bonne hauteur dans l'angle derrière la porte d'entrée du bureau de tabac. Le combiné était accroché à une potence et une manivelle permettait d'appeler l'opératrice pour lui demander de vous passer votre numéro.

La Banquise n'utilisait presque jamais cet appareil. D'abord, elle répugnait à déranger ces demoiselles de la poste toujours maussades, particulièrement la Philomène, la fille du Lafuste, le menuisier de Bouscassel, la crème des hommes, lui, pourtant. Et puis à qui aurait-elle bien pu téléphoner ? La plupart des Bouscassellois témoignaient de la même réserve craintive vis-à-vis de cette invention. En avoir besoin, c'était mauvais signe, pour appeler d'urgence le docteur, la plupart du temps. Les clients laissaient alors agir la buraliste qui s'approchait de l'appareil à pas de loup et tendait la main vers le combiné comme s'il risquait d'exploser.

La sonnerie était spéciale, d'une stridence maximale, un drelin épouvantable, insupportable, conçu pour la buraliste précédente qui était dure d'oreille. Et ça éclatait toujours à l'improviste, on sursautait, pestait, Clémence se précipitait pour arrêter ça mais dès qu'elle avait décroché, il y avait un grand silence dans la boutique, tout le monde tendait l'oreille.

Ce jeudi matin, ils n'étaient que trois, le Pétronille (passe encore), mais la Guitoune et la Rosita, la femme du Rampel, le sabotier, deux méchantes langues qui n'en finissaient pas de choisir une carte postale.

— Allô, allô ! c'est bien la cabine de Bouscassel ?

— Euh... oui...

— Je te passe la mairie de Polilhac... (Une autre voix :) Vous êtes bien madame Van Khyse, Clémence, née Tardiou, le 20 octobre 1900 à Santomel, commune de Polilhac ?

— Oui... c'est ça... euh... pourquoi? qu'est-ce que vous me voulez?

— Pardonnez-moi. Je dois vous annoncer une mauvaise nouvelle : votre père est mort cette nuit. Monsieur le maire me prie de vous transmettre ses condoléances et de vous informer que les obsèques auront lieu demain à trois heures. Si vous venez...

— Je verrai... je verrai... Merci.

— Attendez, vos frères voudraient vous parler, je vous les passe...

Clémence reconnaît la voix éraillée de son frère aîné :

— Clémence, c'est pour savoir comment tu payeras les frais de l'enterrement, le pasteur et le médecin? Tu enverras les sous ou on vient les chercher?

— Ah!... ça, il n'en est même pas question!

Et la Banquise raccrocha brutalement.

En se retournant, elle tomba sur trois regards interrogateurs, elle lâcha :

— C'est rien. Mon père est mort.

Son Riri, qui était descendu de sa chambre attiré par le drelin, était resté à écouter, depuis la cuisine. Il remonta, éberlué, sans se faire voir.

De septembre à janvier, la Banquise ouvrait très tôt le dimanche, pour les chasseurs qui avaient toujours besoin de quelque chose avant d'aller battre la montagne. La plupart fabriquaient eux-mêmes leurs cartouches le soir, à la veillée. Pour ceux-là, la buraliste vendait de la poudre pyroxylée, des bourres et du plomb qu'elle commandait à la Manufacture d'Armes et de Cycles de Saint-Etienne (Loire). Pour les étourdis, elle avait toujours en réserve quelques boîtes de calibre 16 et 12, les plus usuels. Enfin il y avait ceux qui avaient fumé leur dernière cigarette la veille et qui retournaient en vain leurs poches au réveil... Le bureau de tabac étant le seul endroit de Bouscassel ouvert aussi tôt le matin, les «nemrods», comme les appelait, rigolard, le jeune instituteur qui en était, se donnaient rendez-vous chez la Banquise. Une fois, une bouteille de gnôle fit son apparition, la buraliste prêta les verres. Elle en vint à fournir elle-même l'alcool, pas gratuitement, cela va sans dire. Elle n'avait pas la licence de débit de boissons mais tout le monde fermait les yeux, y compris les gendarmes qui n'étaient pas contre « un petit coup de raide, en passant, pour tuer le ver ». Gratis, pour eux, bien sûr.

La chasse était un droit hautement revendiqué, une des conquêtes de 1789. Jusqu'à cette « Grande Révolution » dont ils avaient encore aujourd'hui plein la bouche, le gibier était réservé aux seigneurs, ce qui fait que les chasseurs de Bouscassel portaient leur fusil fièrement, comme s'ils se souvenaient du temps où l'on était envoyé aux galères pour avoir braconné un lièvre du roi. Ils adoraient tout ce qui touchait à la chasse, cartouchière, carnassière, leggings, et, par-dessus tout, les armes. Ils chouchoutaient jusqu'à de vieux fusils d'héritage, à broche, prétendant qu'on n'avait jamais rien fabriqué de plus précis. Les anciens combattants avaient ramené, en guise de trophées, des mausers, le redoutable fusil de guerre de l'armée allemande, qu'ils trouvaient plus efficace pour le sanglier. La nostalgie aidant, cela faisait, dans la boutique quand même exiguë, un remue-ménage héroïque qu'accompagnaient les aboiements des chiens impatients maintenus à grand-peine dans la ruelle.

Ce matin-là, il y avait Arthur Rubal, dit « la Barbouille », retraité des P.T.T., un rondouillard bardé de buffleteries, socialiste-tiède (« un pléonasme », disait le Gandin qui était radical), qui occupait ses loisirs en peignant à l'huile. Candelaire (prononcez : Candéla-ï-ro), Maurice, dit « le Clouque » (personne ne savait plus pourquoi), le Bacellard (le Frappeur), le forgeron borgne, un fin tireur : « … pardine, il n'a plus à fermer un œil, lui, té ! » Et l'instituteur qui s'était mis à la chasse depuis sa nomination à Bouscassel, plus particulièrement pour « s'intégrer dans ce petit peuple laborieux » et qui n'échappait pas aux travers de tous les néophytes : il était toujours prêt à faire profiter les collègues des conseils qu'il picorait dans *Le Chasseur français* dont il était le seul abonné de la commune.

Il y avait aussi trois mineurs dans la force de l'âge, qui formaient aussi les jours de fête l'orchestre de Bouscassel : le Charlot (accordéon-chanteur-animateur), mineur et communiste, le Ripailles, clarinettiste mais surtout anarchiste déclaré, le Ratapénade (la chauve-souris, ainsi surnommé parce que cet insomniaque hantait les nuits du village). Il jouait de la grosse caisse et dirigeait en outre la cellule communiste. Le trio, qui ne cessait de se chamailler qu'en prenant ses instruments, était rejoint dans les grandes occasions par « le Rampel » (le casse-pieds) qui se démerdait pas mal avec son banjo-mandoline. Mais ce maigriot taciturne préférait la plupart du temps braconner tout seul. Le filateur aussi faisait bande à part. Chasseur passionné, équipé luxueusement, armé d'un « Idéal » de Saint-Etienne, il chassait en solitaire, avec son chien d'arrêt, un setter Laverack doté d'un pedigree en bonne et due forme, et jamais le dimanche, jour où la canaille fainéantait. Il avait surtout peur, prétendaient les autres, d'être victime d'un « accident de chasse » s'il avait participé à l'une de leurs battues dans la montagne complice.

Il ne manquait donc que lui, quand, malgré l'heure très matinale, un drôle de couple, annoncé par les aboiements intrigués de la meute grouillant dans la ruelle, débarqua dans Bouscassel. Un petit jeune homme mince et blafard, vêtu de pied en cap de noir, serré dans un costume étriqué, râpé, vraiment joli garçon, malgré sa minceur et sa mine de mauvaise santé. Il était flanqué d'une bonne femme rougeaude, l'air décidé d'une à qui on ne la fait pas. Il se planta devant l'assemblée des artabans volubiles qui en restèrent cois. Sa bobonne se raidissait à un demi-pas derrière lui, sur sa droite. Pour saluer, il ôta son chapeau, ce qui libéra une cascade de bouclettes blondes qui lui tombèrent jusque sur le nez. Presque aussitôt, face au silence interrogatif, il prit la parole :

— Je suis votre nono, votre nono, votre nounou, votre nouveau papa... papapa...

Il s'était mis à loucher, impossible de loucher plus ! Ses prunelles étaient allées à la rencontre de son nez et se blottissaient tout contre.

Alors la grosse femme vint se placer devant lui. Avec un épouvantable accent germanique, elle débita d'un trait, dans un français pourtant très correct, un laïus qu'elle avait dû apprendre par cœur :

— Mon fils est votre nouveau pasteur, il bégaye dans l'ordinaire mais rassurez-vous ! Quand il est en chaire, l'Esprit de l'Eternel descend en lui et il ne bégaye plus du tout, il est même très éloquent. Mon fils était l'élève le plus brillant de la réputée faculté théologique de Genève. Il se nomme Abel Goensch (elle épela le nom). Je vois que mon accent vous étonne, c'est que nous descendons de l'Appenzell, qui se trouve en Suisse alémanique... Pour en finir avec les détails pratiques : si mon fils ne fume ni ne boit, moi si ! la pipe, et seulement du tabac de Hollande, madame la buraliste, vous seriez gentille de faire venir de l'Amsterdamer, c'est mon préféré.

Très soudainement, aux derniers mots de sa mère, le jeune homme pâle se redressa et d'une belle voix, bien assurée, il tonna :

— « Je vous le dis en vérité, si vous ne vous convertissez et si vous ne devenez pas comme les petits enfants, vous n'entrerez pas dans le royaume des cieux ! » Matthieu, XVIII, 3 !

Du coup, il ne louchait plus. Il regardait droit dans les yeux, l'un après l'autre, les chasseurs qui se trémoussaient, gênés par cette fixité soupçonneuse.

Le moment de saisissement passé, le Gandin marmonna :

— Peuchère !... ça se voit qu'il connaît pas encore les « petits enfants » de Bouscassel !

La mère du jeune pasteur se mit en devoir d'expliquer cette irruption matinale. Ils étaient arrivés de la veille, avaient à peine défait leurs valises, mais c'était aujourd'hui dimanche. Le ministre de Dieu se devait de ne pas rester au lit le jour de l'Eternel surtout quand une partie de ses ouailles se préparait à partir à la chasse au lieu de prendre le chemin du temple. Le nouveau prêtre de Bous-cassel se garderait de bousculer des traditions aussi res-pectables, mais il y avait moyen de concilier les deux. Là, debout, les chasseurs allaient écouter un passage de la Bible, et, après cette brève lecture, ils pratiqueraient cinq minutes de méditation qui se concluraient par un *Notre Père*, après quoi, ils pourraient partir, allégés et joyeux, tuer beaucoup de sangliers.

Cette proposition fut accueillie avec un embarras souli-gné par le raclement des souliers cloutés des chasseurs pas-sant d'une jambe sur l'autre. La plupart étaient d'origine protestante, mais farouchement laïques, ce qui n'était pas contradictoire. Hormis pour les mariages et les enterre-ments, ils ne mettaient jamais les pieds dans la maison du Seigneur et encore, même dans ces circonstances, ils lais-saient entrer les femmes et se contentaient de fumer une cigarette sur le perron du temple. Néanmoins, à l'excep-tion du Ripailles, «ce putain d'anar» comme ils l'appe-laient parfois affectueusement, ils respectaient le protes-tantisme. C'était plus de l'orgueil que de la piété, mais quoi ! c'était la religion de leurs aïeux qui avaient versé leur sang pour défendre leur foi. Le protestantisme, c'était dans leurs esprits assez confus un héritage sacré comme le droit de vote, le droit de chasse et... voyons... mais bien sûr! l'école laïque. Et puis, ils n'avaient pas envie de faire de la peine à un garçon si convenable, qui s'était levé si matin.

Cependant, quand la maman appenzelle voulut qu'ils se découvrent, le Gandin expliqua, approuvé par tous, même par ceux qui ignoraient ce détail jusque-là, que c'était contraire à la tradition du protestantisme cévenol. En effet, les huguenots de ces montagnes affectent de gar-der leur chapeau vissé sur le crâne (qu'ils ont dur : *testo d'higanaou*) en souvenir de leurs ancêtres hors-la-loi qui devaient suivre le culte interdit au Désert, dans la tra-montane des altitudes, et qui rabattaient soigneusement les bords de leur couvre-chef. C'était aussi, il faut bien l'avouer, pour ne pas être reconnus par les mouchards de l'évêque.

— Eh ! oui, il y avait aussi, en ces temps-là, quelques brebis galeuses dans le troupeau de l'Eternel... soupira le Clouque, pour ne pas qu'on l'oublie.

La Banquise, toujours sur la digne réserve qui sied à la titulaire d'un bureau auxiliaire de l'Enregistrement, s'amusait beaucoup du spectacle. Toutes ces grandes gueules, ces blasphémateurs truculents, baissant le nez, affectant les mines contrites de pécheurs conscients, écoutant d'une oreille distraite ce passage particulièrement abscons du prophète Esaïe arrivant comme des cheveux sur la soupe :

«Malheur à la couronne superbe
des ivrognes d'Ephraïm,
A la fleur fanée, qui fait l'éclat de sa parure,
Sur la cime de la fertile vallée de
ceux qui s'enivrent...»

Après un bourdonnement qui voulait passer pour la prière finale, ponctuée d'un tonitruant «amen» de soulagement, les chasseurs se précipitèrent pour rattraper leur retard. L'instituteur frappa gentiment, au passage, sur l'épaule du jeune pasteur :

— Ne vous faites pas de souci, si on vous attaquait, vous ou votre religion, ils monteraient au créneau comme un seul homme, tous tant qu'ils sont, ces *rébroussiers*...

Au moment où la grosse Suissesse quittait son bureau de tabac, la Banquise l'attrapa rudement par le bras :

— Passe pour cette fois !... mais que votre fiston ne prenne pas l'habitude d'utiliser mon chez-moi comme sa boutique.

— Le Seigneur est partout chez lui, madame !

— Qu'il vienne me le dire lui-même !

Goensch... Jamais Bouscassel ne put se mettre ce nom en bouche. Goensch devint désormais pour tous, Dieu sait pourquoi, «le Counifle.»

Le Groumille se faisait quelques sous en réparant les vélos, travail qu'il pouvait effectuer assis et sans trop forcer. Il n'était pas rapide mais extrêmement soigneux, ses rustines ne se décollaient pas.

Le voilà qui pleure sur une chambre à air : le Bouffette, son inséparable ennemi, est mort. Il gémit :

— Il m'appellera jamais plus son cul-blanc ni son cul-béni, mon Bouffette ! Chaque fois que je tousse, je pense à lui, autant dire tout le temps...

Le Groumille en veut d'abord à la silicose, bien sûr, mais tout de suite après, il s'enrage contre le pasteur :

— Le pasteur, le nouveau, le Counifle, est même pas passé le voir. Pourtant je suis allé deux fois le chercher... Merde, c'était le bedeau quand même ! Le curé, lui ! y serait allé, il y aurait même couru... en retroussant sa soutane !

Lorsque la mère appenzelle est venue acheter son Amsterdamer, la Banquise ne s'est pas gênée pour lui reprocher la désinvolture de son fils.

— Ecoutez, rétorqua la mère du Counifle, quand le vieux, celui qui tousse, est venu nous dire : « Vous devriez venir voir le Bouffette, il est bien fatigué », nous étions encore, mon fils et moi, au milieu de nos valises, on s'est dit : s'il est fatigué, ça peut attendre...

— Dites-moi, vous en avez combien, de valises ?

— Quand il est revenu nous dire : « Vous savez, Bouffette, le bedeau, est vraiment bien fatigué, » on s'est dit : bon, on ira demain ou après-demain, d'autant plus qu'on ne peut pas aller faire la connaissance du bedeau sans s'être auparavant mis au courant des affaires de la paroisse, ne serait-ce que pour décider si on le maintiendra à ce poste... Bref, quand on est enfin arrivés chez le surnommé Bouffette, il était mort. Les gens n'ont même pas voulu du pasteur à l'enterrement, on n'a pas compris !

La Banquise n'a pas pris la chose à la rigolade :

— Madame, quand on vient s'installer dans un pays, surtout pour consoler des malheureux, on se renseigne sur les habitudes locales. Si vous vous étiez donné cette peine, vous auriez appris qu'en Cévenne, quand on dit de quelqu'un qu'il est « bien fatigué », c'est qu'il est mourant... Tenez ! voici votre provision d'Amsterdamer, ça fait vingt francs.

L'Appenzelle est partie en maugréant : « Eh ! bonjour ! » Dans sa grosse tête systématique, la mère Counifle avait déduit que, dans un pays où l'on dit « adieu » au lieu de « bonjour », on doit dire « bonjour » quand on se quitte.

Un *barouf* épouvantable provient d'en bas. Des coups de pied cognés contre la porte, on reconnaît vaguement des « Clémence ! » criés avec violence, et d'autres mots inintelligibles.

La Banquise est éveillée. Les yeux grands ouverts, elle ne bouge pas. La porte de la chambre d'Henri s'ouvre. Clémence se relève d'un coup, assise sur son lit. Henri est en pleurs, il vient près de son lit.

— Maman... j'ai peur...

Elle se lève et attrape son fils qu'elle serre fort dans ses bras.

— Mais non, mon petit homme, il faut pas avoir peur, ta maman est là... près de toi.

— C'est des bandits, hein maman ?...

— Mais non, des ivrognes qui n'ont plus de tabac, c'est tout.

— J'ai peur...

— Mais non, n'aie pas peur, je vais les calmer. Allez, viens... (elle l'allonge sur son lit)... viens dans le lit de ta mère, calme-toi... qui te ferait du mal quand ta mère est là, hein ?

— Je sais pas, moi...

— Personne ! Allez, rendors-toi, mon petit homme, je reviens tout de suite... ne bouge pas !

Henri se love dans le lit en reniflant bruyamment. Clémence l'embrasse et sort.

Clémence entre dans le magasin, par la cuisine. Des coups de pied violents ébranlent les doubles volets.

— Tu vas nous ouvrir, salope?

— Clémence! Ouvre! C'est nous!

Elle frémit, attrape son manche de pioche et retire la barre des volets. La porte s'ouvre avec fracas.

Clémence reste un instant pétrifiée devant les deux hommes aux cheveux roux qui se précipitent à l'intérieur. Elle fait deux pas en arrière et se met en garde.

Son frère, le plus jeune, le gazé, l'abruti, ricane.

— Tiens, tu l'as toujours?

Le frère aîné la regarde en souriant et en ouvrant les bras.

— Alors? sœurette, on s'embrasse pas? Ça fait bien au moins dix ans qu'on s'est pas vus... Tu t'es même pas dérangée pour venir au cimetière, l'autre jour!

Clémence lève le manche d'un air menaçant.

— Dis, tu vas quand même pas cogner sur tes frères chéris?

Aussitôt Clémence balance sur lui un formidable coup de manche qu'il esquive. Le bâton s'abat sur une étagère qui s'écroule. Le frère cadet part dans son rire dément.

L'aîné s'approche de nouveau. Il pointe sa langue et l'agite dans sa bouche grande ouverte, à la manière des boucs en chaleur. Il commence à se déboutonner :

— Dis, Clémence, et ça... (regardant sa braguette) tu te souviens de ça?

Le plus jeune ricane de plus belle et va s'intéresser au comptoir et aux articles sur les présentoirs.

— Combien le tabac, là? Dis, c'est pas donné, hein? (Il en bourre ses poches.)

L'aîné continue d'avancer, cambré, la main en avant sur la braguette.

— Viens jouer un peu, sœurette...

Clémence recule, menaçant toujours du manche de pioche qu'elle tient à bout de bras. Elle est tremblante, comme paralysée par la colère. Tout d'un coup les frères se mettent à rire, ils se tapent sur les cuisses.

Alors Clémence éclate soudain, balançant des phrases désordonnées.

— *Ibrougnassos* ! Je vais vous cogner, vous crever... vous sortir les tripes... pour les *torgnoles* que moi j'ai prises, toutes ces *roustes*, tout le temps, partout... dans ce gourbi puant... là-haut dans ce pays de *crébadouïré*, à travailler la tête dans la gadoue, avec des frères puants... et leurs mains puantes sous mes jupes... et les mains puantes de ce sale ivrogne puant de père, ce *trasse* de vieux... j'espère qu'il a souffert avant de crever, lui aussi... et moi toujours à courir pour échapper à tous ces doigts crochus ! Ordures ! *tchinarèdo do-ou diablé...*

Le frère aîné ne sourit plus du tout. Il prend un air menaçant, et avance vers elle...

— Tu vas fermer ça, oui ?

Clémence donne un grand coup de manche de pioche devant lui. Il stoppe aussitôt.

— T'approche pas !... Toute cette *pudècino*, cette crasse, et la mère... ce paquet d'os... cette *espouvénto* ! cette vieillarde, toute voûtée, plus de dents, ça prenait des coups sans rien dire... contente de crever, va, pour plus vous voir, *feignardassos*, plutôt crever la bouche ouverte que cette vie minable... Moi jamais je ne serai comme elle... moi, je suis partie ! Sortez de chez moi, maintenant, vermine ! *Vïou ! dé foro ! ïèou vous voou campédja !*

L'aîné commence à rire jaune en la regardant d'un air narquois. Il se tourne vers le cadet.

— Tu l'entends, *cabour*, elle se prend pour qui, la salope ?

Le plus jeune ne répond pas. Il a trouvé le tiroir de la caisse. Dès qu'il entend le bruit de la monnaie, l'aîné se désintéresse à son tour d'elle et bondit sur le plus jeune.

— C'est à moi, ça...

Il éloigne son frère de la caisse d'un violent coup sur la tête qui le fait valdinguer contre le mur. Le manche de pioche s'abat sur sa clavicule alors qu'il vient de s'emparer de quelques pièces et billets. Il reste immobilisé par la douleur. Aussitôt Clémence se précipite sur le cadet à moitié relevé et lui balance un grand coup sur le tibia. Le cadet pousse un cri et s'écroule tout à fait au sol.

Clémence se met à nouveau devant eux avec le manche de pioche. Sa voix s'est calmée, bien qu'elle soit encore un peu tremblante.

— De l'air! et plus vite que ça! ou je vous fais *estripailler* par les Bouscassellois... (elle se met à crier très fort) : *m'avès coumprès*?

Clémence leur montre la fenêtre voisine qui s'allume. D'autres sont déjà allumées.

— Ils attendent que ça, que je crie...

L'aîné, grimaçant de douleur, blême de rage, fait un bond en avant et saisit le manche.

— Crie toujours, salope!

Le plus jeune se relève péniblement en boitant.

— Ils se foutent bien de toi! T'es pas d'ici, ils feront rien...

Clémence balance un formidable coup de genou dans l'entrejambe de son frère aîné et lui reprend le manche de pioche. Elle se met à hurler et fait retomber le cadet d'un autre coup sur le même tibia, puis s'approche de la porte ouverte sur le dehors.

Elle hurle d'une voix incroyablement aiguë qui semble porter jusqu'au bout de la rue en se répercutant d'une façade à l'autre :

— Au secours! on attaque le bureau de tabac! au secours! venez vite! ils sont deux! au secours!...

Déjà des voix répondent : « Courage, Clémence, on arrive!... je prends mon fusil... on va en faire de la chair à pâté, de ces voyous!... A la rescousse, les hommes! allez! allons-y tous, on attaque la Banquise!... prenez vos fusils... »

Quelques chasseurs tirent déjà en l'air de leurs fenêtres...

Clopin-clopant, les deux frères s'enfuient, poursuivis par les moulinets de leur sœur déchaînée qui continue de hurler d'incompréhensibles imprécations. Ils fuient sous la double haie des pots de chambre vidés sur eux depuis les fenêtres, sans parler de la pétarade que les chasseurs se régalent de tirer en l'air comme pour un 14 Juillet.

— Ils sont pas près de revenir, conclut la Banquise, essoufflée mais satisfaite.

Plus ou moins rhabillée, la moitié de Bouscassel se retrouve dans le bureau de tabac. Joyeux de cette rapide victoire, chacun exprime sa solidarité, ils se sentent du même village, d'une communauté enfin cimentée.

Encore une fois, Henri avait fait semblant de se recoucher mais il avait suivi sa mère sur la pointe des pieds. Il avait tout entendu par l'entrebâillement de la porte de la cuisine. Il ne monte dans sa chambre qu'au moment où sa mère annonce :

— Cette nuit, on fume et on boit gratis à Bouscassel, et on prend des réglisses pour les gosses...

— Dites, Clémence, c'était vos frères ? se permet d'insister le Clouque.

— Puisqu'elle te dit qu'elle a pas de frères ! tranche, péremptoire, le Ripailles.

La fête improvisée a duré jusqu'au petit matin où les mineurs devaient se préparer pour le poste de jour.

Quand Clémence est remontée dans sa chambre, son fils l'a appelée d'une pauvre petite voix :

— Maman ! qu'est-ce qu'ils voulaient au juste ?

Elle répondit sans mentir, car elle essayait de mentir le moins possible à son fils :

— Des sous ! qu'est-ce que tu crois ? Y a que ça qui les intéresse : l'argent !

Bouscassel grouille de vie. Les mineurs sont en grève, en grève joyeuse, inhabituelle, c'est pour soutenir le Front populaire, leur pouvoir.

Depuis les élections, le bureau de tabac ne désemplit pas, d'autant plus que c'est un terrain neutre où les rouges du bistrot de la cellule et les blancs du café de la Marie se trouvent nez à nez sous la loi de la Banquise. Elle plane au-dessus du tintamarre des discussions politiques. Elle a bien d'autres préoccupations : son fils doit descendre à Alès pour présenter son concours d'entrée en sixième au lycée Jean-Baptiste Dumas. Il sera le seul enfant de Bouscassel à suivre des études secondaires. Trois autres iront au chef-lieu de canton à l'Ecole primaire supérieure qui ouvre les carrières des Postes et de l'Administration. Pour tous les autres, ce sera la mine à treize ans révolus. Le futur lycéen n'était pas le meilleur de sa classe, il ne ressentait pas la promotion comme une injustice mais plutôt comme une malchance. Pour sa mère, c'était un crève-cœur d'avoir à se séparer de son fils, sans parler du problème financier : les études secondaires étaient payantes, ainsi que les livres et la pension.

Le voyage en ville ne s'annonçait pas comme une partie de plaisir. La Banquise avait mis sa plus belle robe en tussor, blanche, imprimée de pâquerettes, qu'elle avait commandée sur catalogue et qu'elle avait dû faire ajuster à sa taille par la Pétassette, une pauvre vieille fille déhanchée qui exerçait comme couturière à domicile. Rien à faire avec le décolleté d'origine qui lui parut vraiment indécent, elle dut se contenter de le réduire à l'aide d'une broche qui tenait mal et faisait des fronces. Pour la première fois de sa vie, Clémence chaussa des escarpins à talons. L'ensemble surmonté d'un bibi modeste de paille noire agrémenté de trois cerises très rouges. Son fils s'était obstinément refusé à se laisser costumer en petit marin, ses condisciples ayant, dans une occasion précédente, ridiculisé cruellement son béret à pompon. Il n'avait pourtant pas obtenu d'inaugurer des pantalons longs.

L'instituteur avait estimé de sa responsabilité d'accompagner à l'examen son unique candidat au Secondaire. Depuis son mariage, monsieur Renard avait pris de l'embonpoint. Le Gandin s'était calmé en épaississant. Il entretenait sous son nez une moustachette carrée d'un effet déplorable. La paternité avait eu raison de son humour, il se prenait au sérieux, sautant sur n'importe quel prétexte pour pontifier. Evidemment, son costume de mariage le boudinait, son col dur lui entrait dans les bajoues et son chapeau à bords roulés dansait sur sa tête.

La gare du P.L.M. était au chef-lieu de canton, à Saint-Jean-du-Val. Et un mauvais chemin en côte, pour commencer. Ils escomptèrent une heure et demie, pour être larges. Il fallait prendre le premier train pour arriver à temps aux épreuves du matin. Trio burlesque, sur le chemin caillouteux qui reliait Bouscassel à la grand-route de Saint-Jean-du-Val, Clémence eut d'abord des problèmes d'équilibre sur ses talons. Et bientôt, tous les trois commencèrent à souffrir de leurs chaussures neuves. Au bout du premier kilomètre, ils marchaient sur des œufs, haussant les épaules en cadence pour ne pas trop appuyer des talons. Quand le soleil se montra, tous trois se mirent à transpirer. La journée s'annonçait torride. Deux fois, Clémence se tordit la cheville.

— Maman, quitte tes souliers, tu marches toujours mieux pieds nus...

— Je vais trouer mes bas…

— Quitte-les aussi, tu les remettras quand on sera à la gare.

— Je regarderai pas… murmura galamment le Gandin.

Pendant qu'elle s'exécutait derrière un buisson, l'instituteur et son élève s'intéressaient à une mante religieuse, ce qui les courbait jusqu'à terre. Quand la Banquise réapparut soulagée, pieds nus, ses chaussures à la main, le Gandin exposait :

— … Et elle dévore son mâle aussitôt qu'il l'a fécondée.

— Qu'est-ce que vous racontez à cet enfant ? s'inquiéta Clémence.

Elle était métamorphosée, « légère, et court vêtue, Perrette et son pot au lait, » pensa l'instituteur. Avec plus de curiosité que de hargne, ayant retrouvé la terre sous ses pieds nus, elle était de bonne humeur, mais elle tenait à tirer au clair ces histoires de mâles dévorés. Le Gandin était plongé depuis des semaines dans les *Souvenirs entomologiques* de Jean-Henri Fabre. Il entraînait toujours au moins une fois par semaine ses écoliers dans l'herbe des prés de Bouscassel. Il leur avait fait partager sa passion, à Riri, en particulier.

Ils étaient à présent sur la bonne route, il pouvait disserter sans haleter. Il entrait dans les détails…

— … Lors de l'accouplement, la femelle une fois satisfaite saisit le mâle et lui ronge d'abord la nuque pour lui paralyser les centres vitaux, et puis, méthodiquement, elle le consomme à petites bouchées, elle ne laisse que les ailes…

La leçon fut interrompue pendant que la Banquise remettait ses bas et ses escarpins dans un taillis à l'entrée de Saint-Jean-du-Val. Enfin le trio se hâta vers la gare où une foule se pressait. Le train était pris d'assaut par des paysannes encombrées de paniers qui descendaient au marché. A la gare suivante, il fallut se serrer encore pour faire place à un groupe de garçons et de filles arborant le brassard aux trois flèches des Jeunesses socialistes.

Après le viaduc, à la sortie du plus long des tunnels (plus d'un kilomètre), Clémence et le Gandin se regardèrent en souriant : ils étaient marqués de suie, tout le compartiment hurlait en riant : « Fermez les fenêtres ! » A la descente, en prenant de la vitesse, la locomotive refoulait une épaisse fumée noire.

— Sors ton mouchoir et crache dessus, ordonna Clémence à Riri.

Et elle entreprit de le débarbouiller vivement. Puis, sortant elle-même son mouchoir, elle cracha et le tendit à son fils pour qu'il lui rende le même service.

Sur les trente kilomètres du trajet, il y avait cinq tunnels, quatre ponts, sept gares, et le train s'arrêtait longuement à chacune. A Sainte-Cécile, montèrent en force quatre bûcherons, leur cognée sur l'épaule, qui tassèrent sans ménagement les voyageurs déjà debout au point que la Banquise se trouva nez à nez, ventre à ventre avec le Gandin.

— Sortez votre mouchoir et passez-le-moi, dit-elle, je ne peux supporter cette marque de noir que vous avez sous l'œil.

Ça n'avait rien d'une tentative de séduction, il s'exécuta, penaud, comme si elle lui avait demandé de refermer sa braguette. Il cracha donc sur son mouchoir et le lui passa. Elle nettoya la pommette de l'instituteur posément, avec des façons maternelles. Un arrêt brutal à la gare de Trescol la précipita le front sur la bouche du Gandin, ils s'excusèrent tous les deux. Mais ils purent à peine s'écarter l'un de l'autre à cause de nouveaux voyageurs. Riri avait été pris dans le remous des arrivées, il se trouvait à l'autre bout du compartiment.

— Dites-moi, c'était de la blague, le *prégadïou* qui dévore son mâle...

— Mais non, c'est vrai, c'est scientifique. Fabre raconte même qu'elle commence à le dévorer pendant qu'il lui fait l'amour : il est encore sur elle, en train de... enfin, vous me comprenez... Sa femelle se retourne, lui mordille le cou, puis commence à lui manger la tête.

Bientôt, le malheureux n'a plus de col, presque plus de poitrine... La femelle, le museau retourné sur l'épaule, continue à ronger fort paisiblement les restes du doux amant. Et ce tronçon masculin, solidement cramponné, continue sa besogne... Madame, je vous jure, je cite le savant presque mot pour mot...

La gare suivante les précipita de nouveau l'un contre l'autre, ils avaient de plus en plus de peine à se décoller...

— ... On dit que l'amour est plus fort que la mort... Imaginez ce décapité, amputé jusqu'au milieu du corps, ce presque cadavre qui persiste à vouloir donner de la vie... Il ne lâchera prise que lorsque sera entamé le ventre, siège des organes procréateurs...

— C'est écœurant...

— Oui, madame. Manger l'amoureux, mais seulement après que le mariage est consommé, faire son repas du mâle épuisé, désormais bon à rien, ça peut à la rigueur se comprendre de la part de l'insecte peu scrupuleux en matière de sentiment, mais le croquer pendant l'acte...

— Qu'est-ce que vous voulez dire par là... trancha la Banquise, glaciale.

Le Gandin s'arrêta net, il eut l'intuition qu'il remuait le couteau dans une vieille plaie dont il soupçonnait depuis longtemps l'existence mais qu'il croyait cicatrisée.

Ils continuèrent le voyage sans un mot, en évitant de se regarder, et en faisant des efforts constants mais la plupart du temps vains pour s'écarter l'un de l'autre.

A midi, à la fin des épreuves du matin, ils attendirent le futur lycéen à la porte de l'établissement. L'instituteur insista pour les inviter tous les deux au restaurant. La Banquise avait d'abord refusé assez sèchement mais lorsque monsieur Renard lui eut expliqué qu'il tenait à interroger Henri sur ses réponses du matin et peut-être, en fonction d'elles, lui donner quelques indications supplémentaires pour l'après-midi, Clémence se laissa faire. Il choisit un petit restaurant de la Sabatterie, l'une des ruelles de la ville basse. On y entrait en descendant trois marches usées et le menu du jour était servi d'autorité :

vol-au-vent, brandade de morue, côte de porc, aubergines à la tomate, pélardon et cerises, le tout délicieux et bon marché.

Dès qu'ils furent servis, l'instituteur interrogea Henri sur les réponses qu'il avait données le matin. Il releva quelques erreurs de détail, d'où il tira quelques recommandations précises pour rectifier le tir l'après-midi. Le tout clairement, calmement, presque affectueusement, sans rien pour décourager le candidat, ni lui embrouiller l'esprit. Clémence écoutait, surprise et ravie. Elle découvrait dans ce gandin le maître d'école. De son côté, il n'était pas insensible au changement de la Banquise, il avait compris depuis longtemps que le chemin de son cœur passait par son enfant. Le contact physique, d'abord involontaire, pendant le trajet, l'avait durablement émoustillé. Sous la table étroite, leurs genoux se frôlaient. Une moiteur émouvante montait du décolleté distendu. Il se disait que, qui sait ! cet après-midi pendant que Riri plancherait... La Banquise, loin de son manche de pioche et de son comptoir, ce devait être le géant Antée quand ses pieds ne touchaient plus terre...

Le restaurant était comble. Les tables exiguës contraignaient les clients, quatre à quatre, à manger nez à nez en se cognant les coudes. Trois paysans discutaient fort avec un maquignon au rire fracassant, des maçons se confiaient des secrets avec des sourires finauds. Sur toutes les tables se vidaient les carafes d'un vin rouge épais et fruité, le même pour tous, tiré au tonneau sur cales posté à l'entrée de la cuisine. A son quatrième verre, la Banquise était écarlate, ce qui attendrissait l'instituteur. Il y avait suffisamment de clients qui fumaient en mangeant pour épaissir l'atmosphère et lutter avec les bonnes odeurs de cuisine. Désorienté par ce brouhaha, par cette concentration d'individus intéressants, Henri avait beaucoup de peine à soutenir son attention et monsieur Renard devait parfois le gourmander, avec l'approbation tacite de Clémence. En récitant pour la énième fois, mécaniquement, les clauses du traité de Westphalie sur lesquelles, selon son instituteur, il avait des chances (ou le malheur) d'être interrogé dans deux heures, le futur lycéen se promettait de revenir seul dans des lieux semblables qui lui procuraient une angoisse délicieuse. Il lorgnait à la dérobée deux jeunes Espagnoles aux cheveux huilés; l'une avait la main de son voisin qui fourrageait dans ses jupes sous la table, l'autre la main du sien sur le sein gauche. Il répondait : «... 1648, met fin à la guerre de Trente Ans, la France y gagne l'Alsace et confirmation de la cession des Trois Evêchés...» Cependant, il imaginait sa propre main sous la table, glissant sur la chair dorée de la cuisse espagnole. Soudain, il sentit sa mère qui lui prenait l'avant-bras, elle avait surpris son regard libidineux. Elle murmura dans son oreille : «Plus tard, Riri, plus tard...» comme si elle était rassurée.

Le temps que Clémence et monsieur Renard prennent le café et règlent l'addition, Henri avait disparu. Il était devant un porche d'entrepôt d'où soufflait une odeur composite de pétrole, d'huile et de Crésyl. Le gosse était fasciné par trois petits gitans autour d'une guitare. Le plus jeune, un enfant de huit ou neuf ans jouait des deux mains un flamenco tout à fait reconnaissable. Le plus âgé des trois, un maigre garçon très basané, penché à son oreille, paraissait le conseiller. Le troisième des gitans était une fillette d'une dizaine d'années qui dansait merveilleusement. La tête rejetée en arrière, la taille cambrée, elle tenait un pan de sa longue jupe en haillons et découvrait en cadence, jusqu'à la culotte, une cuisse déjà formée... Dans la pénombre puante du porche, tous trois ne jouaient que pour eux-mêmes, enfermés dans le rythme andalou. Ils ne virent même pas Henri, ni sa mère venue l'arracher par le bras, mais très lentement, très doucement, comme devenue sensible elle-même à la magie de l'instant.

Henri attaqua les épreuves de l'après-midi dans un esprit nouveau, bien décidé à réussir afin de revenir passer six ans dans cette ville. La Banquise et le Gandin avaient donc deux heures à tuer, elle refusa de le suivre dans un soi-disant «salon de thé»... Elle préféra traîner seule dans la ville, jugeant avec sévérité le contenu des vitrines, indignée par les prix affichés.

Ils reprirent le train du soir, silencieusement, chacun dans ses pensées. Sur la dure banquette des troisièmes, ils se raidissaient comme des voyageurs qui ne se connaissent pas.

Dix jours après, Clémence reçut par le courrier la nouvelle : Henri était admis en sixième au lycée Jean-Baptiste Dumas d'Alès. On était au début du mois d'août 1936, le plus beau des étés, les premiers congés payés de l'histoire.

Pendant trois semaines, les mineurs ne descendraient pas à huit cents mètres sous terre pour arracher le charbon. La loi était trop récente pour qu'ils aient eu le temps d'arranger un voyage ou même de préparer de nouveaux loisirs... A l'exception de quelques jeunes qui sautèrent sur leur vélo pour aller voir la mer, tous les autres restèrent au village auquel ils donnèrent un visage inconnu jusqu'alors, pétillant d'une joie malicieuse. Habitués à se lever tôt, ils n'arrivaient pas à faire la grasse matinée : dès l'aube, ils erraient dans Bouscassel par groupes blagueurs, s'amusant de tout, prêts à toutes les niches, des quinquagénaires en étaient à se conduire comme des gamins. Les filles et les femmes, les vieilles incluses, devaient se gendarmer pour maintenir un semblant de décence. Elles refoulaient les gaillards, qui se laissaient faire en s'esclaffant, vers les deux bistrots, le rouge, et le blanc qui en venait à rosir.

Au milieu de cette allégresse quasi unanime, la Banquise broyait du noir. Elle portait déjà le deuil de son fils qu'elle perdrait de vue le premier octobre. Elle faisait figure cependant derrière son comptoir, avec son sempiternel sourire commercial qu'elle avait de plus en plus de mal à conserver. Pourtant le commerce marchait fort, les ardoises se réglaient rapidement grâce à l'augmentation des salaires, elle n'avait plus de souci pour payer les trimestres au lycée.

Les mineurs, ne sachant plus quoi faire de leurs grands bras, relevaient les murettes, remettaient en culture des champs délaissés par leurs vieux. Ils réparaient les mas, menuisaient : ils savaient tout faire. Voilà qui redonnait du goût à vivre, les épouses raffinaient sur la cuisine et mettaient des fleurs aux fenêtres. L'accordéon du Charlot qu'on n'entendait dans l'ordinaire que les jours de fête était presque chaque soir de sortie. Surtout que le boulanger qui tenait buvette (le bistrot rouge) avait fait les frais d'un poste de T.S.F. La Marie, la femme du maçon qui tenait l'autre mastroquet, fut bien obligée de suivre sous peine de perdre de la clientèle. Pourvu de deux radios publiques, Bouscassel vécut au rythme des rengaines à la mode. Sur son diatonique, le Charlot s'épuisait à reconstituer les mélodies. Elles étaient reprises par le petit orchestre de Bouscassel, avec le Ripailles à la clarinette, le Ratapénade à la batterie et le Rampel au banjo. C'est fou ce que les gens se découvraient comme vocations, comme dons, comme envies cachés jusqu'à présent, une soudaine soif de joli, d'inutile plaisant. On vit même un mineur, Tomek, l'aîné des Kandinski, se lancer dans le paysage à l'huile, derrière un chevalet qu'il avait planté devant le pont en dos d'âne. Il se faisait conseiller par Rubal, le retraité des postes, et fut pour ce fait, et à jamais, surnommé «Barbouille-bis». Ses peintures très léchées firent l'admiration à Bouscassel malade d'indulgence. Une telle euphorie n'est pas faite pour durer, pourtant elle changea assez durablement l'humeur des Bouscassellois, y compris celle de la Banquise. Elle se chargeait sans trop rechigner des commissions reçues par téléphone, ce qu'elle n'était pas obligée de faire, elle avait admis sur son comptoir un tronc au profit des grévistes, elle donnait à toutes les collectes, même à celles du Counifle, le pasteur, et même à celles du curé de Saint-Jean. Elle finit en outre par se charger de certains services délicats, comme des poulets à transmettre secrètement entre jeunes amoureux. N'étant l'amie ni l'ennemie de personne, la Banquise jouissait d'une sorte de neutralité qui profitait à presque tout le monde. On se mit à lui faire des confidences. Elle était de l'avis général « discrète comme une tombe ».

C'est au Front populaire que Clémence dut de revoir Hildebert Maillart, son beau-père, le seul homme, le seul être qui avait été bon, tout simplement, tout bonnement bon avec elle, comme si ç'avait été naturel, d'être bon...

Un véhicule, tellement surchargé de monde et de bricoles qu'il était méconnaissable, fit à Bouscassel une entrée pétaradante, en plein enthousiasme des premiers congés payés de l'histoire humaine. On aurait dit une de ces grappes informes et grouillantes que la marée abandonne sur le rivage. Quand humains et accessoires se détachèrent un à un de l'objet roulant originel, on parvint à l'identifier. Ainsi dépouillé, à nu, on reconnut une de ces anciennes voiturettes Citroën que les badauds appelaient plaisamment « quadrilettes ». Sur quatre hautes roues très maigres, une caisse étroite, à quatre places exiguës, précédée d'un capot minuscule, et empennée d'un cul pointu. Et voici comment, d'après le plaisant récit de son propriétaire, l'humble quadrilette était devenue le char fantastique déboulant dans la rue du village cévenol grouillant de réjouissances populaires.

Prosper, dit « Yop-la-boum » (à cause de la chanson de Maurice Chevalier — à Paname aussi, on donnait des surnoms...), jeune ajusteur chez Renault, avait acheté pour une bouchée de pain cette ferraille, l'avait retapée, on pourrait même dire « reconstituée » sur le trottoir, devant chez lui. La seule chose qu'il n'était pas arrivé à rafistoler, c'était le parallélisme des roues. La bagnole pelait un train de pneus aux cent kilomètres, c'est pourquoi elle était bardée de michelins, de dunlops et d'hutchinsons qui la faisaient ressembler à un navire paré à accoster, toutes défenses dehors. A ce moment près, sûr de sa mécanique, Yop-la-boum invita sa chérie à vadrouiller avec lui dans la cambrousse pour inaugurer dignement les premières vacances de leurs jeunes existences de travailleurs enfin libérés. On surnommait « la Crevette », par antiphrase, cette luronne lucide, qui refusa de partir sans être chaperonnée par sa sœur, la « môme Piaf ». Ils franchirent donc à trois la Porte d'Orléans, ayant accroché sur les bastingages, au-dessus des pneumatiques, bidons, sacs, tente, couvertures, casseroles et divers instruments de musique. C'est dans cet équipage qu'au quatrième train de pneus rechapés, ils campèrent en plein mont Lozère, sur la commune de Polilhac, dans une friche appartenant à Hildebert Maillart, lequel leur accorda bien volontiers l'autorisation, l'hospitalité, et une attention souriante.

Il se produisit alors, comme il arrive souvent dans d'aussi allègres circonstances, surtout quand il s'agit d'un été sans pareil, où tout semble permis, une permutation dans le trio. La « fiancée » de Yop se lassa de son « prince charmant du cambouis » au moment même où sa sœur, la môme Piaf, s'entichait de lui. La Crevette, grande bringue un peu pataude, avait un visage de madone... Autant sa dégaine semblait redoutable, autant son cœur était tendre et son âme délicate. Assez désœuvrée par son désistement consenti en faveur de sa grande sœur (car en dépit des apparences, la mignarde « Piaf » était son aînée de trois ans), elle fouina aux alentours, pointa son joli nez dans l'ébénisterie. Elle y eut deux bouleversantes révélations. Primo, le travail du bois, son contact, son odeur, ses possibilités, son charme... Secundo, le maître des lieux, Cévenol-la-Franchise, le magicien du chêne, du merisier, du châtaignier... Hildebert Maillart, petit bonhomme souriant, aux mains de magicien, qui la fascina, puis la séduisit, enfin la coucha sur sa paillasse en moins de temps qu'il n'en faut pour tailler une queue-d'aronde. L'ébéniste, quasi veuf depuis un demi-siècle, déversa sur elle, ou plutôt en elle, ses économies d'amour, abondant et savoureux pécule. Ce qui fit, sur le mont Lozère, deux couples d'une espèce nouvelle, sans vergogne. Les naturels des alentours n'ont pas fini d'en parler. Bon... ça durerait ce que ça durerait, en attendant ils étaient si contents les uns des autres qu'ils projetèrent une excursion. Ils demandèrent au vieil artisan où il avait envie d'aller.

— Voir ma bru, répondit-il.

L'une des filles jouait de la guitare, l'autre tapait sur le tambour quand la quadrilette fit son entrée par le pont en dos d'âne. Au premier coup d'œil, on se rendait bien compte que ça roulait, mais on se demandait ce que c'était, cet engin bardé de pneus comme un gigot de lard, avec un chargement d'où n'émergeait que le joli nez de la Crevette. Son vieil amant disparaissait derrière un magnifique coffre qu'il avait sculpté depuis longtemps pour en faire un jour présent à sa belle-fille.

Cet arrivage musical attira la foule d'heureux bénéficiaires des nouvelles lois sociales. Personne n'était encore descendu de voiture que le Ripailles avait pris sa clarinette et, de sa fenêtre, accompagnait *Ma pomme* que les deux voyageuses massacraient innocemment. Deux minutes après, le Charlot enchaînait sur son piano à bretelles.

— Terre ! terre ! c'est là ! cria Yop, reprenant, au vu de la carotte rouge, le cri fameux de Christophe Colomb. Aussitôt, il se mit en devoir de freiner des deux pieds sur la pédale, des deux mains sur le levier, ce qui lui permit de s'arrêter à moins de vingt mètres... après le bureau de tabac.

D'abord courroucée par ce vacarme pagailleur, la Banquise fut décontenancée, mais finalement bouleversée par la visite de son beau-père. Le coffre de châtaignier finement ouvragé, marqué de son prénom, lui plut beaucoup, elle n'était pas habituée à de telles attentions. On fit les présentations. Visiblement, la Crevette la regarda comme une rivale, ce qui la flatta. Elle était aussi contente de voir l'enchantement d'Henri devant cette grande bouffée de jeunesse et de joie. Elle se pencha à son oreille et, en lui montrant l'ébéniste, elle lui dit : « Tu vois, je t'ai parlé de lui… va, tu peux le considérer comme ton grand-père. »

Clémence aurait voulu les nourrir, les loger, mais elle n'en avait pas les moyens, alors Bouscassel s'en mêla. Mineurs, artisans, paysans, ils étaient heureux d'accueillir « les représentants des classes laborieuses de la capitale », selon le jus du Ratapénade qui les convia au casse-croûte improvisé par les camarades de la cellule communiste dans la clairière, sous les châtaigniers du temple, où se tenaient habituellement les fêtes votives. Le Clouque organisa de main de maître la collecte des saucissons, des pélardons, du pâté, des confitures qui sortaient comme par miracle de presque tous les garde-manger, et des bonbonnes qui semblaient remonter toutes seules des caves… Cette émulation dans la générosité, joyeuse et sans calcul, prouvait qu'on ne craignait plus les hivers ni les guerres. On y croyait, aux « lendemains qui chantent »…

Les Parisiens racontaient les jours exaltants des grèves sur le tas dans les usines et les grands magasins.

La Crevette, éméchée, annonçait qu'elle ne retournerait plus comme vendeuse aux Galeries Lafayette (« malgré les avantages que nous avons arrachés dans la lutte »), elle apprendrait à devenir ébéniste, et pour le prouver, elle s'asseyait sur les genoux d'Hildebert Maillart, lançant un coup d'œil vainqueur à Clémence.

La Banquise, mère et commerçante avant tout, qui n'était jamais allée plus loin que sa sous-préfecture d'Alès, qui ne lisait pratiquement aucun journal et ne prêtait qu'une oreille distraite aux discussions politiques pourtant tapageuses si fréquentes dans son magasin, eut une sorte de vertige. Cet ailleurs, cet autre-chose, elle les découvrait soudain comme un vaste et mystérieux paysage dévoilé par une déchirure dans la brume. C'était une impression profonde mais vague, elle était à la fois angoissée et séduite. Elle était au bord d'un abîme, tentée d'y plonger, et tantôt de s'accrocher à Bouscassel comme on se cramponne à un garde-fou.

La nuit tombait. Yop-la-boum dut avouer que les beaux phares en cuivre rouge de sa quadrilette étaient uniquement décoratifs. On fit un feu de camp, autour duquel l'on chanta, les Ramirez en espagnol, les Kandinski en polonais, puis ensemble, mineurs et Parisiens poussèrent celle qu'ils connaissaient tous :

> «Ma Blonde, entends-tu dans la plaine
> Siffler les fabriques et les trains...
> Allons au-devant de la vie...»

Il se plaça là un moment qui aurait dû normalement faire pouffer tous ces rigolards un peu bus, et qui devint émouvant peut-être par la magie de la nuit d'été. Le feu mourait, soudain la voix du pasteur, qu'on n'avait pas vu arriver, demanda sans bégayer une minute de silence pour une méditation collective. Estomaqués, les Bouscassellois et leurs hôtes aperçurent une flamme minuscule qui éclairait timidement des lignes imprimées. C'était la mère du Counifle qui craquait allumette sur allumette pour que son fils puisse lire sa bible, entre chacune, elle poussait un petit cri car elle se brûlait les doigts.

— «Celui qui moissonne reçoit son salaire, et amasse des fruits pour la vie éternelle, afin que celui qui sème et celui qui moissonne se réjouissent ensemble...»

Quand il annonça la signature : «Jean, IV, 36!», le profond silence nocturne ne fut pas rompu par des fous rires, mais seulement par quelques applaudissements qui déconcertèrent encore bien plus le pauvre Counifle. Quant à les entraîner dans une prière collective, il ne fallait quand même pas trop en demander. Ils se levèrent en s'étirant et en bâillant. Seul le Clouque aida le ministre de l'Eternel et sa mère à retrouver leur chemin, «les lumières de la religion ne suffisant pas», comme il le fit remarquer plaisamment (le cantonnier-coiffeur-fossoyeur avait obtenu, l'insatiable ! le poste de bedeau laissé vacant par le décès du regretté Bouffette).

Assise dans l'herbe, Clémence observait avec une profonde tristesse son fils qui essayait d'accorder son banjo avec la guitare de la Parisienne.

Pour le problème du coucher, les visiteurs n'auraient eu que l'embarras du choix, presque toutes les familles offraient des lits, mais ils étaient trop fiers de leur tente ultramoderne. Ils en firent la démonstration. Le petit ébéniste refusa l'hospitalité de Clémence, gêné sans doute d'y venir passer la nuit avec sa Crevette, redoutant autant la pudibonderie supposée de sa bru que la jalousie de sa compagne.

— Ces tentes, ça n'a l'air de rien mais c'est spacieux et puis, vois-tu, Clémence, c'est pour me prouver que je suis encore jeune.

Ils se retrouvèrent au bureau de tabac pour le petit déjeuner. Croustet, le boulanger, qui était de gauche, avait cuit des croissants pour tout le monde et… « gratis pro prolo ! » dit le Gandin.

Bouscassel fit aux Parisiens des adieux touchants.

— Faut qu'on se grouille, lança Yop, les congés payés, c'est pas éternel. Dans une semaine, rebonjour la chaîne…

Avant de se hisser dans la quadrilette, Hildebert Maillart avait pris Clémence par le bras et l'avait entraînée à l'écart mais en vue de la Crevette qui ne faisait pas trop la gueule étant donné que, dans cinq minutes, ils seraient partis ensemble pour vivre en ébénistes.

— Je suis content d'être venu, lui dit son beau-père, content d'avoir fait la connaissance de ton garçon, mais quand même un peu inquiet pour toi, comment ! tu viens d'apprendre que ton fils est reçu en sixième et tu as l'air toute triste… Voyons, Clémence ! tu n'es plus à plaindre, tu as même un village maintenant, allez ! fais-moi un vrai sourire, ma belle !

Mais l'automne, l'inévitable automne était là...

Chaque année, à la veille de la rentrée scolaire, Clémence mesurait son fils. Henri se collait, le dos bien droit, contre le chambranle de la porte, pieds nus à plat sur le pavé, tête droite, et sa mère, posant une équerre sur le sommet de son crâne, traçait un trait sur la boiserie, trait qu'elle datait. Cette année-là, il avait incroyablement grandi, il avait pris huit centimètres ! La mère se recula... Elle l'observait comme s'il était malade, comme si cette croissance était malsaine, une manière de malédiction fatale qui insidieusement l'éloignait d'elle.

Sans parler que, concrètement, plus rien ne lui allait, il fallait lui racheter de quoi constituer un trousseau qui ne lui fasse pas honte devant les autres lycéens, des rupins de la ville. Le lycée avait bien fourni une liste mais c'était vraiment, blouses et pyjamas, le strict indispensable. Ils firent tous deux un autre voyage à Alès pour courir les magasins. Elle l'habilla de pied en cap sans regarder à la dépense avec ce qu'elle croyait le plus chic, le plus distingué... une catastrophe ! Le caractère du petit aussi avait grandi : devant les vendeurs narquois, il se dressa contre sa mère pour accéder aux premiers pantalons longs. Avec ceinture et sans bretelles ! Clémence, la première contrariété vite passée, se tournait fièrotement vers la valetaille des magasins, l'air de leur dire : il sait ce qu'il veut, mon fils ! Elle passait son temps à le gourmander, tout en l'admirant au fond d'elle-même, ce qui lui donnait un bougonnement permanent dont il avait depuis longtemps pris l'habitude.

Enfin, le 30 septembre 1936, Clémence (madame Van Khyse) accompagna son fils Henri qui devait, comme tous les pensionnaires, se présenter à l'internat la veille du premier jour de classe. Elle exigea de voir, d'inspecter ! les lieux où il allait vivre désormais, spécialement le dortoir…

Elle va jusqu'à se faire ouvrir par le pion qui l'accompagne la porte où est écrit « W-C ». Son guide déjà excédé voit Clémence de dos, penchée vers l'intérieur. On entend, par les fenêtres ouvertes sur la cour les cris d'autres petits pensionnaires qu'Henri est déjà allé rejoindre pour jouer. Clémence sort et referme la porte marquée W-C…

— Je dois reconnaître que c'est propre.

Le dortoir est une longue salle avec deux rangées de petits lits étroits, chacun son armoire étriquée à sa tête. C'est assez sinistre. Le surveillant va pour poser la valise et le banjo sur le lit le plus proche des W-C…

Clémence proteste :

— Non, pas là ! Ceux qui se lèvent la nuit pour aller au cabinet font claquer la porte…

— Ah bon ? Et comment vous savez ça, vous ?

— Son instituteur de Bouscassel me l'a raconté ! C'est qu'il fonde sur mon fils les plus grands espoirs…

Le surveillant soupire et va poser la valise sur un autre lit.

— Non, pas sous la fenêtre non plus, il craint les courants d'air.

(Elle lui montre un troisième lit.)

— Là ! dans l'angle, comme ça il n'aura de voisin que d'un côté… (Elle tâte le matelas :) Il ne trouvera jamais le sommeil là-dessus, c'est beaucoup trop dur… Je pourrais pas lui faire apporter son matelas ?

— Non, madame ! c'est totalement exclu ! il faut une égalité de traitement pour tous, et d'ailleurs, je ne vous le recommanderais pas, votre fils passerait pour un « chouchou » et les autres ne lui feraient pas la vie facile...

La voix de Clémence fait presque sursauter le surveillant.

— Ça, ils n'ont pas intérêt !

Elle va regarder à la fenêtre. Dans la cour, Henri joue follement avec d'autres enfants. Ça crie et ça rit. Le surveillant s'impatiente. Il dépose la valise et le banjo sur le lit.

— Il faut que j'y aille, madame. Vous connaissez le chemin...

Il sort aussitôt. Elle reste seule à contempler l'immense et sinistre dortoir. Elle murmure :

— Et voilà où mon fils va passer sa première nuit loin de sa mère...

La Banquise donc rentra seule à Bouscassel, par le dernier train qui lui parut odieux. Elle avait été obligée d'appeler avec insistance Henri pour qu'il consente enfin à lâcher un instant ses nouveaux copains, et vienne lui donner un léger baiser, très vite... « Et il ne m'a même pas regardée partir... »

Le Pétronille l'attendait au bureau de tabac pour lui rendre les comptes de l'après-midi. Elle le rembarra, remettant le calcul au lendemain tant elle avait envie d'être seule.

Et la voilà... elle met les volets, tourne en rond dans le magasin puis dans la cuisine. Elle se décide à monter dans sa chambre, se déshabille, se couche, se relève, tourne en rond le long des murs, les frôlant, puis, lentement, sur la pointe des pieds, elle entrouvre la porte de communication, risque un œil dans la chambre de Riri, frissonne. Elle court d'une fenêtre à l'autre, ouvre tout, tout grand, sur la nuit... Elle prend son courage à deux mains, retourne dans la chambre de son fils, se jette sur le petit lit qui lui semble glacial. Elle se tord, elle renifle la couverture et les draps. Elle éclate en sanglots convulsifs. Pour les arrêter enfin, elle mord l'oreiller.

Sur le minuit, Bouscassel est réveillé par un cri qui ne ressemble à aucun autre, un cri sauvage, un long feulement qui fait trembler le village, un hurlement inhumain à jeter les bonnes gens en bas de leurs lits... c'est une lionne qui pleure son petit.

On s'était battu pour Madrid, on se battait pour Barcelone. Alès vivait à l'heure espagnole. La guerre toute proche, la guerre civile, entre frères qui s'égorgent, donnait jusqu'ici une saveur amère à la vie quotidienne.

Henri Van Khyse avait presque quatorze ans.

C'était un long gaillard peu musclé mais d'une souplesse rare. Il paraissait marcher sur des ressorts. Les filles du collège l'avaient baptisé «Lastex», depuis qu'il avait présenté le spectacle de fin d'année du lycée bondissant sur le devant de la scène entre chaque numéro et disparaissant sur une rapide astuce à la Saint-Granier soutenue par une pirouette caoutchoutée.

Il faisait partie de l'orchestre, il jouait très approximativement du banjo-mandoline à huit cordes, sa gestuelle valait mieux que sa musique. La formation se taillait un beau succès avec l'interprétation mimée en costumes andalous de *Sombreros et mantilles.*

En assez peu de temps, très progressivement, le lycéen s'était aménagé une petite vie pleine d'agrément. Les premiers mois de son «incarcération» (c'était son mot), sa mère avait exigé qu'il monte à Bouscassel tous les dimanches. Il avait su lui faire comprendre que cela nuisait à ses études, que des va-et-vient aussi fréquents le déconcentraient, que tous les quinze jours serait une cadence plus raisonnable. Les notes tout juste passables qu'il présentait à sa mère inclinaient celle-ci à accorder toutes les chances à ses «penchants studieux». En imitant l'écriture de Clémence, il obtint la permission de passer le dimanche alésien chez un correspondant imaginaire. L'année suivante, avec l'aide de quelques externes, il put utiliser une issue dérobée, derrière la cour de gymnastique. Enfin, il trouva le truc pour s'esbigner du dortoir après le couvre-feu pour ne rentrer qu'au petit matin, se glisser tout habillé dans ses draps avec la complicité des copains, ni vu ni connu, je t'embrouille... A quatorze ans, Henri Van Khyse vivait deux existences, comme un homme marié. Il ne courait pas tellement les filles, il avait par-ci par-là une amourette platonique très éphémère, non, sa passion c'était la vie du dehors, la rue, les bistrots, le lit du Gardon, les arènes et les discussions, les chamailles, les chansons. «Je suis un homme de forum, un éphèbe d'agora...» annonçait ce néolatiniste naïvement présomptueux.

Les réfugiés de l'Espagne républicaine arrivaient de plus en plus nombreux, de plus en plus misérables. La ville les accueillait comme des parents dans le malheur. Il y avait les Espagnols de la génération précédente, la main-d'œuvre appelée pour remplacer dans les mines et ailleurs les tués de 14-18. Sans compter les saisonniers, chaque année pour les vendanges, qui avaient lié des amitiés en Cévenne.

Alès se surpeuplait. Henri se régalait, il n'aimait que ça...

Il ne serait pas médecin, musicien peut-être, médecin, jamais! Sa mère, bien sûr, n'en savait rien encore.

Il y avait Manuel, qu'on appelait affectueusement «Manole», de deux ou trois ans plus âgé qu'Henri et qui apprenait à gagner sa vie, lui, comme apprenti mécanicien aux Prés Rasclaux. Très brun, très musclé, un peu moins grand qu'Henri, il jouait du violon jazz à l'imitation de Stéphane Grappelli, si joliment que son ami l'avait fait admettre dans l'orchestre, bien qu'il ne soit pas lycéen. Sur son crincrin poisseux, Manole pouvait jouer n'importe quoi, du flamenco bien sûr, mais *Le Clair de*

Lune de Werther aussi bien, qu'il pimentait de fioritures jazzées. La rengaine de Massenet en devenait guillerette, digne des bals populaires, sous ses doigts agiles aux ongles cernés de cambouis. Les autres musiciens avaient de la peine à l'accompagner, ils l'écoutaient, béats. Les solos imprévus de Manole étaient spontanément applaudis. Chaque coup d'archet entraînait plus loin l'enfant cévenol, Bouscassel lui semblait alors terre étrangère.

En cet incomparable été 1939, Bouscassel vivait dans les rumeurs menaçantes du monde avec une sorte de naïveté, et même d'innocence. Tous parlaient de la guerre qu'ils devinaient à leur porte sans y croire vraiment. Les bienfaits du Front populaire n'étaient pas encore épuisés. Le boulanger continuait à cuire des croissants tous les jours, et plus seulement le dimanche comme « avant ». Les jardins donnaient à volonté des haricots, des aubergines et surtout des tomates que, d'une façon ou d'une autre, on retrouvait dans chaque plat. Le village vivait pratiquement dehors, dans la rue, chaises de paille et tables sur tréteaux se poussaient en rouspétant au passage des charrettes. Les arguments politiques et les nouvelles internationales s'échangeaient d'une famille à l'autre entre l'aïoli et le pélardon.

La Banquise aurait été parfaitement heureuse sans ces bruits de guerre. Egoïstement, elle se forçait à penser que, si la nouvelle guerre ne durait pas plus que la dernière, ce qui était vraisemblable compte tenu des armes modernes qu'on avait vues à l'œuvre en Espagne, Henri n'aurait pas vingt ans avant l'armistice, il échapperait donc à la tuerie, c'est tout ce qui l'intéressait. Elle prêtait néanmoins l'oreille aux arguments contraires qui s'échangeaient autour d'elle. Les pacifistes s'opposaient aux antifascistes qui pensaient qu'après l'avoir laissé faire en Autriche et en Tchécoslovaquie, il était urgent de mettre Hitler au pas, surtout maintenant qu'il menaçait la Pologne, dont plusieurs ici même, immigrés travaillant dans les mines, étaient originaires. Ceux-là pensaient à leurs parents demeurés au pays.

La Banquise n'entrait pas dans ces détails : la plupart des mineurs étaient communistes, c'étaient ses clients parmi les meilleurs. Moins chipoteurs que les paysans, et toujours le mot pour rire... Et si gentils avec son Riri ! Elle ne comprenait pas la chasse plus ou moins sournoise que le gouvernement Daladier leur faisait. Ils adoraient la Russie, bon ! c'était leur droit, et après ? En tout cas, elle se gardait de prendre part dans ces querelles quotidiennes, elle savait parler de la pluie et du beau temps comme c'est le devoir d'une bonne commerçante. Et tout marchait parfaitement ainsi. En somme, elle considérait sa réussite parfaite, sans parler de son fils qui, à la fin de l'année scolaire, était bon pour passer en troisième, de justesse, entre nous. Et voilà qu'il y aurait la guerre ! Il y en avait pourtant, des Bouscassellois ! qui avaient souffert de la précédente et en souffraient encore cruellement. Il y en avait ainsi dans tous les villages et les villes de France et d'Allemagne et voilà qu'au lieu de se dresser de tout leur être contre de prochains massacres, ils appelaient à y participer. Elle doutait des hommes, bien résolue à défendre son bonheur et celui de son fils envers et contre tous. Chaque fois qu'elle entendait un de ces braillards d'anciens combattants proclamer que cette fois-ci il faudrait aller jusqu'à Berlin, la Banquise se sentait comme une citadelle assiégée.

Il y avait à Bouscassel quatre personnages d'importance : les quatre automobiles. Croustet, le boulanger, avait bricolé une vieille « Rosalie » Citroën (son épouse aussi se prénommait Rosalie, on était prié de ne pas confondre !) façon camionnette pour ses transports de bois et de farine. Il y avait longtemps qu'elle ne faisait plus l'étonnement de personne. L'instituteur, le Gandin, s'était offert une Renault « familiale » qui avançait un incroyable capot en forme de chasse-bœuf. Il avait obtenu d'ouvrir un portail dans le mur d'enceinte de l'école pour la remiser dans la cour de récréation, au grand dam de tous ceux qui n'avaient pas d'automobile, c'est-à-dire la totalité des familles de Bouscassel moins quatre. Le Magnat, l'ancien filateur ainsi surnommé par assonance avec « magnans », le mot occitan pour vers à soie, avait une sorte de monument, une Chenard-et-Walker, très haute sur ses roues à rayons en bois, arborant d'énormes phares de cuivre rouge avec, particularité stupéfiante, le volant au milieu, laissant à la gauche et à la droite du chauffeur deux places confortables mais qui réduisaient sa visibilité. D'ailleurs son prétentieux propriétaire la sortait rarement, peur de l'abîmer sans doute, mais chaque fois c'était un événement. Surtout que le Magnat conduisait en tremblant, à juste raison, il esquintait des chiens, il écornait le parapet du pont... Il en était si visiblement humilié que c'était bien doux au cœur des badauds accourus. Le Magnat, sa nervosité croissant, après deux ou trois nouvelles tentatives de se glisser entre les parapets du pont en dos d'âne, laissait le volant au Margouillat, son homme à tout faire, la platitude même.

La quatrième des automobiles de Bouscassel était la merveille des merveilles. C'est le Carbure qui l'avait achetée, à se demander où il avait pris les sous. Après avoir étudié deux ans la mécanique à l'école pratique d'Alès, le fils du forgeron avait été embauché par les Houillères qui lui avaient confié la lampisterie, une maisonnette à l'entrée du puits où les mineurs prenaient leur lampe, chacun la sienne, et où ils la rendaient à la sortie du poste, si bien que lorsqu'il en manquait une, on savait que son titulaire était resté au fond et on partait à sa recherche. Le Carbure avait la charge d'entretenir les lampes et de les regarnir d'acétylène, communément appelé « carbure », d'où le surnom du gentil Hilarion, le fils du grand borgne.

Cette automobile, récemment sortie d'usine, était d'une conception toute nouvelle, disons le mot « révolutionnaire » : une « Traction avant Citroën », moteur flottant, vitesses au tableau, d'un aérodynamisme qui choquait d'abord mais auquel on s'habituait vite, qui faisait paraître toutes les autres *tabazilles* de Bouscassel comme des boîtes à sucre montées sur roues de brouette. Chaque fois qu'il la sortait de la baraque en planches qu'il avait construite, et avec quels soins ! pour en faire l'écrin de sa Traction, il y avait foule autour du Carbure, lequel ne se lassait pas d'expliquer les qualités de sa machine : « Avec cette forme si basse, si profilée, elle file dans l'air comme un savon de Marseille sur le pavé mouillé. Economie d'essence... » Henri Van Khyse était parmi les gamins le plus curieux. Plus que les performances, plus que la vitesse, c'est la mécanique qui le passionnait, alors le Carbure, touché, ouvrait pour lui le capot, et tous deux restaient des heures penchés, le nez dans le moteur.

Par le fait, le Carbure passait beaucoup plus de temps à bichonner sa Traction et à l'admirer qu'à rouler avec. Pourtant il proposa un jour à Henri :

— Veux-tu que je t'emmène faire un tour ?

— Faut que je demande à ma mère.

— Vas-y, et si elle veut venir aussi... bien commode !

La Banquise fut très embarrassée par cette invitation. Elle n'aimait pas les automobiles, au point que lorsqu'elle montait à Saint-Jean-du-Val pour rendre ses bordereaux aux Indirectes, elle refusait l'offre des automobilistes qui s'arrêtaient à sa hauteur, courtoisie courante à l'époque, à la campagne. Même au retour, chargée de ses paquets de réapprovisionnement, elle s'obstinait à marcher à pied, à la descente cette fois, il est vrai. Tout au plus acceptait-elle de s'asseoir sur le marchepied d'une charrette de foin. Elle allait donc refuser tout net quand elle vit l'expression de son gamin.

Le visage de Riri rayonnait d'espoir, elle ne l'avait jamais vu avec, aussi évident, un tel appétit de vivre. Si elle le douchait comme elle brûlait de le faire d'une de ses formules qui lui venaient toutes seules à la bouche, du genre : « Il n'en est même pas question ! », comment le gosse amortirait-il le coup ? « Un gosse », c'était vite dit.

Elle mesurait les changements considérables qui s'étaient produits petit à petit, mais très vite, ces derniers mois : Henri tournait déjà au jeune homme. Il serait un passionné, mais sa mère n'y serait pour rien, déjà le Gandin lui avait collé sa manie des insectes, depuis il aurait volontiers passé sa vie, nonchalant, le nez dans l'herbe, ou à grattouiller son banjo ; et voilà que le Carbure lui passait le virus de l'automobile. Il était vraiment trop influençable ! Ce qui la désolait, c'est qu'elle était incapable de transmettre à son fils un centre d'intérêt qui lui ferait briller les yeux comme en ce moment. Elle était jalouse de tout ce qui ne venait pas d'elle et qui touchait son petit. Elle se demandait s'il valait mieux s'opposer carrément ou jouer le jeu. De toute façon, la mort dans l'âme, elle se l'avouait, son fils lui échappait. Il n'y avait pas d'autre manière de le garder que de le suivre...

— D'accord !

Henri lui sauta au cou, l'embrassant à l'étouffer, il y avait des années qu'il ne lui avait témoigné un amour d'une telle violence... « Et tout ça pour un tour en auto... » se disait-elle, amère, en se dégageant :

— Je vais t'accompagner jusqu'à la voiture bien sûr... attends que je quitte mon tablier et que je me donne un coup de peigne. Va appeler Pétronille pour qu'il tienne le bureau pendant mon absence...

Riri sortit joyeusement pour appeler le gros homme qui lézardait sur la murette en regardant couler la rivière.

Puis il courut devant, porter la bonne nouvelle qui se répandit aussitôt : « La Banquise va inaugurer la Traction du Carbure ! »

Quand elle arriva sur la placette, il y avait du monde. Le Carbure tenait la portière avant largement ouverte, avec une révérence style larbin de grande maison... Elle hésitait mais devant les sourires sceptiques du public, elle accepta le défi, quand même furieuse qu'on ne lui ait rien demandé. Elle s'assit maladroitement, la fesse d'abord, mais comme la portière s'ouvrait vers l'avant, en rentrant ses jambes l'une après l'autre dans la voiture si basse, elle offrit aux coquins, qui s'étaient judicieusement placés, la vue sur ses belles et longues cuisses. Et le Carbure ne se pressait pas de refermer la portière. Quand il le fit enfin, le public, se ressaisissant, applaudit l'audacieuse. Henri s'était installé derrière sa mère :

— Tu vois, maman, Hilarion (il ne se permettait pas de l'appeler comme tout le monde « le Carbure »), Hilarion est un vrai mécanicien qui a le souci de son moteur. Il n'a pas mis le contact et va donner quelques tours de manivelle pour dégommer les pistons et ménager ainsi ses accumulateurs (et comme le Carbure entrait, annonçant : « ça y est, on y va... »), là, maman, il tourne la clé pour mettre le contact, puis il agit sur la tirette marquée « S », starter, puis sur l'autre marquée « D », démarreur... attention...

Henri était assis du bout des fesses au milieu de la banquette arrière, sa tête reposait sur le dossier avant, entre celle du chauffeur et celle de sa mère.

— ... Tu entends ce doux pfeuleuleu, c'est le bruit du moteur flottant, le galop de ses neuf chevaux... Hilarion n'accélère toujours pas, pour ne pas brutaliser le moteur quand il est froid...

Enfermée dans cette cage de fer sur roues, coude à coude avec cet homme jeune, la Banquise avait redouté qu'il soit entreprenant, elle s'attendait à des propos galants, voire grivois, mais elle fut bientôt rassurée et même un peu dépitée. Le Carbure parlait beaucoup mais sur un seul sujet :

— ... La grande invention, c'est la traction avant, mais pour arriver à la réaliser, les ingénieurs avaient à résoudre nombre de problèmes, en particulier : que les mêmes roues avant soient à la fois motrices et directrices... le résultat est là, probant : la tenue de route est bien meilleure, je vais vous le prouver au prochain virage... Non, n'ayez pas peur, je n'irai pas trop vite, ma voiture est en rodage...

— Quand même, tiens-toi bien, maman...

Riri passait ses bras par-dessus le dossier et s'appuyait

des mains sur les épaules du chauffeur et de sa mère, il rapprochait ainsi leurs trois têtes à se toucher.

La Banquise ressentait un plaisir physique d'une espèce nouvelle. D'abord, c'était la première fois qu'elle voyageait pour le plaisir, c'est-à-dire pour rien. Les différents véhicules qu'elle avait dû emprunter, charrettes, autobus branlants, et même, une fois, pressée par la nécessité, un taxi hors d'âge, l'avaient si désagréablement secouée qu'elle en avait gardé une répugnance durable. Mais avec la Traction du Carbure, rien de pareil. Dans les lignes droites, on glissait comme sur de l'eau. Le moteur, loin d'être puant et assourdissant, produisait un caressant feulement, l'intérieur fleurait bon le neuf, on s'y sentait presque comme dans un salon… Et voilà qu'on arrivait déjà à Saint-Jean-du-Val… Quand Henri sera un grand chirurgien, il achètera une Traction neuve et le dimanche, il emmènera sa mère en balade, rien que tous les deux…

— … C'est ça, l'avenir, continuait le Carbure. Le progrès va aller très vite, nous entrons dans un monde nouveau, celui de la vitesse et du confort.

Il rangea sa Traction devant le Café-Restaurant-Hôtel du Mont Lozère et, malgré les protestations de Clémence, il commanda pour « fêter ça » un pichet de vin rosé pour trois. Ils étaient bien sur la terrasse, à regarder les passants et les badauds qui s'arrêtaient un instant devant la voiture neuve. Soudain, Riri s'écria : « La vie est belle ! » Le Carbure approuva sans quitter des yeux sa Traction.

La Banquise ne put s'empêcher de glisser faiblement :

— Mais ces bruits de guerre…

— Bah… dit le Carbure, finalement sur cette terre l'homme n'est qu'un oiseau de passage, il va pas être assez bête pour décréter lui-même l'ouverture de la chasse !

Henri était reçu dans la famille de Manole, chez le mineur espagnol, dans l'étroit appartement de la cité ouvrière que venait de faire construire la compagnie des Houillères. Là, il mangeait d'épaisses omelettes qui nageaient dans l'huile d'olive et buvait un petit vin aigrelet qui avait vite fait de lui tourner la tête. Il entendait parler de Franco, des phalangistes, des dinamiteros communistes qui faisaient sauter les tanks Fiat, des fusillades dans les cimetières... de scènes effroyables, d'autres exaltantes, dont son imagination s'emparait vivement pour changer en fantasmes nouveaux les jeux de Tarzan et de Surcouf des cours de récréation. Il n'avait jusqu'alors prêté qu'une oreille distraite aux conversations des clients du tabac de Bouscassel qui s'exprimaient surtout par des cris péremptoires. Tout ce qui se précisait dans sa tête, ce n'était que les costumes, les armes, et tout cela prenait une coloration rouge et jaune, sang et soleil. Il y avait toujours, parmi tant d'horreurs, une fille brune à la taille cambrée virevoltant sur ses hauts talons qui frappaient le sol à la cadence d'un flamenco endiablé. Le prochain conflit se déroulerait en musique dans les puissantes senteurs de poudre, d'ail et de sueur d'aisselles.

Il ne retenait rien du contenu politique de tous ces événements, mais seulement des images martiales. C'était, dans son esprit, un film d'aventures dans lequel il ne pouvait que tenir l'un des premiers rôles, celui du héros jeune et beau, qui passe à travers les balles. Il en était à souhaiter une belle guerre, plus ardente encore que celle d'Espagne, où nous, les Français, les fils des poilus héroïques de Verdun, triompherions. Il n'osait pas faire part de tels vœux chez les Manole. A leur table, il se contentait d'écouter et de n'entendre que les cris d'assaut et les explosions de la dynamite républicaine. Rentrant au dortoir, après une de ses fugues impunies, il roulait fiévreusement dans son lit trop étroit des rêves de camions bourrés de miliciens chargeant sur des plazas balayées par les mitrailleuses.

Dans la bouillonnante confusion de sa pensée, les bruits d'une guerre imminente ne l'alarmaient pas, bien au contraire. Le pacte de Munich, où Daladier et Eden s'étaient aplatis devant Hitler, l'avait déçu mais pour des raisons opposées à celles de Manole. S'il aurait voulu qu'on déclenche les hostilités en 38, ce n'était pas pour écraser le fascisme, mais uniquement pour prouver notre valeur militaire. Enfin, comme disaient les Espagnols, c'était reculer pour mieux sauter... De toute façon, le jeune Van Khyse trouvait l'époque passionnante. Il restait incertain quant à son avenir, serait-il général ou compositeur ? Murat ou Massenet ? Ce qu'il y avait de bien en Espagne, c'est qu'il y avait les deux, la guerre et la musique.

Un soir, Manole confia, sous le sceau du secret, à son ami Riri, croix de bois croix de fer, si je mens je vais en enfer ! une affaire d'adultes : les guérilleros qui se réfugiaient en France, sitôt passée la frontière, étaient arrêtés par les gardes mobiles et enfermés dans le camp du Barcarès où ils crevaient de froid, de faim et de malaria.

— Crois-tu que ta mère pourrait nous aider ?

— Mais, naturellement... répondit Riri aussitôt, mais il se demanda dans la minute suivante s'il ne s'était pas avancé à la légère : finalement avec sa mère, on ne savait jamais, il s'empressa d'ajouter : enfin, je pense... explique voir toujours...

— Nous avons un cousin sur les bras...

— Dis-moi, Manole, vous en avez combien, de cousins ?

— Des tas ! c'est comme ça, chez nous, en Andalousie ! Mais celui-là, attention ! c'est pas n'importe qui. Il était cordonnier, un très bon cordonnier. Quand la guerre est arrivée, il s'est révélé tout de suite comme un stratège exceptionnel, un génie de la dynamite ! et, de plus, un chef ! ses volontaires l'adoraient... Il s'est battu pied à pied, jusqu'en Catalogne, jusqu'à la frontière. Là, les gardes mobiles français l'ont enfermé au camp du Barcarès, à crever de froid et de faim... Il y a fomenté une révolte, s'est enfui, s'est caché. « Paco l'Indomptable », voilà comment on l'appelle. Il a échappé de peu à l'arrestation, avant-hier, à Argelès... Voilà... cette nuit, il est arrivé à Alès, il est chez mon oncle Jesus...

Manole regarda Henri dans les yeux, avec insistance, puis :

— Tu te rends compte de la confiance que je te fais !

— D'accord... Mais ma mère qu'est-ce qu'elle y peut ?

— Mais tu ne comprends pas ? Sans doute les flics connaissent nos liens de parenté avec Paco, en plus nous sommes du même village... nous pouvons pas le garder...

— Tu veux le cacher à Bouscassel ?

— Oui. Mais si tu dis non, je t'en voudrai pas, parce qu'il a sa photo dans toutes les gendarmeries...

— C'est décidé, dimanche prochain, je dois monter à Bouscassel, je l'emmènerai avec moi...

— Tu m'as pas compris, Henri, dimanche prochain, c'est dans cinq jours... Pour Paco, c'est une question d'heures !

— Mais tu sais bien ! il m'est impossible de monter avant dimanche...

— Henri, il faut qu'il parte ce soir, au dernier train...

— D'accord, je vais lui faire un mot pour ma mère...

Une pluie battante frappe les volets clos. C'est dans cette demi-pénombre que Clémence finit de ranger quand des coups légers sont frappés à la porte. Clémence s'immobilise et se tourne vers les volets du tabac, elle crie :

— C'est fermé !

Après une seconde de silence, les coups recommencent.

Clémence passe derrière le comptoir, attrape son manche de pioche et s'approche de la porte. Elle attend...

Sous la porte apparaît une enveloppe tachée par la pluie.

Elle la ramasse, lit le billet très court qui était à l'intérieur, réfléchit, regarde son manche de pioche, décide de le garder bien en main, et entrebâille le volet.

Un petit homme olivâtre et mal rasé se redresse sous la pluie qui ne faiblit pas. Il est trempé, dégoulinant. Il porte un grand sac en bandoulière.

Clémence juge qu'elle peut ouvrir en grand.

— Entrez, vite !

Clémence désigne la table dans le tabac.

— Asseyez-vous...

Elle pose son manche de pioche et disparaît aussitôt dans la cuisine. Paco ne l'a pas quittée des yeux. D'un pas timide, il vient s'asseoir à la table, les yeux rivés sur la porte de la cuisine.

Clémence revient, tenant la lettre décachetée dans la main. Elle dépose devant lui un verre de vin.

— Ça va vous réchauffer.

Elle s'assoit et le regarde d'un air intrigué. Paco prend une gorgée de vin. Clémence l'observe toujours, sans retenue. L'Espagnol marmonne avec gêne :

— Muchas gracias... Merci beaucoup.

Clémence est surprise. Paco a une voix chaude, éraillée, une voix prenante. Il est visiblement un peu gêné et regarde la flaque qui se forme à ses pieds.

— Perdón... compañera : Señora... Madame. Il est très tarde... je explicaré...

— J'ai pas besoin d'explications. Commencez par aller vous sécher. Mon fils me demande de vous héberger, vous êtes ici chez lui. Il y a une paillasse dans le grenier, je vais vous sortir des couvertures... Pour vous sécher, vous n'avez qu'à remettre du bois au feu...

Clémence respire un grand coup, plie soigneusement la lettre, se redresse, les poings sur les hanches, et sort.

Désemparée par cet imprévu, par cet inconnu, elle monte se recueillir dans la chambre de son fils. Là, assise au bord du lit, elle passe en revue cette pièce inhabitée. Le miroir et le broc de toilette lui rappellent seuls le temps du garçonnet, c'est déjà une chambre d'adolescent. Au mur, une assez bonne reproduction du *Penseur* de Rodin, une affiche de cinéma représentant Johnny Weissmuller en Tarzan, des photos de Tino Rossi et de Piaf, un paquet de partitions de chansons populaires. La canne à pêche dans un coin, contre le mur une roue de vélo dont la chambre à air sort du pneu. En bonne place, l'affiche célèbre du « no pasaran » et, au-dessous, près de la tête du lit, la photo (découpée dans un numéro de *Match* datant de 1936) : un camion chargé de brigadistes brandissant fusils et drapeaux...

Clémence ressort la lettre mouillée :

« Maman, héberge DISCRÈTEMENT le porteur de la présente, notre ami Paco. C'est un réfugié, un républicain espagnol, un grand homme. Je t'expliquerai.

Ton fils qui t'aime et qui en aimera encore plus

sa Clémence. »

Elle perçoit le crépitement du feu et une voix grave qui chantonne tout bas une rengaine.

Elle se lève et descend pieds nus quelques marches de l'escalier en faisant bien attention de ne pas faire de bruit. Elle se penche pour regarder dans la cuisine.

Paco, de dos, est nu. La lumière du feu met en valeur son corps râblé, très velu. Il regarde les flammes en fredonnant « Y la mujer me la arrebato ». Son pantalon est posé sur une chaise à côté de lui. De la poche arrière dépasse la crosse d'un revolver.

Paco débarqua donc à Bouscassel au cours d'un de ces automnes délicieux dont la Cévenne a le secret, à peine un mois après la déclaration de guerre du 3 septembre 1939. On aurait pu croire qu'il resterait caché, qu'il ne sortirait pas de son grenier, pas du tout ! Il fit comprendre à Clémence que ce serait la meilleure façon d'attirer la suspicion, car dans un village comme Bouscassel, le bruit courrait bientôt que la buraliste cachait un mystérieux individu. Tout valait mieux que ça. Il serait donc ce qu'il était finalement : un Espagnol réfugié. Oui, mais à quel titre réfugié précisément chez la Banquise ?

— Notre cousin d'Espagne ! lança Henri.

— Sí ! el primo de ustedes... approuva Paco.

Ils en rirent un peu tous les trois.

Néanmoins, il ne se montrait pas sans précaution. Il donnait l'impression de flairer le client par l'entrebâillement de la porte, avant de sortir de la cuisine pour entrer dans la boutique. Bientôt, il connut presque tout Bouscassel. D'un seul regard aigu de ses minuscules yeux noirs, il passait derrière les apparences, jaugeait les caractères. Dès l'abord, il sortait les mots qu'il fallait, et il ne lui en fallait pas beaucoup pour mettre les gens dans sa poche. L'air de rien, sur la pointe de ses espadrilles, il était partout et il était nulle part...

En fin de compte, Paco était un Espagnol républicain, ça suffisait comme passeport dans cette population de mineurs communistes et de paysans huguenots, descendants des camisards, leurs aïeux persécutés dont ils gardaient une fierté atavique. Les seuls points restés mystérieux étaient : pourquoi lui ? pourquoi chez la Banquise ? (ils ne croyaient qu'à moitié au « cousin d'Espagne ») mais elle les avait dressés à respecter les secrets de sa vie privée.

Il n'empêche que la question qui émoustillait les Bouscassellois, hommes et femmes, était de savoir jusqu'à quel point exactement allait l'intimité entre l'Espagnol et la buraliste pendant que le lycéen était en pension...

— Vous croyez pas qu'il la monte? demanda un jour le Ripailles à la cantonade. A quoi le Pétronille répondit :

— C'est plutôt elle qui le monte!

Ce petit homme était pourtant plus impressionnant qu'un colosse.

Henri avait été très déçu, quand il avait découvert Paco, le dimanche suivant l'arrivée de l'Espagnol, chez sa mère. Il s'attendait à voir un hercule, quoi! «Paco l'Indomptable» c'était ce petit bonhomme qu'on aurait bien vu vendant des clous dans une quincaillerie. Mais bientôt ce quadragénaire d'aspect timoré devenait plus impressionnant qu'un Tarzan, par son silence d'abord. Il avait l'air d'apprendre le français en écoutant, sortait un mot par-ci par-là, mais qui tombait si juste qu'on en sursautait. Ses progrès n'étaient pas étonnants : il s'agissait de raviver une connaissance plutôt que d'étudier une langue nouvelle. Il avait beaucoup parlé avec les Parisiens du fameux 5e régiment des Brigades internationales, ce qui expliquait en outre l'accent pointu si surprenant dans sa bouche quand il s'exprimait en français. Il révéla cela lui-même, soucieux de ne pas passer pour plus intelligent qu'il n'était, et de toujours «voir les choses comme elles sont...»

Bientôt Henri fut conquis par son «cousin d'Espagne». Il monta plus souvent à Bouscassel, presque tous les dimanches. Clémence, d'abord tout heureuse de récupérer un peu son fils, se mit à craindre pour lui l'influence grandissante de Paco dont il buvait, béat, le moindre propos. Le dinamitero jouait d'un charme rugueux pour s'attacher les jeunes, en particulier ces garçons de l'âge d'Henri qui travaillaient au charbon depuis deux ans déjà. Ainsi, au tabac ou ailleurs, il était rare qu'il ne soit pas flanqué de Robert, le fils du facteur, du Miston, de Bogdan, Tomek et Jarek, les Kandinski, de Noël, l'aîné du Ripailles ou du Paquito Ramirez entre autres. Jamais plus de deux ou trois en même temps, tous adolescents prématurément durcis qui l'écoutaient, l'interrogeaient et finissaient par rêver, quelquefois sur un mot, un seul mot de lui.

La Banquise était un peu jalouse de voir son « clandestin » s'éparpiller de plus en plus, elle avait l'impression qu'on le lui prenait, elle finit par s'avouer, en riant d'elle-même, qu'elle l'aurait volontiers séquestré, oh ! dans son propre intérêt ! et très gentiment... mais pour elle toute seule ! Elle ne pouvait à présent vivre une seconde sans penser qu'il y avait un homme à la maison, elle en perdait de sa superbe. Plus sérieusement, elle craignait les ennuis. Clémence lui en voulait d'ébranler le douillet petit monde qu'elle s'était si péniblement créé. D'ailleurs, en son for intérieur, elle s'irritait de voir l'Espagnol porter plus attention à Henri qu'à elle.

Paco avait l'art de se rendre utile, il ne répugnait pas à faire le ménage mais surtout c'était un as du bricolage. Avec quelques planches récupérées, il s'était confectionné un lit, un placard et une penderie, meubles rustiques mais solides et pratiques. Eclairé seulement par un vasistas, ce triste grenier était presque devenu une coquette mansarde.

Maintenant les clients le saluaient d'un joyeux : « Adios, Paco ! Qué tal ? » Pour la plupart, leur vocabulaire s'arrêtait là. Paco traitait la Banquise avec une déférence mesurée qu'elle accueillait complaisamment.

Il souffrait de temps en temps, là d'une vieille blessure, là d'un rhumatisme contracté dans les marais de Guadalajara. N'ayant eu ni le temps ni l'argent de les faire soigner, il avait les dents en piteux état. Un soir en ouvrant une porte avec sa vivacité habituelle, la Banquise entendit un cri de douleur et le découvrit assis derrière la porte à la poignée de laquelle pendait, au bout d'une ficelle, une grosse molaire.

— Gracias, Clémence, je n'avais pas le courage de l'arracher moi-même, alors je l'ai attachée à votre porte et j'ai attendu que vous veniez...

La Banquise lui servit un verre de gnôle car il était blême.

Un soir, alors qu'elle avait fermé, elle entendit parler dans la boutique. Elle descendit à pas de loup : Paco avait entrouvert les volets à une longue Espagnole de type gitan, il l'avait fait asseoir en face de lui et lui dictait des notes que la jeune femme écrivait sur un carnet tiré de sous ses jupes. L'entrevue dura plus d'une heure ; puis la Banquise entendit la visiteuse qui prenait congé et Paco qui reverrouillait les volets derrière elle.

La Banquise ne put fermer l'œil de la nuit. Le lendemain matin, très tôt, quand elle descendit de sa chambre, elle trouva Paco à quatre pattes en train de faire le parquet du magasin encore fermé, ce qui la décontenança. Elle se ressaisit très vite, se campa les mains sur les hanches, les coudes rejetés en arrière, menton levé. Elle surplombait ainsi l'Espagnol courbé sur la serpillière :

— Paco, je ne veux pas de ces manigances chez moi, que ce soit bien entendu ! Ici, c'est pas une maison de rendez-vous ! vous êtes prié de recevoir vos... galantes ailleurs que chez moi !

Il se redressa mais restait encore plus petit qu'elle, du moins en donnait-il l'impression quand elle se tenait ainsi redressée en « Banquise ». Il s'épousseta sans se presser, nullement impressionné, rangea le balai et la serpillière, et monta dans son grenier. Dix minutes après, il descendit, habillé comme il était le soir de son arrivée, son balluchon à la main.

La Banquise se récria. Elle ne douta pas une seconde de la résolution du petit homme olivâtre, elle en fut alarmée, les larmes jaillirent de ses yeux, inattendues, incroyables. Elle attrapa Paco par les épaules, lui planta deux baisers sonores sur les joues et monta quatre à quatre dans sa chambre se rasséréner puis se demander tranquillement : « Mais qu'est-ce qui m'arrive ? » Pendant ce temps, Paco ouvrait le bureau, parce que c'était l'heure, geste qu'il accomplissait pour la première fois depuis qu'il avait trouvé refuge au tabac.

«La Banquise se modernise!» Ce n'est qu'un cri dans Bouscassel.

Les badauds s'agglomèrent autour du camion sur la plate-forme duquel un livreur décharge un grand bassin circulaire.

— On se passe autour du cou une sorte de tuyau percé de trous relié à un réservoir accroché en hauteur... explique la Banquise, en maîtresse de maison. Ainsi on peut se doucher sans en mettre partout...

— N'empêche, grogne la Guitoune, qu'il faudra toujours *s'espoudarquer* pour aller chercher l'eau par seaux, la monter, la réchauffer...

— Oui, mais ça fera quand même moins *souillardisant*... réfléchit la Céline, la femmette du Clouque, il me semble qu'on aura du plaisir à *s'embuguer*, on se décrassera plus souvent...

— C'est ça qu'il me faudrait pour blanchir chaque soir mon équipe de gueules noires... soupirait la Kandinski, femme et mère de mineurs.

Le Pétronille s'était emparé du prospectus et le lisait en ânonnant, pour l'édification des badauds.

— ... «La douche écossaise (chaude ou froide) est généralement coûteuse à installer à la maison, l'appareil que nous présentons permet de la réaliser pratiquement et à peu de frais. Le bassin pour douches dit "tub" en zinc poli, embouti, avec bec verseur et anneau pour l'accrocher... »

Il passait démonstrativement sa main (gauche) sur l'arrondi « qui évite de se blesser »...

— Et où vous allez l'installer ?

— Dans la chambre de mon fils, naturellement !

Pour la deuxième livraison, la Banquise s'organisa pour garder le secret jusqu'au bout. Le livreur monta la cuvette empaquetée, pressée contre sa poitrine, comme un Saint Sacrement.

Les commères auraient bien voulu le suivre pour voir... mais elles n'osaient franchir l'invisible mais coriace barrière que la Banquise avait dressée autour de son intimité. Heureusement, car arrivé sur les lieux, le livreur posa un problème apparemment insoluble :

— Et où se trouve l'évacuation, pour que je place l'engin sur le tuyau...

— L'évacuation ? demanda la Banquise éberluée.

Le livreur lui expliqua avec une patience narquoise qu'on ne pouvait se passer d'un conduit pour évacuer les matières fécales dans une fosse d'aisances...

« Puisard... fosse septique... latrines... vapeurs ammoniacales... » Le livreur-installateur comprit que cette dame entendait ces mots pour la première fois, que c'était pour elle de l'hébreu. Découragé, il finit par lui demander où elle avait pêché cette idée.

— Dans ce journal... avoua-t-elle.

Elle lui sortit des pages arrachées dans le numéro spécial du Salon des Arts ménagers de *L'Illustration.*

— Et pour remplir la chasse d'eau, comment vous allez faire, ça se remplit pas comme une carafe, ça, madame !

La nuit tombait, sa journée était terminée, il lui tardait de rentrer chez lui, la cliente avait payé à la commande, qu'elle se démerde, c'était le cas de le dire. Sur quelques bonnes paroles, il la laissa en plan au beau mitan de son bazar hygiénique flambant neuf. La Banquise s'assit par terre, hypnotisée devant ce luxe coûteux et vain.

Mais chez la Banquise, l'abattement ne durait qu'un

instant. Elle fit venir le Bacellard. Le forgeron herculéen et son fils, Hilarion dit le Carbure, «l'Homme à la Traction», étaient, le père et le fils ensemble, deux passionnés de mécanique, toujours à l'affût de casse-tête à résoudre par le jeu subtil du fer, du cuivre, du feu, des tuyaux, des rivets et des boulons. Deux magiciens des bricolages désespérés.

Ils ont débarqué tous deux chez la Banquise, à sa demande, munis de mètres, de fil à plomb, de crayons et de carnets. Avec une sorte de solennité, ils ont visité la maison de la cave au grenier, prenant des notes, échangeant des regards et des sourires entendus, puis ils se sont retirés chez eux pour se concerter. Le surlendemain, ils sont revenus avec des propositions précises. Pour la chasse : installer une pompe dans la cave qui puiserait l'eau dans la rivière et la monterait jusqu'au grenier où un réservoir de cent litres la recueillerait, de là, par gravité tout simplement l'eau serait fournie au cabinet et même à un robinet, sur l'évier par exemple. Evidemment pour l'eau potable, il faudrait continuer à aller à la source du pont.

— Et ça me coûterait combien, tout cet attirail?

Ils ouvrirent la bible commerciale de Bouscassel : le catalogue de «la Manufacture d'Armes et de Cycles de Saint-Etienne (Loire)». La pompe à piston demi-rotatif permettant d'aspirer l'eau jusqu'à huit mètres, avec une pression suffisante pour faire arriver l'eau jusqu'au grenier, avec débit horaire approximatif de quatre mille cinq cents litres : 139 francs...

— Bien sûr, ça en fait, des paquets de tabac à débiter, mais songez qu'une fois la pompe amorcée, il suffit, pour la faire fonctionner, d'imprimer au levier un mouvement de va-et-vient... C'est ce qui se fait de mieux en ce moment...

Ce qui décida la Banquise à consentir à la dépense, c'est l'expression employée en conclusion par le fils, le Carbure : «Et puis, c'est le progrès, c'est-à-dire : la civilisation.»

Le problème de l'évacuation était autrement ardu. Le forgeron et son fils finirent par le résoudre d'une façon ingénieuse mais pittoresque. Ils construisirent une sorte d'estrade de cinquante centimètres de haut sur laquelle ils juchèrent la resplendissante cuvette munie de son abattant, sa « lunette » en chêne ciré. L'estrade comportait un tiroir dont l'intérieur était doublé de zinc pour recueillir sur un fond d'eau javellisée les excréments dont on pourrait ainsi se débarrasser par une manipulation très facile.

— ... Naturellement, l'orifice du tuyau de la pompe sera muni d'une crépine afin que la pompe n'aspire ni poissons ni matières indésirables...

L'ensemble fut presque fini d'installer en moins d'une semaine, et toujours dans le plus grand secret : c'était une surprise de Clémence pour son fils, un beau cadeau pour ses « succès » scolaires...

Enfin, elle consent à recevoir la Guitoune, Céline et la Marie pour une sorte d'avant-vernissage. Elle les fait encore patienter pas mal de temps devant la porte fermée de la chambre d'Henri. On entend des bruits de marteau, de scies à métaux, etc., provenant de derrière la porte. La Marie affiche un air de reproche en regardant autour d'elle :

— C'est gentil ici, on était jamais venues... on dirait que ça gagne pas mal, un bureau de tabac...

Clémence sort de la chambre d'Henri dont elle referme vivement la porte dans son dos.

— Alors, Clémence, cette surprise ?

— Pour une surprise, ça va être une grosse surprise... mais vous lui direz rien tant qu'il l'aura pas vue, vous avez promis !

— Dis Clémence, toute cette machinerie, s'inquiète la Guitoune, ça m'a l'air d'un compliqué !... Depuis qu'on voit monter tout ce matériel-là...

— C'est ça le progrès ! (et la Banquise prononce, en fermant les yeux et hochant la tête, le mot clé) : c'est l'hy-gi-ène ! (et, à mi-voix) : il n'est jamais trop tôt pour prendre les bonnes habitudes quand on veut être médecin...

— Dites, quand même, lance la Marie, ça en fait des dépenses, tout ça !

— Surtout en ces temps de guerre... souligne la Guitoune.

— Oh ! la guerre, la guerre, vous n'avez que ça à la bouche... proteste la Banquise, piquée au vif, vous causez, vous causez, mais vous l'avez vue la guerre, vous ?

— N'empêche que mon Arsène est sur le front ! et pas tout seul, s'insurge la Marie.

— Y en a, je dis pas... répond Clémence, conciliante, mais la guerre, elle, elle est pas à Alès, pas à Bouscassel et encore moins chez moi, sauf dans les journaux sur mon comptoir !

Le Carbure arrive de l'escalier et passe avec une sorte de tiroir mystérieux en émail. Il entre dans la pièce, les trois femmes essayent de voir mais Clémence referme la porte derrière lui.

— C'est des spécialistes qui sont venus de la ville pour l'installer ! Mais ils sont déjà repartis. Le Bacellard et son fils se chargent des finissages...

On entend de bizarres bruits d'eau et quelques coups de marteau ajustés.

— Je pense qu'ils auront bientôt fini... annonce Clémence.

La grosse Guitoune pousse légèrement les deux autres.

— Excusez, je me mets bien en face de la porte... après tout c'est bien normal que je sois la première à découvrir son... l'hy-gi-ène ! C'est moi la première qui l'aie vu, son *péquélet*, et même avant sa mère !

Le Bacellard, une clé à molette à la main, ouvre la porte :

— Et voilà le travail ! *Aves vis aquel enquestro...*

Juste derrière la Guitoune, Clémence s'avance, très fière.

Sur une petite estrade de bois installée quasiment au

milieu de la pièce, le W-C flambant neuf, étincelant de blancheur, orné de sa lunette en beau bois.

— Ah, j'en suis tout *estabouzite* ! s'écrie la Guitoune.

— Tu étais déjà la seule à avoir le téléphone, marmonne la Marie, maintenant tu es aussi la seule à avoir *aquelle bézougno*... Comment tu l'appelles ?

— Une vaterclosette !

— Pardine, on peut plus appeler ça un *cagadou.*

La Guitoune s'écrie, admirative : « C'est vraiment un trône... »

Elles se mettent à rire sauf Clémence :

— Ça va lui changer la vie, à mon fils...

La Marie montre le tiroir d'émail disposé à la base de l'estrade :

— Dites et le tiroir, là, il sert à quoi ?

C'est le Bacellard qui répond :

— Eh bé !... c'est pour que « ça » tombe dedans !

— Ah... Et après on en fait quoi ?

Clémence se retourne vers elle, étonnée par la question :

— On en fait quoi ?... On fait comme d'habitude, on jette à la rivière !

Le grenier est situé juste au-dessus de la pièce. Des rires fusent d'en bas. Paco ne peut s'empêcher de sourire tout en découpant du cuir pour ressemeler une chaussure. Il le fait en professionnel. Il dépose le tranchoir précautionneusement pour ne pas faire de bruit. Il entend Clémence, en bas, qui finit par se fâcher contre les commères jalouses qui font la fine bouche, contre la Marie en particulier, la cabaretière qui empeste la rue avec l'élevage de cochons dans sa cour, juste derrière sa cuisine, à croire que sa clientèle a le nez bouché :

— Dites ! mon fils, en plein hiver, c'est pas lui qui ira se geler les fesses sur le bord de la fosse à purin comme on trouve ici, dans certaines maisons de Bouscassel, pas vrai Marie ?... Remarquez, y aura des jalousies, forcément...

Paco rigole tout seul : sacrée Clémence...

Pour une surprise, ce fut une surprise ! Quand le lycéen ouvrit la porte de sa chambre, il demeura sur le seuil, un instant, se demandant s'il ne rêvait pas, si c'était un podium ou la chaise électrique, cette chose éclairée à contre-jour par la fenêtre... et ce tub attendant de servir, pour le moment accroché au mur comme une gigantesque assiette en vieux Rouen... La chambre en était regrettablement rapetissée. Cependant sa mère ne tarissait pas d'explications satisfaites...

— Mais, maman, tu crois pas que c'est beaucoup pour un simple caca du matin ?

— Voyons, mon Riri, c'est très important pour la santé, cet acte quotidien, être à son aise, au chaud, confortable, bien propre... et puis tu pourras lire, bien assis, continuer à étudier...

La Banquise était si fière de son innovation qu'elle consentit aux visites d'autres clients du tabac appâtés par les récits homériques des premières commères. Elle avait ainsi ouvert imprudemment une brèche au bas du barrage, elle ne put maîtriser le flot, bientôt tout Bouscassel défila devant cet extraordinaire monument pour l'admirer, et le critiquer.

Bien que Bouscassel soit à moins de cinq cents mètres d'altitude, l'hiver 39-40 y fut rigoureux. La cuisine était la seule pièce chauffée. Encore fallait-il refermer vivement la porte de communication avec le bureau de tabac toujours grand ouvert sur la rue. Hormis les dimanches où Henri montait à Bouscassel, la Banquise et son « réfugié » se retrouvaient forcément tout seuls serrés devant le Delmas, tendant leurs jambes vers le four ouvert pour diffuser le maximum de chaleur. Clémence découvrait les fortes senteurs mâles si différentes des parfums juvéniles de son fils, sur la propreté duquel sa mère veillait. Il fleurait bon, son Riri, le savon et surtout un subtil arôme sui generis qui rappelait à sa mère l'époque bénie où elle le nourrissait au sein. Paco, en revanche, sentait la sueur, le tabac, la laine. Par moments, il se déplaçait dans un invisible halo d'haleines de forge, corne brûlée, fer rouge, braises remuées, cuir roussi. Ce petit bonhomme trimballait un bouquet aussi fort que Bacellard, le borgne colossal. Elle n'en était pas écœurée, bien au contraire. Dans cette cuisine étroite et surchauffée, elle humait discrètement Paco, et elle en était troublée comme par des lampées d'alcool. Certains soirs, il s'endormait sur sa chaise. Il ne ronflait pas, il avait seulement la respiration un peu bruyante, avec de-ci de-là, un soupir d'enfant.

Ce dont la Banquise ne se rendait pas compte, c'est que Paco, habitué aux lourds parfums alliacés des brunes de son pays, savourait la senteur délicatement madérisée de cette belle rousse. Il sommeillait, en souriant, dans ce confort subtilement camphré.

La cuisine est toute décorée pour Noël. La tramontane souffle fort. Il fait un temps glacial. Les volets claquent. Henri est assis dans la cuisine. Des bougies attendent sur la table, mise pour trois, déjà ornée de petits plats tendrement cuisinés.

Clémence entre par la porte extérieure, les cheveux dénoués et emmêlés par le vent et referme la porte avec difficulté.

— Ouf! il fait un vent à décorner le notaire!

Henri sourit. L'unique lampe électrique s'éteint. Clémence allume deux ou trois bougies sur la table.

— J'ai jamais autant utilisé les bougies que depuis qu'on a « l'électricité »... (Elle ne prononce jamais ce mot sans une hésitation haineuse, elle ne peut s'empêcher de l'amalgamer au soi-disant ingénieur... Elle se force à reprendre, à la blague :) Le problème, avec la... modernité, c'est qu'il faudrait qu'il fasse toujours beau.

La mère et le fils se retrouvent face à face avec la seule lumière des bougies qui recrée une vieille intimité qui les ramène quelques années en arrière.

— Le volet du tabac s'est encore décroché, je vais aller voir...

— Maman... assieds-toi un peu... allez, quoi ! C'est Noël !

Elle soupire encore et se laisse tomber sur une chaise en face de lui. Il verse du vin dans deux jolis verres disposés devant eux. Clémence le regarde faire avec émotion. Elle lève son verre.

— A ton quinzième Noël... notre quinzième Noël ensemble...

Ils trinquent. Clémence le dévore des yeux comme s'il allait à l'instant partir pour toujours :

— Je n'en reviens pas... toutes ces années... ce temps déjà passé, et de cet... mais oui, ce jeune homme-là, qui est mon fils. Mon petit homme...

Henri se met à rire en la regardant tendrement.

— « Petit homme »... Présent ! je suis déjà aussi grand que toi !

— Mon petit homme quand même et pour toujours... « Et le voilà qui m'abandonne »...

Elle a dit ça comme sur un air de chanson. Elle sourit, gênée, puis soudain se lève.

— Allez, je vais aller voir ce volet !

Mais Paco descend l'escalier à ce moment. Il apparaît dans la cuisine, une lampe et des outils à la main :

— Le volet du magasin a pété. Je vais aller réparer...

Clémence continue à aller et venir, cherchant quelque chose à faire...

— Maman, arrête de *tréper*, assieds-toi !

Tous deux observent curieusement Paco qui vérifie rapidement les outils, puis sort. Henri se tourne vers sa mère qui finit par se rasseoir.

— Il est quand même pas fier pour ce qu'il est... Tu vois, maman, ça, c'est un homme ! (Il attend un peu, puis voyant qu'elle fait semblant de ne pas comprendre, il soupire et lâche :) je voudrais que tu me parles de mon père !

— Voilà que ça le reprend ! (Excédée, elle crie :) Il est mort pour moi ! Ça n'a pas changé, et c'est tout !

— Mais c'était QUI l'homme qui m'a engendré, merde ! j'ai le droit de savoir, il me semble !

— Un salaud, le pire des salauds. Sa disparition est une bénédiction ! C'est tout ce que je veux te dire...

Elle va pour se lever, mais Henri lui attrape la main.

— Non, attends, maman. Là, tu en as trop dit !...

Clémence se rassoit. Elle remarque son air déterminé.

— Mais pourquoi tu me demandes ça, tout d'un coup ? Qu'est-ce qui te prend ?

Elle regarde intensément la porte par laquelle l'Espagnol vient de sortir.

Henri hausse les épaules. Clémence hésite un moment puis répond, comme s'il lui en coûtait :

— C'était quelqu'un de passage, un inconnu... (elle ricane :) un coup de foudre, comme on dit, un mariage bâclé... La seule erreur de ma vie (elle tombe en sanglots dans les bras de son fils :) mais non, pardon, pas une erreur puisque tu es là. Oh ! mon petit, je suis sûre que je t'ai fait toute seule !... Tu n'as rien de lui, RIEN ! Dieu merci !

Henri s'agenouille, entoure la taille de sa mère avec ses bras, enfouit sa tête entre ses cuisses :

— Maman ! c'est la première fois que je te vois pleurer... et par ma faute, à moi ! grand con ! pardonne-moi, ma Clémencinette !

Paco qui rentre en sème ses outils :

— Oh ! je voudrais pas déranger, non, porca madona ! y a rien de plus beau au monde qu'une mère et son fils qui s'aiment... A tout à l'heure...

— Votre couvert est mis, Paco !

— Oui, oui, tout à l'heure, j'ai promis d'aller prendre l'apéritif chez le Ratapénade, *hasta luego !*

Ils restent seuls tous deux sans savoir comment reprendre la conversation.

Aux vacances de février 1940, Paco était depuis près de cinq mois chez la Banquise. Henri revenait à Bouscassel pour quinze jours sans lycée. La fin de l'hiver était indulgente, lumineuse.

Pour Riri, cette première soirée s'annonçait délicieuse. Pendant que sa mère faisait les comptes de la journée, Paco avait préparé une salade des champs. Après avoir nettoyé la doucette, il avait patiemment frotté d'ail les croûtons, tandis qu'il surveillait la cuisson du ragoût de haricots blancs à la saucisse d'herbes. Henri observait les moindres gestes de l'Espagnol, il se disait que ces mains, en cet instant si bêtement ménagères, avaient manié le revolver et la dynamite. Ils mangèrent paisiblement tous trois autour de la table de la cuisine.

Clémence n'en finissait pas d'interroger son fils sur son travail et sa vie de lycéen. Il répondait le plus vaguement possible pour ne pas se couper, déviant la conversation sur les nouvelles de la guerre qui selon lui pénétraient jusque dans les dortoirs alors qu'en réalité il se fondait surtout sur les propos échangés chez les Manole. Il insistait sur cette actualité menaçante pour plaire à Paco. L'Espagnol intervenait peu entre la mère et son fils, toujours avec cette « réserve d'hidalgo » (pensait Henri), mais par de légers soupirs, des regards, il était présent, influait même sur la conversation. Henri l'aimait de plus en plus. Il en voulait à sa mère de la froideur qu'elle affichait en permanence dans ses rapports avec son hôte.

Henri dormit d'un trait jusque vers trois heures du matin où une impression de malaise le réveilla. Il se leva sans faire de bruit. Il traversait la chambre de sa mère quand il s'avisa qu'elle n'était pas dans son lit. Il pensa qu'elle s'était levée pour aller chercher un verre d'eau comme ça lui arrivait parfois, il prêta l'oreille mais n'entendit rien en bas. Il descendit, Clémence n'était ni dans la cuisine ni dans le magasin. Les deux portes sur le dehors étaient bien fermées de l'intérieur. Saisi d'un soupçon affreux, il grimpa quatre à quatre l'escalier du premier étage. Là, il s'arrêta pour tendre l'oreille vers le grenier. Il y avait des bruits étouffés dans la mansarde. Il entreprit lentement, sans faire crier les planches, de monter par l'échelle de meunier. Il dut se figer à cause du grincement de la quatrième marche. Là-haut, on faisait soudain silence. Cette immobilité dura trois ou quatre minutes puis les murmures étouffés reprirent.

Henri se sentait atrocement malheureux, il passa, sur cette marche d'escalier que le moindre mouvement faisait grincer, une des pires heures de son existence. Il était un paquet gémissant et puant de honte et de colère. Il frissonnait et enrageait de ne pouvoir retenir des sanglots et des larmes. Il se frottait les yeux à se les crever, il se tirait les cheveux à se les arracher. Puis il se donnait des coups de poing, bientôt il ne fit plus attention au bruit.

Il entendit la voix de sa mère dans un murmure :

— Attends, Paco, je vais voir, il est peut-être malade...

— Maman... maman... gémissait-il faiblement.

Par la trappe du grenier apparurent d'abord les pieds nus de sa mère, puis ses mollets, puis le bas, puis le haut de la chemise de nuit qui la couvrait à peine, dénudant presque totalement les seins. Elle descendait marche à marche, précautionneusement, et son fils reculait aussi marche à marche sur l'échelle de meunier, elle de face, lui de dos. Elle entra ainsi dans un rayon de lune qui passait par la fenêtre donnant sur le village et qui fit resplendir sa chevelure défaite dont le rouge couvrait ses épaules. Au bas de l'escalier, ils se trouvèrent presque nez à nez, alors l'enfant sentit la saisissante odeur de l'amour physique, ce souffle musqué, velouté, qu'il rencontrait pour la première fois mais que, par magie, il reconnut tout de suite. Et sa mère qui le regardait souriante, à peine gênée. Il devint enragé :

— Salope ! Tu as osé ! Mais tu es donc une chienne en chaleur ! Une sale putain ! Tu n'es plus ma mère, je veux pas être un enfant de pute... (surprenant un regard de sa mère, il courut vers la fenêtre, l'ouvrit tout grand, et il se mit à hurler plus fort :) je m'en fous ! je le crie sur les toits : la Banquise couche avec Paco, avec n'importe qui, à votre service messieurs dames !...

Le carré lumineux d'une fenêtre soudain allumée en

face, de l'autre côté de la ruelle, se dessina sur le mur de la chambre.

Il criait de plus en plus fort, écumant, bafouillant :

— ... Je ne t'aime plus... je t'aimerai jamais plus !

Elle restait derrière lui sans réaction, pétrifiée, les poings serrés au bout de ses bras un peu écartés des hanches. Dehors, d'autres fenêtres se peuplaient.

— ... Une traînée, une femme de mauvaise vie, c'est bien comme ça qu'on dit... Une putain ! Une sale pute !

Soudain Paco se dressa entre sa mère et lui, il était descendu à son tour du grenier pieds nus et en chemise, lui aussi. Il mâchonna quelque chose comme « Hablas a tu madre, porca madona ! » saisissant l'enfant par le bras, il le plaça face à lui, et il balança à Henri une gifle à lui dévisser la tête, qui l'envoya se plaquer contre le mur, juste au milieu du carré lumineux de la fenêtre. Là, son dos glissa lentement sur la paroi, il se retrouva assis par terre, sonné.

Mais déjà la Banquise sautait sur Paco, les yeux hors de la tête, rugissant : « Je t'interdis de toucher à mon gosse, si tu recommences, je te sors les yeux... »

Paco haussa imperceptiblement les épaules, fit demi-tour et remonta se coucher, faisant sonner la quatrième marche de l'échelle de meunier.

La Banquise tomba sur les genoux devant son gamin qui murmurait à travers ses sanglots : « On était que tous les deux, on était si bien comme ça... pourquoi tu as tout cassé... Tout est sale, tout ! »

L'adolescent furieux n'était plus qu'un enfant malheureux.

Sa mère le prit dans ses bras, le serrant très fort. Cette étreinte frénétique, avec ce grand corps, ces longs bras, ces jambes interminables qui dépassaient de partout, avait quelque chose d'extatique. C'était le groupe de la *Pietà* tel que l'a sculpté Michel-Ange, tel que l'a vu le peintre inconnu d'Avignon. Marie a pris le Christ descendu de la Croix sur ses genoux. La mater dolorosa a la tête de son enfant couché sur son épaule gauche, son enfant trop grand, trop lourd, trop meurtri, son fils unique. Ils ne voyaient pas leur image, ils étaient encore la mère et le petit enfant, et tous deux se balançaient ainsi, toujours assis par terre à l'angle du mur et du parquet.

Dehors on entendit la Zélie, la femme du Ripailles, qui demandait : «Mais qu'est-ce qui s'est passé chez la Banquise ?»

— Bah... une querelle d'amoureux... répondait la Guitoune de sa voix aigre.

Le carré de lumière s'éteignit. Henri se calmait, le nez, la bouche, les joues glissèrent entre les seins de sa mère, dans la rassurante, bouleversante sueur d'amour maternel, au goût de cannelle, de réglisse et de piment doux... Il s'endormit, et ils restèrent ainsi, par terre, la Banquise n'osait bouger de peur de le réveiller, de peur de son réveil. Elle ne dormait pas, les yeux grands ouverts, luisants dans la pénombre. Farouche.

Quelques jours durant, la vie à trois se poursuivit tant bien que mal. Ils se croisaient sans se regarder, n'échangeaient que les mots strictement nécessaires, mangeaient séparément. Henri passait ses journées dehors, sa mère ne lui demandait plus d'explications, elle couchait dans son propre lit à présent.

Une semaine après, les gendarmes arrivèrent. Bouscassel faisait partie de leur tournée, deux ou trois fois par mois. Ce qui étonna ce jour-là, c'est que les deux pandores de la brigade de Saint-Jean-du-Val étaient commandés par un lieutenant venu d'Alès. La nouvelle se répandit de porte en porte : «Et ils se dirigent vers le bureau de tabac...»

C'était l'heure de la sieste, la boutique était vide, ils avaient bien calculé leur coup. Ils se campèrent au milieu du magasin et demandèrent à voir «l'Espagnol».

Clémence fut prise au dépourvu, elle regardait machinalement autour d'elle, se retint de demander : «Quel Espagnol ?» Son trouble ne dura pas, silencieux sur ses espadrilles, Paco était déjà passé devant elle. Il faisait face à l'officier.

— Tu as des papiers ? Fais voir, vite !...

Paco, les yeux dans les yeux du lieutenant, ne bronchait pas. L'officier demanda furieusement à la Banquise s'il ne comprenait pas le français, ou s'il était sourd, ou idiot...

— Essayez de lui parler poliment, si vous en êtes capable, vous verrez bien.

Le gradé reprit, à la blague :

— Monsieur, auriez-vous l'obligeance de me présenter un document d'identité ?

Toujours impassible, Paco sortit un livret militaire. Le lieutenant le saisit comme avec des pincettes, l'ouvrit et fut stupéfait :

— Vous êtes un colonel de l'armée de la République espagnole ? Excusez-moi, mais je dois vous demander de nous suivre.

— Mais pourquoi ? s'indigna la Banquise.

— Ce sont les ordres, madame.

Les deux gendarmes encadrèrent Paco. Henri qui venait de se lever assistait à la scène depuis quelques instants seulement, il eut peur qu'on pense que c'était sa vengeance, il cria : « Maman, j'y suis pour rien, je te jure ! »

— Grosse bête, je le sais bien...

Paco se retourna vers Henri et lui sourit.

Mais quand les gendarmes voulurent faire sortir leur prisonnier, impossible : une foule obstruait la porte et se pressait pour entrer, refoulant la maréchaussée, coinçant chaque gendarme, le séparant des autres. Des cris se chevauchaient : « Les ordres, on connaît, on sait d'où ils viennent !... de Daladier ! Vous allez avoir du boulot, on est tous communistes, faut mettre tout Bouscassel en prison !...

— Et toi, Constantin, on te connaît bien, t'es un bon bougre ! toi, tu vas pas te mettre tout le monde à dos ! » (Le massif forgeron s'adressait personnellement à l'un des deux gendarmes qui, du coup, mollissait.)

A ce moment, les mineurs du poste de jour arrivèrent en trombe, laissant tomber leurs vélos au milieu de la rue.

Ils fendirent la foule pour arriver sur les gendarmes, ils étaient sûrs d'eux, confiants dans l'anonymat de leurs faces noires rayées de sueur, les yeux étincelants... Le Miston, le Noël du Ripailles, les Ramirez, les Kandinski, les jeunes étaient les plus enragés... Le bureau de tabac bourdonnait furieusement, c'était une houle sur laquelle flottaient trois képis...

Soudain, le lieutenant poussa un rugissement :

— Nom de dieu!... Où est passé l'Espagnol?...

Un rire unanime, le rire des enfants, des spectateurs de Guignol secoua le bureau de tabac.

Le Ratapénade triomphait :

— Le Parti dormait à Bouscassel... Nom de dieu! les camarades se réveillent!

Henri avait profité de la confusion. Il avait pris Paco par la main et l'avait conduit, par la cuisine, à la petite porte qu'il avait ouverte sur la ruelle. De là, ils étaient descendus en courant, le garçon tenant toujours le colonel par la main, jusqu'à la rivière qu'ils longèrent vers l'amont, à l'abri des fourrés épais qui poussaient au pied des maisons.

Quand ils furent loin de Bouscassel, hors de vue, abrités par un méandre de rochers, ils reprirent souffle.

L'Espagnol, heureux, murmura :

— J'en étais sûr!

— Sûr de quoi?

— Sûr de Bouscassel!

— Qu'est-ce que vous allez devenir, Paco, maintenant? Où pourriez-vous bien aller?

— A toi, à toi seul, je vais le dire, Henri. Tu connais les Bartassels?

Henri montra une direction vers le haut du mont Lozère.

— C'est là-haut, il faut traverser la grande châtaigneraie. C'est un coin perdu... On a une vue magnifique...

— Muy bien... Il y a là-haut un camp de bûcherons où je retrouverai des camarades... Je ne risquerai plus rien. J'en ai vu d'autres et puis tu sais, je suis très bon à la hache...

Quand ils furent sur le sentier, avant de se séparer, ils se donnèrent l'accolade, « l'abrazo », comme des hommes.

De septembre 1939 à juin 1940, ce qu'on nomma à juste titre «la drôle de guerre» ne modifia que très peu le quotidien de Bouscassel. Les jeunes paysans et quelques réservistes avaient été mobilisés mais les mineurs étaient maintenus sur place, «affectés spéciaux», car le charbon était indispensable à la vie de la nation, a fortiori en temps de guerre. Or, ils étaient bien l'élément le plus vivant, le plus bouillonnant de la vallée. Les aller et retour des trois postes rythmaient toujours les petits matins et les fins d'après-midi. La guerre paraissait de plus en plus lointaine et monotone. Les deux armées ennemies s'observaient de part et d'autre du Rhin, tirant quelques coups de fusil par-dessus les fortifications réputées infranchissables des lignes Maginot et Siegfried.

Henri se repaissait des photos de *Match* et du *Miroir des Sports* devenu le *Miroir de la Guerre.* Particulièrement celles des corps francs. Ces groupes de trois ou quatre volontaires s'insinuaient dans le no man's land pour ramener un ou deux prisonniers qui fourniraient des renseignements précieux sur les positions ennemies. Il s'intéressait particulièrement à leurs armes, à leur équipement, à leur gilet sans manches en peau de mouton qui leur allait comme une cuirasse de chevalier moyenâgeux. Les clichés mettaient en valeur des faces viriles sous l'auvent des casques... Les quinze ans d'Henri en étaient fascinés et envieux.

Il y avait à convenance du pain blanc, du vin et du tabac. Les Bouscassellois étaient tranquilles, confiants dans la célèbre devise : NOUS VAINCRONS PARCE QUE NOUS SOMMES LES PLUS FORTS. Et tout le monde de fredonner le grand succès du jour :

« Nous irons pendre notre linge sur la ligne Siegfried... »

Cette guéguerre se traîna dix mois durant. En juin 40, Clémence fêtait les quinze ans de son fils, les divisions blindées du Reich, contournant la ligne Maginot, déferlèrent sur la Hollande, la Belgique et la France. En quelques semaines, elles parvinrent sur la Loire.

La « glorieuse » armée française se débandait lamentablement, lâchant effectivement ses bandes molletières dans tous les fossés. La débâcle embouteillait les routes et les chemins de hordes civiles en fuite que bombardaient les stukas allemands en hurlant insoutenablement.

Les Bouscassellois estomaqués prévoyaient le pire, par exemple la disparition de la France et l'esclavage pour son peuple.

Une nuit, la Banquise fut réveillée par de gros sanglots provenant de la chambre de son fils. Elle le surprit juché sur son cabinet, le pyjama sur les chevilles, le visage en pleurs.

— Riri ! tu as mal au ventre ?

— Non maman, j'ai mal au cœur.

— Seigneur ! tu es malade...

— C'est la France qui est malade, maman, et je tremble pour elle... (La Banquise se met à pouffer.) Pourquoi tu ris, maman, tu devrais pas !

— Mon pauvre petit ! Si tu te voyais hissé sur ton piédestal comme une statue, tiens exactement comme le *Penseur* de Rodin, là sur la photo... Allez ! viens te recoucher, *pantaïseur*, va... (Elle le prit dans ses bras pour le bercer.) La France, on s'en fout, mon Riri ! Tant qu'on sera tous les deux, rien que tous les deux, on se démerdera, fais confiance à ta mère.

Pendant quelques mois, la Cévenne fut surpeuplée. On logeait des réfugiés où l'on pouvait, dans les granges et les écuries. Le lycée d'Alès débordait. Les classes de préparation aux grandes écoles de Clermont-Ferrand s'y étaient repliées. Dans les dortoirs, les lits se touchaient, encombraient les travées. Le réfectoire débordé servait une nourriture minimale et infecte. Henri tira habilement parti de la situation pour obtenir d'être externe. Manole lui proposa de prendre pension chez lui. La Banquise ne donna pas son accord comme ça. Elle laissa le tabac à Pétronille pour l'après-midi et prit le train pour Alès. Elle visita le lycée et jugea que le tableau que lui en avait brossé son fils n'était pas exagéré. Elle vit ensuite les parents de Manole, estima que c'était des gens de confiance, la maison était bien tenue, tout très propre...

Un deuxième petit lit fut dressé dans la chambrette de Manole. Leur premier soir, les deux garçons firent une faridon avec un fond d'Izarra et un paquet de P4 subtilisé à la Banquise. Le moral revenait au beau fixe, les soucis patriotiques passant au second plan. La sous-préfecture cévenole était merveilleuse en cet automne calamiteux. On y parlait flamand et parigot, on y croisait les longues filles du Nord et les lycéens d'Amsterdam venus sur leurs grands vélos noirs. Des soldats en déroute campaient sur les berges du Gardon, et tout ça par un temps insolent... un soleil d'Austerlitz. La précarité rendait tout possible. Les deux amis s'en donnaient à cœur joie dans ce caravansérail, multipliant les rencontres, à l'affût de mots et de manières nouvelles. Ils apprirent aussi, négligemment, que la République était morte au profit d'un «Etat», que la France devenait la chose d'un vieillard pour image d'Epinal. Au lycée, le pétainisme s'installait : «ligues de loyauté» avec incitations à dénoncer les copieurs, salut aux couleurs précédé d'une harangue à la gloire du chef de l'Etat, cours d'instruction civique... Des jeunes adhéraient aux Compagnons de France, arborant fièrement des tenues semi-militaires, chemise bleue, ceinturon et baudrier, large béret obligatoirement incliné sur l'oreille droite. Ils paradaient devant leur spacieux local, un magasin d'angle, sur la place Florian, qui était quelques mois auparavant les « Meubles Lévy et fils ». Manole et Henri voyaient ces garçons non sans envie, ils étaient fiers, disciplinés, privilégiés… ils n'avaient pas la dégaine des vaincus, eux !

L'instituteur de Bouscassel s'intéressait à ses anciens élèves, surtout quand ils poursuivaient leurs études à la ville. Il ne manquait pas de « tester les acquis » d'Henri quand il le rencontrait, ce qui n'enchantait pas le lycéen mais plaisait beaucoup à sa mère. Un soir de semaine, il vint au bureau de tabac, alors que la Banquise s'apprêtait à mettre la barre aux volets. Elle était donc seule. Le Gandin avait quelque chose à lui dire mais, connaissant sa susceptibilité maternelle, il ne savait trop comment commencer. Il s'y prit de très loin, parla des charmes de la ville d'Alès d'où il venait, de sa visite à l'inspecteur primaire pour une question de fournitures scolaires, il rapporta qu'on croisait des étrangers de toutes sortes, que beaucoup de choses étaient en train de changer, pas nécessairement en bien… enfin, il laissa échapper qu'il avait vu Henri traîner dans la rue d'Avéjan à une heure où il l'aurait cru au lycée. La buraliste tiqua, fronça les sourcils et attendit la suite.

— … Il avait sans doute de très bonnes raisons d'être dans la rue avec ses copains et ses copines… Toujours est-il qu'il ne m'a pas vu, ou fait semblant de ne pas me reconnaître… Devant les autres, saluer son instituteur de campagne… je sais pas, moi…

— Ecoutez, monsieur Renard, ne tournez pas autour du pot. Videz votre sac, je suis assez grande pour savoir tout ce qui concerne mon petit et pour aviser s'il y a lieu…

— Vous avez sans doute remarqué, comme nous tous, qu'il a changé d'allure, votre Riri… Je me demande s'il n'a pas de mauvaises fréquentations, s'il ne subit pas des influences néfastes. Vous savez, à cet âge…

La Banquise ne voulut pas en entendre plus, elle se cabra, remercia pourtant le Gandin d'un air pincé. Et elle commença à se faire, selon l'une de ses expressions favorites, «un sang d'encre». Pour elle, les mauvaises fréquentations ne pouvaient être que la pègre et les femmes vénales. Elle le voyait déjà en prison, et vérolé, son petit. Elle ne dormit pas en attendant le lendemain, qui était l'un des deux dimanches que son fils montait passer à Bouscassel.

Henri Van Khyse avait effectivement changé d'allure. D'abord, il était arrivé à se faire offrir par sa mère, qui n'y avait pas vu malice, à l'occasion de Noël, une jolie paire de bottes en cuir. De plus, chemise ou veste, il affectait de ne jamais descendre complètement ses manches. Il laissait nus ses avant-bras. La Banquise avait à peine tiqué... Elle commença à voir d'où venaient les nouvelles lubies de son fils, et elle en sourit, lorsqu'elle tomba par hasard sur des coupures de presse qu'il collectionnait dans un tiroir de sa chambre. L'une d'elles, découpée dans l'édition française de *Signal*, l'hebdomadaire illustré de l'armée allemande, représentait un S.S. campé sur un side-car, un beau jeune homme blond, chemise ouverte, manches retroussées, une mitraillette en sautoir. D'autres clichés représentaient des défilés, des jeunes hitlériens jouant dans des camps en forêt... Cela lui rappela (elle l'avait négligemment remarqué) que, depuis quelque temps, la démarche même de son fils avait changé. Elle avait mis sur le compte de la croissance, cette façon de marquer le talon, de redresser la taille et le menton, les bras allant et venant alternativement à la cadence du pas...

«Il fanfaronne», se disait-elle pour se rassurer sans pourtant parvenir à se convaincre. Elle voulait s'en expliquer avec lui, mais elle ne savait pas très bien comment aborder ce qu'elle jugeait comme une naïve, et sans doute éphémère, métamorphose. Elle pensait que c'était un jeu, guère plus, mais suffisant pour le détourner fâcheusement de ses études. Enfin, il avait de bonnes notes, pour cela elle était rassurée, mais qu'est-ce qu'il allait chercher, le Gandin, avec ses «mauvaises fréquentations»...

Elle se risqua à mettre la question sur la table ce dimanche midi devant le dessert qu'il adorait, un flan au caramel pour lequel elle s'était appliquée :

— Dis-moi, Riri, cette allure que tu te donnes, c'est la nouvelle mode au lycée d'Alès ? Vous cherchez à copier les Boches ?

— Mais non, maman, seulement à leur prendre ce qu'ils ont de bon...

— Ah ! parce qu'ils ont du bon ?

Son fils prit l'air entendu de celui qui se voit obligé d'expliquer des choses à quelqu'un qui aurait dû les savoir depuis belle lurette :

— Maman, tu te rappelles combien la débâcle de juin m'avait rendu malheureux... Depuis j'ai réfléchi... Pourquoi avons-nous été si vite lessivés ? Mais regarde donc autour de toi, à Bouscassel, tes propres clients, quels guerriers veux-tu faire de ça ! Une troupe désordonnée de rouspéteurs ventripotents, essoufflés pour trois marches d'escalier, tirant à hue et à dia vers le pastis, la daube et le tabac, sans autres idéaux que ça... avec pour chefs des politiciens véreux, des généraux de salon... quoi d'étonnant à ce qu'ils aient pris la plus belle dégelée de l'histoire, de la part de jeunes athlètes ardents et désintéressés dirigés par un chef unique et par des généraux montés eux-mêmes sur les chars de tête, se ruant, campés sur ces machines magnifiques, poitrines au vent... Rien que leur vue a semé la panique chez nos fantassins graisseux, emberlificotés dans d'incroyables capotes, bardés de musettes bourrées de saucissons et de gourdes dégorgeant de gnôle, les varices emmaillotées dans ces invraisemblables bandes molletières, des soldats armés de fusils sans cartouches et pédalant sur des bicyclettes sans pneus...

— Ce que tu dis, mon Riri, est bien beau, c'est même magnifique, on croirait que tu récites... mais tu crois pas que tu exagères un peu... c'est du Pétain, ça...

— Le Maréchal a beau être un vieillard, c'est quand même le vainqueur de Verdun, et il n'est pas forcément gâtouillant. Dans ce qu'il dit, y a à prendre et à laisser, d'accord. Il faut choisir, bien sûr, moi, je commence par relever la tête, par exercer mes muscles, on verra bien... mais je veux être prêt...

— Ton ami Manole, il pense comme toi ?

— Presque... il ose pas trop parler parce que ses parents sont communistes... encore que si tu entendais ce qu'ils disent des démocraties bourgeoises et capitalistes qui ont conduit l'Espagne et la France dans le trente-sixième dessous, c'est pas très loin des critiques de Vichy !...

La Banquise, rassurée par la droiture qu'affichait son enfant, se disait qu'il n'était menacé ni par la prison ni par la syphilis, mais au rebours, elle commençait à être alarmée, non par les tendances politiques de son fils, oh, non ! mais elle avait maintenant peur qu'il abandonne la carrière médicale pour l'armée. Elle ne pouvait se résoudre à le voir saint-cyrien, encore moins dans l'une de ces formations paramilitaires qui poussaient comme des champignons après l'orage. Les idées, quelles qu'elles soient, elle s'en foutait, seul l'intéressait le brillant avenir de son rejeton.

Elle était très embarrassée : « Si je le contredis, il me ressemble, ça l'ancrera dans sa lubie. Bah... ça devrait lui passer tout seul. Pourvu qu'il ne fasse pas de grosse bêtise tant que ça le tient ! »

Pour sa tirade, Henri s'était mis debout, renversant sa chaise dans un élan incontrôlé. Sa mère admirait cette flamme, elle le trouvait beau, son petit.

Il portait en brosse courte ses cheveux si blonds quand il était enfant, qui tiraient à présent sur le châtain clair. Cette année, insensiblement, de dimanche en dimanche, il avait grandi, et pas seulement en taille. Elle s'en rendait compte d'un coup à cause de son discours. Ce n'était plus un gamin. Cette constatation la gêna comme si elle découvrait au réveil un inconnu dans son lit. Elle se mit à craindre pour son train-train, cette vie laborieuse mais tranquille qu'elle s'était ménagée à Bouscassel, et non sans peine ! Contre qui, contre quoi, faudrait-il qu'elle se batte encore pour la défendre ?

D'ailleurs, d'ici deux ans, après le baccalauréat, il irait en faculté de médecine à Montpellier, encore plus loin d'elle et déjà, c'était comme s'il s'écartait de plus en plus, très vite, de Bouscassel et de sa mère. Elle devait renoncer à le retenir, elle ne pouvait que l'accompagner dans son évolution et d'abord essayer de penser comme lui, entrer dans sa tête pour rester dans son cœur.

Désormais, elle regarderait d'un œil cynique ces villageois pour lesquels elle avait, au cours des années, nourri de plus en plus d'indulgence. Elle retomberait dans une solitude qui la durcirait. Cependant, son fils lui parlait de livres, de films, de rencontres qui lui étaient tout à fait étrangers. Devant ce flot de paroles, elle s'efforçait de faire bonne figure, mais elle était perdue, elle se noyait. De toute façon, le brillant chirurgien monterait dans sa Traction avant toute neuve et laisserait sa vieille mère au bord du fossé… Elle resterait là, toute bête, il l'oublierait là, et pire, il aurait honte d'elle. La Banquise ne pouvait se résigner à ces images de son avenir. Elle trouverait bien un moyen, sinon de garder son enfant tout contre elle, du moins de ne pas le lâcher, de faire en sorte qu'il ait toujours besoin de sa mère.

A dater de ce jour, elle doubla son argent de poche.

Par moments elle se disait : il a peut-être l'étoffe d'un chef… « Chef », le mot était à la mode… Mais qui peut bien lui avoir mis des idées pareilles dans la tête, pas moi en tout cas, pas les Manole, ou alors ils sont vraiment sournois… C'est qu'il vit plus avec eux qu'avec moi maintenant…

Elle n'osait pas s'avouer qu'elle était jalouse. Comme il racontait ce qu'il savait des Compagnons de France, elle lui demanda quelles sortes de gens en faisaient partie…

— Le fils du maire… enfin… du chef de « la délégation

spéciale» qui a été nommée à la place de la municipalité communiste... les deux fils du procureur, quelques copains de lycée, quelques-uns de Fléchier, le collège catholique, des fils de gros commerçants d'Alès... Tu vois, c'est pas des voyous, c'est... comment dire... une sorte de scoutisme...

— C'est égal, j'espère que tu vas pas t'embaucher là-dedans...

— Ne crains rien, maman, j'aime pas obéir, moi! et puis d'abord j'ai autre chose à faire... de la musique, ah! que j'aime ça... et mes études bien sûr, maman, mes études d'abord!

La Banquise ne fut qu'à demi rassurée.

Chez les Manole, les repas se déroulaient bizarrement, surtout quand le père était là. On ne parlait presque plus à table, comme s'il y avait un mouchard incognito. Les gamins formaient une sorte de clan avec ses rites, et ses rires étouffés. Les parents n'écoutaient que d'une oreille avec parfois un petit sourire triste... Jamais un reproche, sous-entendu : vous finirez bien par comprendre vous-mêmes, vous n'êtes pas plus bêtes que nous... C'était de la désapprobation muette mais affectueuse. On ne se comprenait plus mais on s'aimait toujours. Chez ces Espagnols chassés de chez eux par une guerre civile où l'on s'entre-tuait en famille, il restait malgré tout un fonds préservé, un capital de confiance en l'avenir et surtout en la jeunesse... Ils savaient d'instinct que le fascisme, comme souvent la mort, attire, fascine les sensibilités adolescentes capables du pire et du meilleur et qui restent en équilibre sur le fil du rasoir, qu'un souffle maladroit peut faire capoter du bon comme du mauvais côté. Le Poète l'a chanté :

«Un mot... un mot qui n'est pas dit,
Et c'est tout le destin d'un homme qui déraille...»

Contrairement aux nouvelles autorités, les mineurs espagnols ou autres ne courtisaient pas la jeunesse. Défilés, processions, commémorations, étalage des nouveaux uniformes inspirés de ceux des vainqueurs, où les pantalons de golf singeaient petitement les culottes de peau, occupaient les dimanches... l'après-midi seulement pour ne pas concurrencer la messe.

Le héros offert aux « enfants du Maréchal » était le capitaine Henri de Bournazel. Cet officier de spahis était célèbre pour charger les « salopards » (= les Arabes) en tunique rouge. Il avait ainsi la « baraka », les balles semblaient éviter son fameux dolman. Ses supérieurs insistaient pour qu'il abandonne cette veste visible comme une cible. Le jour où il leur obéit enfin, il fut tué...

Noble, jeune, beau, téméraire, il avait, aurait dit Cyrano de Bergerac, du « panache », qualité qu'Henri Van Khyse plaçait au-dessus de toutes les autres. Faute de veste, il dégota un pull-over écarlate. Il l'étrennait, tout fiérot, quand il se fit alpaguer par une demi-douzaine de Compagnons de France qui le traitèrent de rouge, de bolchevik. Ils lui auraient fait un mauvais parti, par chance un agent de police pépère qui passait par là s'interposa et pour calmer les excités lui demanda ses papiers d'identité :

— Van Khyse... mais c'est un nom allemand, ça !

Les militants de la « Révolution nationale » bafouillèrent quelques excuses craintives, n'empêche ! le Riri rangea son pull-over rouge dans une malle...

Une troupe occasionnelle de comédiens amateurs représenta la vie de Bournazel au bosquet d'Alès. Il faisait beau, c'était gratuit, il y avait foule, une foule rigolarde. Le poète local, qui ne devait sa célébrité récente qu'à son adhésion aux idées nouvelles, déclama une ode interminable en alexandrins qui se voulaient claudéliens, tendant à prouver que Bournazel était le père (ou le fils spirituel, on ne savait plus...) de notre vénéré maréchal. Puis, un amateur qui n'était autre que le chef des Compagnons vint interpréter le capitaine à la baraka. Chacun reconnaissait dans ce grand dégingandé, sous la veste rouge, celui qui marquait le pas et relevait le menton en tête de chaque défilé. Il se démenait éperdument à contretemps, exécutant à son insu un désopilant numéro comique.

La Banquise, toujours inquiète, avait voulu se rendre compte, mine de rien, des « influences » subies par son fils, avec l'espoir de les contrebalancer, si elles étaient aussi « néfastes » que l'avait prétendu le Gandin. Elle avait donc pour une fois fait le voyage à la ville pour passer le dimanche avec son Riri. Elle repartit persuadée par la première représentation théâtrale de sa vie que le pétainisme, finalement, c'était assez rigolo. Son rire, si rare, fit plus que toutes les mises en garde pour retenir son fils de tout fâcheux engagement.

Depuis quelque temps, quand il était dans les rues d'Alès, Henri avait l'impression d'être épié, sinon suivi.

La première fois qu'il fut alerté, il descendait du train. Sur le quai, dans la foule, il s'entendit appeler par l'un des pions du lycée : « Hé, Van Khyse ! écoute voir... » Un autre voyageur l'avait alors regardé, l'air stupéfait, puis avait détourné les yeux et s'était perdu dans la foule. Henri l'avait à peine remarqué, si ce n'est par sa haute taille, sa maigreur et surtout son chapeau noir aux bords rabattus. Il n'y avait plus pensé jusqu'au lendemain où, sortant du lycée, il eut cette même sensation d'être épié, au point qu'il se retourna brutalement, le curieux s'était-il vivement retiré derrière le pilier pour se cacher ?... Si c'était le cas, il n'était pas très malin : le soleil couchant découpait parfaitement son ombre sur le mur jaune clair : une longue silhouette maigre en borsalino... Henri poursuivit son chemin.

Plusieurs fois par la suite, il crut apercevoir la même dégaine et toujours dans des endroits où il avait coutume de se rendre régulièrement. Ainsi au stade où le professeur de gymnastique conduisait sa classe tous les mercredis après-midi, pas le grand stade municipal fief de l'Olympique alésien, mais dans un terrain en bordure de la route dont les seules installations étaient une barrière de bois peinte en blanc, quatre poteaux pour les buts et une baraque-vestiaire.

La première heure était consacrée aux exercices selon la méthode Hébert, la deuxième au football. Quand il faisait beau, quelques badauds s'accoudaient à la barrière au soleil pour suivre un moment la partie. C'est là qu'Henri repéra l'inconnu. Il ne s'intéressait guère aux phases du jeu, il ne perdait pas de vue le lycéen, y compris quand celui-ci n'avait pas le ballon aux pieds. Même de loin, il n'y avait pas à se tromper : ce chapeau noir au bord baissé sur les yeux, ce vieil imperméable gris fortement serré à la taille...

L'instant d'après, passionné par le jeu, Henri l'avait oublié et marqua un but. Seul de la demi-douzaine de badauds, l'inconnu l'applaudit, timidement.

A la mi-temps, malgré les objurgations du prof qui leur criait de bouger pour ne pas se refroidir, en sueur comme ils l'étaient, deux ou trois joueurs dont Henri s'assirent sur le talus à quelques pas des badauds. C'est alors que l'inconnu vint prendre place à côté de lui.

— Fameux coup de pied ! Le tir au but était assez vicieux mais il le fallait...

Intrigué mais flatté, Henri se retourna et observa assez insolemment son interlocuteur. Enfin il distingua sous l'auvent du vieux chapeau noir des yeux fatigués, bordés de rouge, un fort nez, des pommettes saillantes, des rides amères autour des commissures. Une peau grise, maladive. Quinquagénaire vieilli prématurément, il gardait pourtant dans la physionomie et dans l'allure quelque chose d'allègre, un reste de jeunesse. Sa voix surtout avait beaucoup souffert, rauque, caverneuse, elle aurait été effrayante si le ton ne s'était pas appliqué à être gentil, presque affectueux.

— Quel âge as-tu, mon garçon ?

— Quinze ans !

— Je m'en doutais... et d'où es-tu ?

— De Bouscassel... vous connaissez ?

Peut-être parce que l'inconnu hochait la tête sans

rien dire, Henri se reprochait : « Mais pourquoi je lui réponds !... Enfin, c'est pas la première fois qu'on m'aborde avec ces mêmes questions mot pour mot, c'est la manière des retraités solitaires qui veulent engager la conversation... »

Cependant, il ne pouvait pas s'empêcher de répondre aux questions de plus en plus précises de ce curieux qui n'avait pas du tout l'accent cévenol. Henri essayait de se reprendre, d'en dire le moins possible, mais c'était malgré lui, il se laissait aller : « Oui, ma mère est bien la buraliste de Bouscassel, oui, elle vit seule... »

Le sifflet du prof annonça la fin de la mi-temps, Henri en fut soulagé. Il se retourna pour faire un signe d'adieu mais l'inconnu lui tendit la main, non pour serrer la sienne, mais dans un geste de regret, un mouvement triste comme pour le retenir... A cet instant, et pendant peut-être pas plus de quelques secondes, il sentit entre cet inconnu et lui quelque chose de commun, de familier... sans doute la passion du foot, se dit-il, et il n'y pensa plus. Pendant la seconde partie, il risqua de temps en temps un œil vers ce curieux badaud, il le vit s'éloigner d'un pas élastique, aisé, insolite... Henri en fut si surpris qu'il rata une passe et se fit copieusement enguirlander par ses équipiers.

Cette brève entrevue resta assez présente quelque temps à son esprit. Dans les rues d'Alès, il ne pouvait s'empêcher de se retourner d'un bloc pour vérifier s'il ne surprenait pas une silhouette en imper et chapeau noir se retirant derrière un platane. Manole remarqua son manège et se moqua de « Riri l'évadé d'Alcatraz pourchassé par toutes les polices du monde... »

Alors Henri lui confia toute l'affaire. Son copain espagnol en rigola : « Que tu es naïf !... Tu as eu affaire à un pédé... sais-tu que tu es joli garçon, mon mignon ! »

La Banquise avait le sentiment pénible que son fils lui échappait de plus en plus. Bien sûr, il était à Alès en pension, bien sûr il était plongé dans des études que sa mère ne pouvait pas suivre, bien sûr la majorité de son temps il avait des préoccupations qui n'avaient rien à voir avec Bouscassel... C'était normal, c'était bien. Mais quand il venait passer le dimanche chez lui, pourquoi n'était-il pas toujours avec sa mère, à lui raconter sa semaine en détail, ses activités, ses réflexions, ses pensées... Non, il s'enfermait des heures dans sa chambre, soi-disant pour réviser. Et elle, le sachant, le sentant dans la maison, respirant sa présence à travers les murs et les plafonds, tournait en rond. Ce dimanche qu'elle attendait toute la semaine devenait un jour d'insatisfactions. Elle prêtait l'oreille au moindre bruit, espérant entendre claquer la porte de sa chambre et son pas dans l'escalier, qu'il se décide enfin de lui-même à venir rejoindre sa mère pour faire quelques pas avec elle dans la rue, pour se montrer un peu aux Bouscassellois, montrer comme il était grand, comme il était beau !

Et ce soir, en se levant de table, comme si de rien n'était, il lui avait dit :

— Maman !... Au fait, y a un monsieur bizarre qui m'a parlé de toi, j'allais oublier de te le dire. Un grand type assez maigre avec des yeux bleus. Il m'a demandé : « Alors, tu t'appelles Van Khyse ? » Paraît qu'il t'avait connue dans le temps, il a demandé si tu avais toujours ton tabac, si les affaires allaient bien, des tas de questions... Il m'a même demandé quand j'étais né ! Il m'a pas dit son nom à lui mais c'était un type plutôt sympa... Tu vois qui c'est ?

Clémence s'était immobilisée. Elle était devenue soudain très pâle :

— Non. Bonne nuit.

Clémence ne peut pas en rester là, elle ne peut se retenir de monter revoir son fils. Elle hésite encore un peu avant de pénétrer dans sa chambre où elle l'entend qui fredonne un air hésitant. Enfin, elle entrebâille la porte sans frapper. Son grand fils est assis sur le trône au milieu de la pièce, assis dans la même position que le *Penseur* de Rodin sur la grande photo qui lui fait face, punaisée contre le mur. Les culottes sur les chevilles, il est absorbé par l'étude d'un cahier ouvert sur les genoux. Ça la fait d'abord sourire mais d'un coup, elle blêmit, et en deux enjambées, se campe devant son fils et lui arrache le cahier, qui est une partition d'opérette !

Henri se met à rire. Il rectifie ostensiblement la position du *Penseur* que l'arrivée et le geste intempestifs de sa mère lui ont fait perdre. Alors, elle, furieuse, brandit la partition sous son nez :

— *Les Cloches de Corneville* ! C'est ça, la conquête du Tonkin ?... c'est pas la première fois que tu me fais le coup...

— Regarde maman, c'est du travail aussi... et bien plus passionnant ! Ah !... la musique ! La musique ! (il mime les doigts courant sur le clavier), pour elle aussi il faut des doigts de fée...

Il regarde le visage de sa mère qui reste fermé.

— Et sauver des vies avec une toute petite lame, rétorque-t-elle, c'est pas merveilleux, ça ?

— Maman ! La musique a toujours été ce que je préfère... depuis toujours ! Tu le sais bien ! (Il chantonne :)

« Ça n'empêche pas l'reste,

« Ma Mamannette »...

J'ai de l'oreille, tiens ! je me demande d'où ça me vient, de qui je tiens ça. Pas de ton côté, ça, c'est sûr... Dis-moi, maman, mon père, il était pas musicien ?

Désemparée sur l'instant, Clémence comprend qu'il n'a pas trouvé ça tout de suite, qu'il avait prémédité la question, histoire de remettre son père sur le tapis. Elle ne se reconnaît pas dans cette façon détournée d'interroger. Mais déjà il abandonne le sujet ; il ne fait aucune allusion à l'inconnu de la veille, il pérore... Elle ne suit plus ce qu'il dit, son discours de lycéen désinvolte, elle porte sur lui un regard volontairement dénué de passion, comme extérieur : physiquement, il n'a rien d'elle. Elle se force à le voir enfin tel qu'il est, ce qui la conduit à s'accepter, elle, telle qu'elle est : une solide ménagère de quarante-deux ans, carrée, directe et résolue. Rien en elle de cette aspiration au plaisir, de cette versatilité plaisante, de ce manque de sérieux, de poids, dans les idées, dans le caractère comme dans l'allure. Comment je le verrais s'il n'était pas mon enfant (d'ailleurs l'est-il vraiment?), si je le rencontrais dans la rue : un long jeune homme assez beau, dégingandé, jouant tantôt les durs et tantôt les poètes, je n'aurais pas envie de le connaître. Elle se battrait d'avoir même fugitivement de telles pensées. Et puis, il peut se corriger, il a déjà eu l'envie de se muscler, il lui a fait acheter ces haltères dont il s'est bien servi quelques minutes chaque matin pendant un mois de vacances et qu'il laisse traîner dans sa chambre, car ça lui a passé, comme lui passe petit à petit sa «vocation de chef», dont il a conservé, ce qui n'est pas mal, la coupe des cheveux en brosse et une bonne façon de se tenir droit...

— ... Maman! tu m'écoutes pas... C'est quand même pas la lune! Je te demande simplement si mon père jouait d'un instrument...

Elle est toujours déconcertée par sa façon de revenir subrepticement sur le sujet délicat, qu'on croyait heureusement abandonné, elle est sur le point de lui répondre : «Il jouait, oui, peut-être... il jouait!» Mais elle se contente de hausser les épaules, avec un air si malheureux qu'Henri s'en veut déjà, comme toujours quand ils en arrivent tous les deux sur ce maudit problème. Ce n'est pas encore aujourd'hui qu'ils avanceront... Une fois pour toutes : son père est mort, il ne valait pas la peine d'en parler, d'ailleurs ça rend sa mère malheureuse, passons, vite!

Voyons, de quoi palabre-t-il maintenant? De politique et de chansons... quel esprit confus! Ça, alors! c'est tout moi, dès que je réfléchis, je me perds, il faut que j'agisse instinctivement, et tout de suite, sur l'élan de mon cœur, comme avec Jocelyn! Mon dieu! qu'il lui ressemble! Et pas seulement quand il éternue, cette façon de se frotter l'index sous l'oreille quand il est embarrassé, ce bref regard au ciel quand on l'ennuie... Ce nez légèrement busqué, cette mâchoire... c'est tout du Van Khyse ! Seigneur, comme je l'aime, comme j'ai aimé son père ! comme j'aurais pu l'aimer ! j'ai peut-être jugé trop vite, agi trop vite, brisé trop vite mon bonheur, je l'ai tué dans l'œuf... Alors, il refait surface, il fouine autour de nous, qu'est-ce qu'il me veut... nous veut ?

Son enfant parle et elle ne le suit pas, mais la mélodie impénétrable de cette voix qu'elle adore (la voix même de Jocelyn !) berce un regret moins amer, une nostalgie presque agréable. La ressemblance du père et du fils est tellement amendée, embellie, chez Henri ! C'est un Van Khyse délayé au bon dosage, un Van Khyse qu'on peut aimer sans réserve, sans retenue, le fruit parfait d'un amour raté... Il va faire sa vie, se heurtant à droite, se heurtant à gauche, toujours renvoyé dans la ligne droite d'un beau destin, avec sa mère pour veiller à ses côtés...

Voyons... où il en est, de ses beaux discours ?

— ... Y en a qui disent qu'il faut être du côté des vainqueurs, résolument, parce que, à la fin de la guerre, les vaincus n'auront pas de pitié à espérer, si ce n'est mille ans de servitude... Tu entends ça, maman ! je ne sais pas si tu te rends compte, mille ans de servitude ! Notre France...

— La servitude, la vraie ! mon enfant, j'ai connu ça, je peux t'en parler, moi, et j'en suis sortie, toute seule, à la force de... ça ! (elle brandit ses deux poings) et je suis pas prête d'y retomber, je t'en réponds !... Alors la France maintenant, je m'en bats l'œil et le flanc gauche... !

Il s'approche d'elle et lui tire les cheveux à petits coups :

— Ah, toi !...

Mais ça ressemble trop à un geste caressant de Jocelyn, alors elle écarte sa tête. De deux doigts, elle redresse son chignon défait, puis elle attrape son Riri et le serre dans ses bras.

— Nous deux!... (Menaçante :) Qu'ils y viennent, les Autres!...

— Voyons maman! mais c'est de l'égoïsme fanatique! Dans une période aussi dramatique, on ne peut pas...

— Je ne veux même pas le savoir. (Elle sourit enfin.)

— Alors, la France, ça te dit rien à toi!

— Oh! si... ça me dit : composition d'histoire...

Elle va prendre son livre d'histoire Malet & Isaac, cherche la page de la conquête du Tonkin, la trouve... et lui tend le livre ouvert :

— Tiens, page 410... je l'avais marquée... Quand tu m'auras récité le Tonkin, tu viendras me jouer l'air des *Cloches*... Allez, lève-toi de là, *merdouzet*! que tu vas te rendre malade...

Henri se relève en soupirant et en remontant son pantalon. Mais une feuille s'échappe du livre. Elle tombe à plat sur le sol, il n'y a pas à s'y tromper : il s'agit d'un tract. Clémence se baisse et le ramasse.

— «Tous unis contre le fascisme». Dis, c'est quoi, ça? c'est de tes nouveaux copains?

— Mais non... je l'ai juste ramassé dans la rue...

— Par les temps qui courent il faut faire attention à ce qu'on ramasse...

— Lis donc, maman, faut quand même savoir un peu ce qu'ils disent, ceux-là... Ils parlent aussi de la liberté et de la grandeur de la France, ça te dit rien à toi, la grandeur de la France!

— Rien du tout.

Henri a soudain les larmes aux yeux, alors elle reprend, sur le ton de la plaisanterie :

— ... Pardon, si! ça me dit : la grandeur de la France c'est son empire colonial. (Reprenant le manuel, elle lit :) «L'expansion française, après un temps d'arrêt, a repris son essor vers 1880 sous l'impulsion de Jules Ferry... avec la conquête de l'Annam et du Tonkin (1883-1885)...» La voilà, ta Grandeur, page 410!

— «Après un temps d'arrêt»... Ah! maman, tu es la

plus forte... Dommage que les femmes fassent pas de politique !

Elle s'éloigne vers la porte :

— Allez ! apprends-moi ces quelques pages en cinq sec et va te coucher, penseur de Rodin, va...

— Veille sur nous, vaillante sentinelle !

— Bonne nuit, maestro !

Quand la sonnerie à la stridence insupportable fit sursauter les gens, il y avait du monde dans le bureau de tabac. A certaines heures de la journée, notamment vers cinq heures, lorsque les mineurs du poste de jour étaient rentrés et avaient fait toilette, c'était la presse. Le tabac était devenu depuis quelque temps « le dernier salon où l'on cause... » La Banquise faisait salle comble.

Rosalie, la femme du boulanger, avait un goitre qu'elle dissimulait sous une sorte de petit tablier noir tenu par deux cordonnets noués sur la nuque. Cette difformité la dotait d'une voix graillonneuse particulièrement désagréable, ce qui ne l'empêchait pas de clabauder sans fin avec la Guitoune, tout ça pour acheter un timbre-poste, sans égard pour la Céline, la femme du Clouque, qui attendait sans récriminer son tour d'être servie. Son mari l'envoyait choisir un dixième de la Loterie nationale.

Les commères en avaient non sans raison après les cochons de la Rumeur : avec les premières chaleurs, leurs émanations étaient telles qu'il fallait presque courir pour passer devant son bistrot.

— ... Quelle *rascasse* ! il est pas permis d'être près de ses sous à ce point-là ! *Engraïssa* des porcs dans la courette derrière la salle de son bistrot ! Pourtant le Gamate, son brave homme de mari, qui est un bon maçon, doit lui ramener pas mal de picaillons ! Faut-il que ses clients, rien que des culs-blancs, cagoulards et consorts, soyent dévoués à leurs idées pour venir consommer dans cette *pudècino* ! Faut dire quand même que les saucissons de ses cochons d'arrière-boutique sont vraiment goûteux...

Le Ratapénade, venu chercher une plaque fiscale pour son vélo, disputait politique avec le Barbouille qui déchirait son nouveau paquet de gris pour s'en rouler une. Le mineur communiste et le retraité socialiste reprenaient leurs éternelles chamailles comme si l'histoire n'avait fait que piétiner depuis le Congrès de Tours.

— Dis-moi, dans votre parti, paraît-il, on tolérait les tendances, alors à laquelle tu te rattachais aux temps de Blum et de la non-intervention en Espagne, aux socialistes mous ou aux socialistes tièdes ?

— Toi, pas besoin de poser la question : communiste braillard ou communiste bouché à l'émeri ? Tu appartiens aux deux factions plus sectaires l'une que l'autre de ton parti présentement soi-disant interdit...

Le Gandin essayait en vain de calmer la controverse qui tournait à l'aigre tandis que le Pacoulin, qui était paysan et se foutait pas mal de ces nuances de haute politique, attendait patiemment que la Banquise veuille bien établir un congé pour le transport d'une bonbonne de son vin à Saint-Jean-du-Val. La buraliste avait horreur de cette bureaucratie. Loin de s'enorgueillir d'avoir été élevée à la dignité de « receveuse auxiliaire de P.T.T. », elle proclamait que le commerce des tabacs lui aurait largement suffi. Le Pétronille circulait maladroitement entre ces gens, plein de bonne volonté. La terrible sonnerie arrêta net le charivari, elle figea chacun dans son geste, personne ne bougeait plus, on aurait dit une photo instantanée.

Clémence se précipita pour arrêter l'horripilante sonnerie, puis elle garda un instant le combiné à bonne distance de son oreille. Elle avait toujours dans ces cas-là une minute d'angoisse...

— Allô ? je suis bien à la cabine de Bouscassel... allô ! allô ! Eh bien ! tu réponds... allô...

C'était la « demoiselle de la poste », Philomène, la fille

du Lafuste, le menuisier de Bouscassel, laquelle, contrairement à son père, un veuf triste mais amène, était en permanence hargneuse.

— Oui.

— Ah ! quand même, eh bé, tu es dure à la détente... Ne quitte pas, je te passe quelqu'un... A vous, monsieur, vous avez la buraliste.

Une voix rauque parcourue d'un sourire :

— Allô... allô... C'est bien madame Van Khyse Clémence ?

— Oui.

— Clémence, tu me reconnais ?

— Non.

— C'est vrai que ma voix a changé... que de longues années !... Tu reconnais pas Jocelyn Van Khyse, ton mari... ? car je suis toujours ton mari, n'est-ce pas, très légalement, nous n'avons jamais divorcé...

La Banquise était transie. Ses épaules ployaient sous le poids du silence attentif, cruellement curieux, de ses clients. Son souci primordial était de ne pas répondre un mot qui mettrait tous ces fouille-merde sur la voie.

— ... Tu n'as pas envie de me revoir ?

— Non !

— Tu as tort, tu préfères sans doute que je parle directement à mon fils, le gentil Henri Van Khyse, lycéen de troisième au lycée Jean-Baptiste Dumas d'Alès ?

— Non.

— Bon. Clémence, tu deviens raisonnable. Il faut pas que nos retrouvailles commencent dans l'aigreur... ce n'est pas du tout dans mes intentions. Je n'ai pas envie de déranger ta vie, je te demande simplement une entrevue, une seule, et je répugne à troubler notre fils que j'ai trouvé charmant et auquel je n'ai rien révélé en dépit de la sympathie qu'il m'a témoignée. Je te demande simplement, discrètement, une heure de conversation... Es-tu d'accord ?

— Ben... Euh... Oui.

— Enfin ! Te voilà raisonnable ! Je ne tiens pas à débarquer chez toi, dans ton commerce, comme ça... Je veux seulement que nous mettions au point quelques détails, calmement entre gens de bonne volonté, et ça, loin des yeux et des oreilles... Tu vois, c'est une proposition raisonnable... tu es d'accord?

— Euh...?

— Ecoute, Clémence, je suis bien gentil de te supplier. J'ai toujours été un mari accommodant, je ne t'ai jamais encombrée, je n'ai jamais exigé les droits que m'accorde le mariage : «les époux partagent tout, la femme doit suivre son mari...» et toutes ces contraintes. Conduisons-nous en grandes personnes... Je m'aplatis, je te demande une dernière fois gentiment : es-tu disposée à m'accorder un entretien discret, pas plus d'une heure?

— Oui.

— Voilà ce que je te propose : j'arrive demain par le train de 17 heures en gare de Saint-Jean-du-Val. Je prends le sentier du Bosc, tu te souviens, tu me l'as fait connaître...? Notre première promenade d'amoureux. Nous nous sommes arrêtés devant les ferrailles rouillées du puits de mine abandonné. Tu n'as pas pu oublier cette après-midi mémorable... Alors, d'accord, je t'attends là demain vers cinq heures et demie... Au fait, notre fils ne t'a pas parlé de l'intéressante rencontre qu'il a faite au stade? Ah! tu vois, notre gamin a déjà des secrets pour sa mère... Bon... alors, c'est d'accord demain, à la mine du Bosc?

— Oui.

— Et ne me pose pas un lapin, ça irait mal...

Sur ce, il a raccroché. La Banquise reste un instant le combiné à la main : est-ce que la standardiste a écouté la communication comme elle le pratique parfois quand elle s'ennuie...? Il semble bien qu'il y a eu le déclic quand la Philomène a raccroché après avoir branché Van Khyse sur Bouscassel... En se retournant, la Banquise sursaute devant tous ces gens silencieux et figés dont toute l'attitude exige : «Et alors? c'est quoi?»

— C'est rien! tranche la Banquise en haussant les

épaules, et elle se remet à remplir le congé fiscal pour la bonbonne du Pacoulin.

La petite mine du Bosc avait été abandonnée dès la fin de la Grande Guerre pendant laquelle les ingénieurs s'étaient acharnés à son exploitation, persuadés qu'il y avait en profondeur un considérable gisement de plomb argentifère, matière dont la Défense nationale avait le plus grand besoin. Parvenus à plus de neuf cents mètres, ils avaient renoncé, le peu de minerai qui existait réellement revenait trop cher à extraire. La Compagnie avait vivement plié bagage pour s'employer ailleurs, laissant carrément tout en plan, chevalement, treuils, câbles, baraques, berlines... tout ça maintenant effondré, rouillé, donnait une impression de désolation. A peine si le trou vertigineux avait été obturé par un plancher et entouré d'un garde-fou muni des quatre côtés de pancartes annonçant : « Attention danger ! » Il est vrai que la petite mine était complètement oubliée, située à l'écart des principaux chemins, tout en haut d'une colline très boisée et très efficacement défendue par des buissons de ronces et un fouillis de prunelliers. L'endroit était triste mais charmant, au centre d'une clairière, même défigurée par cette ruine industrielle. Les amoureux avaient rarement le courage de se faufiler jusqu'à ce site peu accueillant.

Clémence était sur place avec une demi-heure d'avance, arrivée juste au moment où elle entendit dans la vallée le sifflet du train qui entrait en gare.

Elle avait eu tout le temps de visiter les lieux, de prendre ses dispositions et de choisir un point de vue pour observer son mari à son aise avant d'arriver elle-même comme si elle était en retard.

Elle a de la peine à le reconnaître, d'une part elle avait un peu oublié sa dégaine, d'autre part elle n'aurait jamais cru qu'il pouvait s'être à ce point décati. Il consultait sa montre en grommelant, inspectait les alentours comme s'il redoutait un piège, s'approchait du puits, écartait une planche et jetait de gros cailloux dans le gouffre, écoutant les échos de leur chute qui semblait ne jamais finir.

Clémence se demande comment elle a pu aimer cet homme, ne serait-ce qu'une minute, et pourtant elle l'a aimé ! jusqu'au matin... c'est bien lui, toujours le même, le voici qui s'impatiente, qui se gratte sous l'oreille avec l'ongle de son index, ah ! ce tic insupportable...

Quand Clémence consent enfin à paraître, il retire son chapeau et exécute une révérence à la mousquetaire, il est complètement chauve. Le soleil couchant accentue cruellement ses rides et sa maigreur, ses yeux clignotent, il s'écrie :

— Sang du Christ ! tu es encore plus gironde !...

Il fait un pas pour la prendre dans ses bras, mais elle s'esquive, assez habilement pour ne pas le froisser.

— Bon, comme tu voudras... D'ailleurs, pour ce qui est de la bagatelle, tu ne risques rien. Je trimballe une saloperie de maladie tropicale qui me prive de tout... de toute ardeur. Il faut que je te raconte ce que j'ai fait pendant ces quinze ans... mais à propos... je me suis toujours demandé comment tu as compris le matin de notre nuit de noces que j'étais loin d'être l'ingénieur électricien que je prétendais être ? Tu veux pas me dire pourquoi tu m'as jeté en bas du lit où je dormais paisiblement d'un sommeil réparateur, pour me pousser hors de la chambre. Dire que tu as jeté mes frusques et ma valise dans l'escalier en hurlant, en menaçant d'alerter la police !... Tu veux pas m'expliquer comment tu as tout compris ?... Je suppose que tu as fouillé mes affaires, trouvé mes faux papiers, mon revolver... Au fait, tu ne me l'as pas renvoyé avec mes affaires dans l'escalier... Tu l'as toujours ? pas d'importance ! il n'y a pas de vol entre époux... Mais que je te raconte ma vie : une fois rapidement rhabillé sur le palier...

La gare était en face de l'hôtel. Un train partait pour Marseille. En traînant sur le port et dans le quartier chaud du Panier, il avait trouvé un malin qui lui avait « refilé un filon» pour le Soudan. La colonie, ça a du bon et du mauvais, on y fait beaucoup d'argent mais on en dépense encore plus, on mène un jeu d'enfer... Enfin, il a appris un métier : tenancier... ! Oui, il avait dû quitter l'Afrique un peu rapidement et se retrouvait à Marseille sans un quand on lui avait proposé une combine en or massif, une association...

— ... Un rêve ! C'est une période pleine de possibilités nouvelles, l'âge d'or pour des gonzes de mon espèce... Tu vas plaquer ton minable boulot de buraliste et ce trou perdu de Bouscassel. Tu ramasses tes économies, tu en as, je m'en doute, tu n'es pas un panier percé, toi ! Tu es la brave petite fourmi cévenole, alors, tu vides ton bas de laine et tu mets toute ton oseille dans l'affaire... Une maison tout ce qu'il y a de rupin, une clientèle très chic, rien que des gens de la haute, magistrats, industriels, officiers supérieurs... Je me charge de l'ordre et de l'organisation, d'ailleurs on sera protégés... Toi, tu t'occuperas des femmes, du cheptel. Tu auras peut-être à donner du tien, à payer de ta personne... au début, et seulement pour les grandes occasions... (Il se recule, la jauge, lève un pouce enthousiaste :) ce serait quand même dommage de laisser perdre tout ça... Alors qu'est-ce que tu en dis ?

— Et Henri ? Mon fils ?

— Ah oui, j'oubliais de te dire : on l'emmène avec nous, par précaution, avec lui sous la main, je suis sûr que tu me joueras pas un sale tour. Evidemment, comme ton nouveau commerce n'est pas un cadre très convenable pour élever dignement un jeune homme tellement comme il faut, nous le bouclerons dans une boîte de curetons. Dans quelques années, ils nous rendront un joli petit abbé. Pas de problème, l'évêque est un de nos bons clients, chut ! il est de ceux qui passent par la porte dérobée... Alors qu'est-ce que tu dis, c'est pas bien combiné, aux petits oignons ?

Clémence l'a écouté sans rien manifester, affichant son petit sourire particulier qui ne veut rien dire. Comme il insiste :

— Alors, pressons, j'ai une réponse à donner, et ton fric à envoyer...

— Et si je refuse ?

— Tu ne peux pas. J'ai trois atouts maîtres, et un seul suffirait... Primo : je suis ton mari, tu dois me suivre partout et en tout, j'ai la loi pour moi : articles 144 à 228 du Code civil : le mari a autorité pour tout sur l'épouse et les enfants ! Je peux même faire marcher les gendarmes contre toi. (Il pouffe brièvement :) Les bourres à mes ordres, non, ce serait trop rigolo !... Ensuite, et c'est le plus fort, je te tiens par ton moujingue... enfin en dernier recours, y a ça ! Je m'en suis procuré un autre plus moderne et plus rapide...

Il écarte son vieil imperméable, révélant la crosse d'un browning. Il s'est campé, attendant, sûr de lui. Elle reste de marbre, engoncée dans ses réflexions. Il attend, répétant des phrases de consolation :

— De toute façon, tu es coincée... Voyons, tu devrais être contente d'échapper à cette vie monotone dans ce bled minable. Ce n'était pour toi, voyons !... qu'une étape. Tu te souviens comme tu me racontais !... que tu étais fière déjà d'être descendue de tes caillasses préhistoriques, eh ben... tu vas arriver enfin au niveau de la mer... Tu vas mener la grande vie ! Marseille est une ville fabuleuse... je te jure : c'est l'Amérique !

— Viens, Jocelyn, faisons quelques pas tous les deux...

Ravi, son mari lui prend le bras gauche. Ils marchent lentement le long de la barrière du puits.

Il murmure :

— Tu vas voir la belle équipe qu'on va former, on va bien s'entendre, ma poulette...

A ce dernier mot, la Banquise se dégage et, presque sans se baisser, saisit dans la berline rouillée vers laquelle elle a entraîné son époux le manche de pioche qu'elle y avait caché. Elle fait une torsion sur sa hanche vers l'arrière, donnant ainsi un élan formidable à son arme favorite et l'abat de toutes ses forces sur la face de Van Khyse, lui brisant le nez, lui sortant l'œil droit. Avec un grand cri, il porte ses deux mains sur son visage meurtri, se penche en avant, alors d'un deuxième coup plus terrible encore que le premier, elle l'achève en lui brisant la nuque.

La Banquise respire deux ou trois fois en rejetant les coudes vers l'arrière, mains sur les hanches. Elle recommence plusieurs fois ces mouvements comme un sportif après l'effort.

Enfin rassérénée, elle va déplacer plusieurs des planches qui obstruent le puits. Après s'être assurée que les mouvements spasmodiques du corps ont cessé, elle traîne avec des « han ! » le cadavre vers le trou dans lequel elle le fait glisser. Elle tend l'oreille pour surveiller la chute jusqu'au choc final, si lointain qu'elle l'entend à peine. Elle va chercher le chapeau noir auquel elle fait prendre le même chemin. Ensuite, elle inspecte minutieusement les lieux, aperçoit le revolver, qui est tombé lorsqu'elle a tiré le cadavre, hésite un instant, puis, en fin de compte, va le jeter aussi dans le puits. Elle couvre de poussière trois taches de sang. Elle essuie avec des feuilles le manche de pioche qu'elle prend sous son bras et se dirige vers le sentier, toute dorée par le soleil couchant qui fait flamboyer sa chevelure.

Dans les années trente, la Rayonne finit de ruiner la sériciculture cévenole. Une à une, les filatures mirent la clé sous la porte. Non seulement il n'était plus question de faire venir des fileuses d'Italie ou d'Espagne, mais les jeunes Cévenoles elles-mêmes n'eurent plus la possibilité de gagner leur trousseau de mariage en dévidant les cocons. Les filles les plus pauvres se résolurent à demander de l'embauche à la Compagnie des Houillères. C'étaient surtout des enfants de mineurs surchargés de famille, souvent Polonais immigrés, Italiens antifascistes ou Espagnols républicains. Les Houillères ne les employaient pas au fond mais en surface, sur « la place », au triage du charbon, on les nommait « trieuses » ou encore «placières». Debout huit heures par jour devant le tapis roulant, elles retiraient les pierres du fleuve de charbon qui coulait sous leurs yeux attentifs. Travail harassant, salissant et malsain. Vêtues de noir de la tête aux pieds, foulard, blouse serrée aux poignets, pantalons grossiers serrés aux chevilles, elles n'arrivaient quand même pas à se protéger de la poussière de charbon qui parvenait à s'insinuer jusqu'au plus secret de leur intimité. Mal payées, elles vivaient sous la menace des amendes qui pleuvaient pour chaque caillou oublié. Sans parler des mains baladeuses du contremaître, s'arrogeant un droit de cuissage sur les moins rebelles.

Elles rentraient au village par petits groupes en chantonnant, silhouettes endeuillées dans le crépuscule. La toilette posait un problème quotidien. Les Houillères n'avaient pas fait les frais de douches. Arrivées chez elles, l'unique lessiveuse était mobilisée par le père et les frères rentrés aussi noirs qu'elles. Il fallait qu'elles se débrouillent avec les récipients, l'eau chaude... et la pudeur dans l'étroit logis. L'été, elles se lavaient dans un recoin bien caché de la rivière, à trois ou quatre copines pour rire, s'éclabousser, se rouler dans le courant, car rien ne pouvait entamer leur vitalité quand elles étaient en groupe.

Anna Kandinski préférait le décrassage solitaire.

Henri Van Khyse pêchait, rencogné dans un fourré, soigneusement dissimulé, invisible et absolument silencieux. La pêche qu'il pratiquait exigeait ces précautions de Sioux. Il faisait trembler la sauterelle à la surface de l'eau et la truite remontait vivement du fond pour l'avaler, mais au moindre bruit, elle donnait un coup de queue et on ne la revoyait plus. Cette méthode angoissante mais exaltante se nommait «la pêche à la pipée» ou «dandinette». Il guettait en retenant son souffle une grosse fario qui s'approchait de l'appât, quand elle s'enfuit vivement par la faute de quelqu'un qui arrivait en pataugeant à grands remous et en chantant.

Henri frissonna de fureur. Ecœuré, il vit apparaître un être sans sexe, noir, dépenaillé, puis il distingua, en guise de visage, une boule de suie éclairée par des yeux très bleus qui paraissaient immenses et par une bouche comme une blessure ensanglantée. Une trieuse… Sur sa tête emmitouflée dans le foulard charbonneux, elle portait comme un turban son rechange propre. Henri restait aussi immobile que s'il avait eu affaire à une truite.

Anna Kandinski se déshabilla, plaça ses vêtements souillés sous une grosse pierre afin que le courant ne les emporte pas. Puis elle se rendit vers un trou d'eau et plongea, et replongea, cabriolant, riant toute seule comme une folle. Enfin, elle alla chercher sous un caillou du rivage un cube de savon de Marseille qu'elle y avait caché et commença debout, jambes écartées, un décrassage minutieux. Après chaque savonnage, toute moussue, elle plongeait pour se rincer. Elle curait et récurait le moindre repli de sa peau, prenant son temps pour fignoler sa toilette. Après un double shampooing, toujours au savon de Marseille, elle se secoua la tête : elle était blonde, d'un blond très clair, argenté. Peu à peu se révélait ainsi une nudité d'une blancheur que faisaient ressortir tous les verts du feuillage et de l'eau. Quand elle se jugea parfaitement propre, elle s'étira, magnifique, dans la splendeur de sa nubilité. Elle avait seize ans, elle était *La Source*, le tableau d'Ingres reproduit dans le *Larousse* et devant lequel Henri aimait se masturber. Une beauté de la mer jaillie de sa coquille noire comme la *Vénus* de Botticelli, autre support érotique d'Henri. Elle était ruisselante et les derniers rayons du soleil la vêtaient de diamants éphémères. Puis elle entreprit la lessive de ses vêtements qui lâchaient dans le courant des filaments noirâtres. Elle s'était accroupie, tournant le dos au garçon qui admirait ses fesses, et cherchait à distinguer quelque chose dans l'ombre, au-dessous, quand elle se penchait le nez au ras de l'eau pour rincer ses frusques à la volée…

C'est alors qu'Henri perdit pied. Il glissa le long du talus, froissant le fourré qui l'avait si bien dissimulé jusqu'à présent. Il se retrouva assis dans les trente centimètres d'eau où la truite n'était pas près de revenir. Il restait là tout bête, sa canne à pêche toujours brandie.

Anna Kandinski se retourna pour le contempler, nullement fâchée. Elle se campa, jambes écartées, puis un fou rire la courba, les mains sur les genoux :

— Ah ! *Gaminas* ! *palamar*, va, tu te rinces l'œil, vi... vi... vicieux... (elle hoquetait, bouillante d'hilarité) tu vas voir ! tu vas voir !...

Elle se précipita, se rua littéralement sur lui, presque à l'horizontale, comme l'eût fait un fauve. Le choc fut si violent qu'il fut renversé, la tête sous l'eau. Elle l'y plongea, l'y replongea, le tenant par les cheveux, il buvait tasse sur tasse... Elle avait une force de travailleuse manuelle, lui la mollesse intellectuelle. Mais il n'avait toujours pas lâché sa précieuse canne à pêche, qu'il arrivait à maintenir droite, même avec la tête sous l'eau. A part ça, il était sans réaction, tellement déconcerté ! Maintenant, elle l'insultait en polonais, et lui arracha ce maudit bambou qu'elle rejeta au loin derrière elle. Alors, de ses deux mains enfin libérées, toujours le cul dans l'eau, Henri attrapa les seins d'Anna... Elle s'immobilisa, agenouillée dans le courant, elle leva les yeux, les ferma et se mit à roucouler : « Continue, c'est bon : j'adore ça... tu me rends folle... »

Ainsi encouragé, il lui caressa les seins lentement en tournant autour des aréoles, puis il se mit à mordiller les pointes qui se dressaient. Agenouillée entre ses cuisses, tout en gardant la tête levée au ciel, Anna entreprit de défaire la braguette du garçon, ce qui n'était pas une mince affaire car les boutons étaient coincés dans l'étoffe rétrécie par l'eau.

Pour Henri, c'était nouveau. Il avait bien furtivement touché la poitrine des sœurs de Manole ou de leurs copines, mais c'était par-dessus le pull-over.

Il se laissait faire, fermait les yeux mais par timidité, lui, pour ne pas voir qu'arrivée à ses fins, elle se penchait pour le prendre dans sa bouche, comme ça : sous l'eau ! Toujours assis dans la rivière, il se renversait en arrière. Il avait lâché les seins pour s'appuyer des mains, les bras raidis, les épaules soulevées contre les oreilles. Elle avait des poumons de championne olympique, ce n'est que toutes les minutes qu'elle ressortait une seconde la tête pour prendre une profonde inspiration avant de retomber avec un cri glouton pour reprendre sa caresse en apnée.

Henri Van Khyse poussa un cri tel qu'il fit s'envoler un geai dont le caquètement semblait la protestation offusquée d'une commère. Anna se pourléchait les babines, murmurant : « Faut rien laisser perdre... » Henri n'osa pas comprendre, il était dépassé.

Il ne savait plus que faire, n'osait pas la regarder franchement, il l'épiait à la dérobée, les paupières mi-closes. Elle se séchait avec une vieille serviette éponge, dénouait le ballot de son rechange, revêtait une chemisette rose sous laquelle dardaient librement ses jolis petits seins. Levant une jambe puis l'autre, elle enfila une culotte blanche très usagée, un peu flasque, puis un jupon de pilou d'un bleu passé.

— Alors qu'est-ce que tu attends ?... Allez, debout, grand *vergougnous*... Regardez-moi ça ! ça dégouline de partout... Dis donc, tu attends pas que je te reboutonne la braguette, j'ai eu assez de mal à la défaire... Approche que je t'essuie un peu le *mourre*, mon bébé ! tu as l'habitude qu'on s'occupe de ta petite personne... Voilà, et ta canne à pêche, tu l'abandonnes, tu avais pourtant l'air d'y tenir comme à la prunelle de tes yeux...

Déjà, elle remontait vers le sentier. Il alla chercher son panier d'osier resté dans sa cachette, et dut courir pour la rattraper. Dans ses bonds, il semait des gouttes.

— Dis... on va pas se quitter comme ça... bafouilla-t-il.

Elle éclata de rire :

— Et pourquoi non ? On n'est pas mariés que je sache...

— Mais on se reverra, dis : c'est bien toi, Anna, une des sœurs Kandinski ?

— Se revoir ? Bah... qui vivra verra. Dis donc, petit

salopiot, tu y as déjà pris goût... Rien ne dit que tu y auras droit la prochaine fois... Aujourd'hui, c'était gala... Je suis dans ma semaine de bonté...

— Moi, c'est Henri...

— On sait, tu es le grand *bédigaz* de la Banquise, le chouchou à sa mémère... alors comme ça, elle te laisse sortir seul maintenant ! C'est là que nos chemins se séparent, adieu, *pétoulet* !

— Attends, tiens, prends ça !

Il lui tendit noblement la seule truite qu'il avait pêchée dans toute son après-midi.

Elle hésita un instant, puis :

— D'accord, elle est pas terrible... Enfin... à la maison, je dirai que je l'ai attrapée à la main.

Il la regarda partir dans le sentier, de sa démarche dansante, tenant la truite de son index passé dans la gueule. Il restait figé, admiratif, il ne savait que marmonner : « Ben alors, ça ! ça, alors... »

Le soleil est presque couché. A l'embouchure de la ruelle principale, se croisent deux routes. Sur l'une débouche Clémence, son manche de pioche à la main, qui revient du puits. Elle s'arrête tout d'un coup et un sourire apparaît sur son visage marqué par ce qu'elle vient de faire. Elle regarde son fils qui arrive sur l'autre route, l'air joyeux, la canne à pêche à la main, les habits encore trempés. Dès qu'il approche, elle secoue la tête d'un air navré.

— Mais tu n'as pas fini de faire l'imbécile dans la rivière ? Un jour, mon fils, tu tomberas sur une pierre, tu te fendras le crâne, tu te noieras, la rivière t'emportera, dans le Rhône et puis dans la mer ! et moi, ta mère, qu'est-ce que je deviendrai ?

Henri répond, en souriant tendrement :

— Eh bien tu viendras me rejoindre, nous serons deux beaux dauphins et nous nagerons ensemble, et... (chantant) «… Nous y serons heureux jusqu'à la fin du monde lon la… jusqu'à la fin du monde!»

— En attendant la fin du monde, tu vas m'attraper froid…

Elle lui saisit la main en lançant un autoritaire :

— Allez, viens vite te changer!

Mais Henri se dégage et lui prend la taille en riant.

— Regarde, maman, je suis plus grand que toi maintenant…

Clémence, un instant surprise, sourit à son tour.

— Allez, viens, *despindjo-figuo*…

Henri l'entraîne sans lâcher sa taille, alors Clémence se blottit contre lui. Le corsage plaqué sur les seins les montre comme s'ils étaient nus.

Henri s'écarte brusquement…

Mais, soudain, elle le saisit aux épaules, et le tient fermement :

— Dis donc, toi! regarde-moi donc dans les yeux : il t'est arrivé quelque chose de bien plus grave qu'une trempette… Tu as changé d'un coup… Mais regarde-moi donc!

D'une violente secousse, il lui échappe, il court pour monter quatre à quatre l'escalier et s'enfermer dans sa chambre, pour être seul, pour ne pas se trahir, et surtout pour se repasser, les yeux fermés, ce moment dans la rivière.

Henri et Manole s'étaient liés d'amitié avec des nouveaux lycéens, notamment un Parisien, un vrai de vrai de Paname : David Silberstein.

Les Silberstein avaient résolu d'attendre la fin de la guerre à Alès. Ils avaient loué trois pièces sur le quai Jean-Jaurès, loué aussi un piano sur lequel le père, la mère, la fille aînée Esther, vingt ans, David et son petit frère Ephraïm, huit ans, étaient capables d'interpréter des morceaux à leur portée. Cette famille vivait de musiques. Le père composait, il dirigeait l'orchestre de chambre de Radio-Cité avant la débâcle. Ils devaient avoir pas mal d'économies car ils n'avaient pas l'air de se faire beaucoup de soucis pour tenir jusqu'à la paix. Il est vrai que, dans leur logis exigu, ils menaient un train modeste, si discrets qu'on aurait dit qu'ils voulaient se faire oublier.

Après bien des réticences, Manole avait consenti à apporter son instrument. Il n'osait pas, lui, l'autodidacte, le violoneux d'instinct, qui ne savait pas lire les notes, jouer devant cette famille de musiciens classiques, connaissant leur solfège sur le bout des doigts qui couraient seuls sur le clavier, tandis que les yeux ne quittaient pas la partition. Les Silberstein l'écoutèrent avec un tel respect qu'il se laissa aller, après d'assez sages imitations de Grappelli et encouragé par l'admiration sincère qu'il ressentait de la part de ces gens abonnés des grands concerts classiques, à ses plus folles improvisations sur le

Clair de Lune de Werther par exemple. Cette famille de connaisseurs d'abord éberluée, loin de juger le traitement de Manole iconoclaste, savourait le charme juvénile de ces divagations de feu de camp. Ils en redemandèrent encore et encore, ce fut une soirée rare, et papa Silberstein, le grand musicologue, disait : « Nous sommes trop raffinés, nous avons beaucoup à apprendre des Gitans ! »

Henri était tombé amoureux d'Esther, la sœur aînée de David Silberstein, une grande brune aux yeux verts en amande, aux lèvres épaisses et aux dents éclatantes. Elle avait bien trois ans de plus que lui, ce qui l'intimidait, alors il lui composait des poèmes. Il osait même lui en réciter un bout de temps en temps quand il la trouvait seule au piano :

> « Esther si fière,
> cet air sévère
> me désespère,
> moi, ma chère,
> qui vous révère... »

Indulgente, elle le priait de reprendre, l'accompagnait au piano, proclamant : « Paroles d'Henri Van Khyse, musique d'Esther Silberstein ! »

Au cinquième verset, elle tolérait un baiser derrière l'oreille.

— Assez ! Voyons, Riquet !

Elle seule l'appelait Riquet, diminutif narquois qui donnait des frissons au jeune Cévenol, lequel n'ayant aucun désir pressant de la prude Esther, jouait en virtuose de l'amour platonique. Pour le reste, une fois par quinzaine environ, à Bouscassel, il retrouvait Anna Kandinski, la trieuse qui le changeait agréablement de ces bêcheuses d'étudiantes alésiennes...

La Banquise permit à son fils d'inviter ses deux amis à passer un dimanche à Bouscassel. C'était sans doute pour les jauger. Dûment chapitrés par Henri, ils se conduisirent si correctement qu'elle fut conquise, ce qui facilita encore l'indépendance croissante du fils vis-à-vis de sa mère.

La Banquise s'était préparée pour la première réception de sa vie. Elle avait, selon sa propre expression, mis les petits plats dans les grands. Pour commencer un des fameux saucissons de la Rumeur, une oie du Pacoulin garnie aux châtaignes comme plat de résistance, des *flèques*, pommes de terre sautées à la cévenole, des pélardons de la Gonflette et des raisins à volonté provenant du mas des Delpuis, les parents du Pétronille. Elle avait fait des prodiges pour se procurer toutes ces bonnes choses en ces temps de restrictions et elle se régalait à contempler les trois adolescents s'empiffrer avec des gloussements reconnaissants. Surtout que son Riri tenait le crachoir, il régnait véritablement sur Manole et David, il était brillant, c'était reconnu.

Le trio pourtant ne parlait pas d'une seule voix. S'ils s'entendaient pour prôner une France libre et forte, exemplaire, ils divergeaient fortement sur les moyens d'y parvenir. Pour Henri, ce serait la tâche d'une élite d'acier, pour Manole, le combat de tout un peuple en armes, pour David, le doux David, une France meilleure ne pourrait se faire que par l'éducation, l'intelligence, par l'amour au sens biblique de ce mot galvaudé.

— On croirait entendre notre Counifle... raillait Henri avec un clin d'œil complice à sa mère.

— En somme, proposait Manole, libération et révolution ont besoin de nous trois : la force, les masses et l'intelligence. Le combattant, le politique et le... le penseur...

Le trio s'érigeait aussitôt en triumvirat, prenant le destin national en compte. Ils proposaient des réformes, des programmes, des mesures...

La Banquise ne disait mot, elle trouvait ce jeu charmant, et inoffensif. Avec son solide bon sens, elle était frappée par le caractère plutôt pittoresque de ces discussions, où les uniformes, les slogans, les gestes, censés régler des problèmes militaires et économiques, scintillaient, crépitaient et fondaient comme des grêlons. Elle entendait tout ça comme une agréable rumeur pleine de poésie et de musique. Car ils chantaient, n'importe quoi leur amenait un refrain aux lèvres, qu'ils reprenaient en chœur, à la rigolade ou la larme à l'œil, le *No Pasarán*, *Viens Poupoule*, ou *La Lettre à Elise*... Chants des sierras en guerre, du pavé de Paname ou du Conservatoire... Ils s'arrêtaient soudain tous les trois en même temps au milieu d'un couplet pour un jeu de mots... ou une guêpe attirée par les raisins. Ils avaient bu de ce petit vin de Clinton, produit local, qui ne titrait pas dix degrés, et se buvait comme un jus de fruits râpeux. Au dessert, les trois gamins se sentaient vainqueurs, tout prêts à se partager le monde. Ils savaient à présent de source sûre que l'avenir leur appartenait. La Banquise buvait aussi, pour en être, elle était ravie.

En se levant de table, ils éprouvèrent le besoin de marcher un peu, pour faire descendre tout ça, pour « ensacher les noix ». Alors, Henri Van Khyse fit à ses deux copains les honneurs de son village. Les vendanges étaient terminées, il traînait dans les ruelles une pesante odeur de moût. Sur la placette, l'alambic fonctionnait encore dans la nuit qui tombait à peine, pour profiter de son feu jusqu'au bout. Quelques soiffards attendaient pour apprécier la goutte. Le trio dut passer devant les filles de Bouscassel alignées sur la murette sous les mûriers, et subir leurs lazzis étouffés et leurs fous rires incompréhensibles.

Ils ne purent éviter le pasteur et sa mère qui prenaient le frais sur le banc de pierre devant le temple, et s'en dépêtrèrent non sans peine, nantis de versets bibliques sur les sœurs Ohola et Oholiba, deux débauchées, en réalité Samarie et Jérusalem, mais que les trois garçons prirent pour des sacrées putes :

— ... « Elles se sont prostituées dans leur jeunesse », avait psalmodié le Counifle, sans bégayer mais en toussant dans la fumée de la pipe maternelle, « là, leurs mamelles ont été pressées, là, leur sein virginal a été touché... Oholiba fut la plus déréglée... Et les enfants de Babylone se rendirent auprès d'elle pour partager le lit de leurs amours, et ils la souillèrent de leurs prostitutions... » Ezéchiel, XXIII, 3 à 17.

Les trois garçons avaient essuyé le prône improvisé, raidis dans une attention réelle. « Si c'est ça votre Bible, soufflait Manole, on s'y ennuie pas trop... »

Riant sous cape, ils reprirent leur lente promenade, emportant la Parole vengeresse du prophète des exilés de Babylone, à l'instar des clients fortunés des sœurs prostituées : « Enfants de l'Assyrie, nobles, princes et seigneurs, jeunes et charmants, tous montés sur des chevaux, qui marchent avec des armes, des chars et des roues... » (Ibid., XXIII, 23)

Le passage du lycéen de la Banquise était salué avec sympathie et curiosité, à croire qu'il était bien devenu le petit prince de Bouscassel.

Manole et David disposaient de paillasses dans le grenier, mais Henri resta une bonne partie de la nuit à veiller avec ses deux copains avant de regagner sa chambre. De son lit, Clémence les entendait parler, rire, et fredonner. La Banquise en souriait toute seule. Elle fit semblant de dormir quand son fils traversa sa chambre sur la pointe des pieds pour aller se coucher dans la sienne, aux premières lueurs de l'aube.

Ce dimanche matin-là, Henri Van Khyse et ses deux amis grimpèrent sur le mont Lozère pour saluer non seulement Paco mais aussi Sébastien et Julio, deux autres cousins de Manole, républicains réfugiés qui travaillaient dans le camp de bûcherons depuis son installation. Après un séjour dans le camp « de regroupement » du Barcarès, l'Etat français les employait à faire du charbon de bois pour un salaire de misère, mais, enfin, ils jouissaient d'une paix relative sur ces hauteurs où les gendarmes ne montaient jamais.

Ils étaient arrivés à une douzaine, le premier hiver,

quatre étaient morts de froid, de faim et de dysenterie. Leurs tombes étaient là, quatre tertres qui s'effaçaient dans la terre au fil des mois, avec, en guise de croix, la Faucille et le Marteau sculptés dans du châtaignier. Les huit survivants étaient devenus des forces de la nature. On aurait dit que leurs bras s'étaient allongés, que leurs pognes étaient devenues démesurées tant ils ressemblaient, velus et voûtés, à de bienveillants gorilles.

Ils s'étaient au fil des mois construit un véritable petit hameau de cabanes habilement bricolées en troncs de pin autour d'une place sur laquelle un panneau, présentant un journal mural, était surmonté de deux mâts, l'un pour le drapeau de la République espagnole, l'autre pour les couleurs de la française.

Les trois jeunes gens reçurent là leur première leçon révolutionnaire. D'abord, ils se rendirent compte que le bonhomme Paco avait pris un ascendant indiscuté sur ses herculéens compagnons, il suffisait de voir qu'à son approche, instinctivement ils se levaient, et, sans vraiment se mettre au garde-à-vous, ils attendaient visiblement ses ordres. C'est sans doute depuis son arrivée que le campement des bûcherons avait pris un air militaire. Il n'y avait pas d'armes apparentes mais on comprenait qu'il ne manquait qu'elles et qu'elles ne manqueraient plus longtemps.

Les garçons reçurent un accueil chaleureux et pas seulement parce qu'ils avaient apporté les journaux : « C'est ce qui peut leur faire le plus plaisir », avait dit Manole. Effectivement, les bûcherons se jetèrent sur les nouvelles. Leurs commentaires étaient farouches. Le maréchal Pétain n'était qu'un complice de Franco. Après le peuple espagnol, le français connaissait à son tour la trahison, la débâcle et le joug fasciste. Les militaires n'étaient bons à rien, seule l'Armée rouge avec l'appui des prolétaires en armes de tous les pays pourrait tirer l'Europe de l'asservissement nazi.

Les trois garçons enflammés par ces propos dont ils ne retenaient que les mots ronflants, dévalèrent les *rancarèdes* du Lozère, bondissant à la façon des Sioux attaquant la diligence. Ils arrivèrent pour prendre au vol le dernier train à Saint-Jean-du-Val.

Un mardi soir, arrivant chez Manole en sortant du lycée, Henri trouva la famille atterrée : le père venait d'être emmené on ne savait où par des policiers en civil. Il se mit aussitôt à la disposition de ses hôtes.

— Rien de changé pour toi, lui affirma son copain qui, étant le fils et l'aîné, assumait tout naturellement les prérogatives du père...

Henri comprit qu'ils auraient de plus en plus besoin de l'argent que la Banquise leur versait chaque mois pour sa pension. Le mécanicien du Pré-Rasclaux, chez lequel Manole se faisait quelques sous après l'école, avait fermé boutique faute de voitures à réparer. D'ailleurs, Manole annonça vaillamment qu'il devait quitter l'école pratique, où il étudiait le métier d'ajusteur, pour se faire embaucher à la mine, à la place de son père. Les deux amis ne se verraient presque plus. Effectivement, Manole rentrait à bout de forces et, après un pénible décrassage, il tombait sur sa couche. Ses heures avaient beau correspondre à peu près avec celles du lycée, il n'avait plus le goût à s'amuser.

La situation s'aggravait insensiblement, les gens vivaient sous tension, leurs journées ponctuées de vagues angoisses. Henri commençait à pianoter, mais quand il frappait à la porte des Silberstein pour faire un peu de musique avec David, on hésitait à lui ouvrir, et on laissait voir une sorte de soulagement quand on le reconnaissait...

Après le débarquement des Alliés en Afrique du Nord, les Allemands franchirent la ligne de démarcation et occupèrent la zone réputée libre jusque-là. Les premières troupes du Reich prirent leurs quartiers en Alès. Ce n'étaient déjà plus les beaux athlètes de juin 40, il y avait dans le tas pas mal de quadragénaires las et d'adolescents encore bien tendres. Ils avaient réquisitionné l'école du Quai, sorti les bancs pour coucher à même le plancher. Ils faisaient de longues heures d'exercice dans la cour, partaient l'après-midi manœuvrer dans la campagne, rentraient crottés et fourbus au cœur de la nuit. Ils étaient réveillés en alerte trois heures après et devaient se présenter propres, cirés, impeccables, en carré, au garde-à-vous. Les Alésiens, les gosses surtout, étaient au spectacle. Les réputés guerriers ne faisaient plus beaucoup d'envieux...

Un camion leur livra des pots de peinture. Tous leurs véhicules furent grossièrement barbouillés de jaune et les croix gammées agrémentées d'un palmier au pochoir. Les hommes échangèrent leurs feldgrau pour des uniformes couleur sable.

Du coup, Henri Van Khyse abandonna ses bottes ainsi que toute allure martiale. Coutumier des embardées d'un extrême à l'autre, il vira au «zazou». Il faut dire qu'il allait beaucoup au cinéma. Il y avait quatre salles dans cette sous-préfecture, il voyait chaque semaine les quatre films, tout son argent de poche y passait. Dans *Mam'zelle Swing*, la jeune Irène de Trébert, vedette montante, dansait et chantait : «Je suis swing... zazou! zazou!...» Ce film musical, pourtant français, fut interdit par Vichy, soi-disant pour médiocrité. Il fit une impression profonde, sur les lycéens en particulier. On les rencontrait par petits groupes dans la rue d'Avéjan, à six heures du soir quand les filles sortaient des écoles ou du boulot, dansant d'un pied sur l'autre, agitant leur index sur la même cadence que la pétulante Irène dans le film interdit une semaine trop tard. La tête de la Banquise!... quand elle vit se pointer à la place du gaillard bombant le torse qui l'avait quittée quinze jours avant un vibrionnant éphèbe, la chevelure gominée en haute brosse, le col serré par une cravate filiforme, nageant dans un veston beaucoup trop grand pour lui, chaussé de souliers à semelles de bois! Bouscassel n'en revenait pas...

Exalté, le dandy new fashion exposa devant sa mère

assez réticente que la véritable attitude des vrais patriotes, des « gaullistes », c'était de se montrer le plus britannique possible dans la tenue, la musique, les gestes, au nez et à la barbe de l'occupant nazi ! Il avoua que ses nippes provenaient des greniers de copains et avaient été rafistolées et mises tant bien que mal au goût du jour par les copines.

— Manole en est ? demanda sa mère.

— Oh lui, tu sais, sorti de la mine... et puis c'est pas bien le moment d'attirer des ennuis à sa famille...

« Tandis que moi, ça n'a pas d'importance... » pensa-t-elle, mais elle n'en dit rien pour ne pas décourager les confidences de son petit.

Il rapportait que, dans les cinémas, lorsque Laval l'Auvergnat osait proclamer : « Je souhaite la victoire de l'Allemagne... », le public debout le huait et l'insultait sans fin, tant et si bien que les autorités avaient donné l'ordre de rallumer les salles pendant les actualités, et il y avait toujours un flic ou deux dans le fond...

Cependant, la Banquise ruminait « les copains... les copines... les cinémas... »

— Et le lycée, tu me racontes pas ce qui s'y passe ?

Henri Van Khyse était tellement sûr de lui, et de sa mère, qu'il était franc. Les études ? ni les lycéens ni même les profs n'avaient la tête à ça ! au point qu'on pouvait sécher les cours, on perdait rien de rien. Tout le monde attendait la fin de la guerre, la victoire qu'on sentait toute proche, pour reprendre ses manuels qui semblaient maintenant tellement dérisoires au regard des événements que l'on vivait : à quoi bon bûcher l'histoire dans le Malet et Isaac quand on est en train de la vivre...

Le dimanche suivant, à la fin du repas en tête à tête toujours un peu solennel, Clémence, regardant son fils les yeux dans les yeux, lui annonça :

— Henri, il faut que nous parlions sérieusement.

Elle ne l'appelait jamais par son prénom officiel, c'était donc grave, il craignait le pire, par exemple, qu'elle lui ait préparé un nouveau plan pour l'année scolaire. Elle connaissait la situation dans la sous-préfecture où police et troupes d'occupation exerçaient des contrôles fréquents, recherchant les plus de dix-huit ans pour les envoyer travailler en usine à Berlin sous les bombardements massifs des Alliés. « Et moi qui lui ai avoué qu'on ne foutait plus rien au lycée... » Sa mère normalement ne verrait pas de raison pour qu'il reste à Alès... Le ton grave de Clémence le glaçait car il craignait sa mère.

— Henri, ce dont je voudrais te parler... c'est un peu gênant entre une mère et son fils... Il s'agit de tes affaires de cœur...

Ouf ! c'était pas le pire. Retrouvant son sourire de bon petit, il murmura mielleusement :

— Je t'en prie, maman, il ne peut pas y avoir de secrets entre nous !

— Bon... je vais droit au but : tu t'es mis à fréquenter la petite Kandinski... Ne dis pas non, on vous a vus ! Le Clouque raconte même avec force détails qu'avec elle, tu avais l'air de prendre ton futur métier de médecin au sérieux...

— Je ne le nie pas, je suis simplement surpris qu'un voyeur besogneux ait eu le culot de moucharder à ma mère, sans que la Banquise réagisse, car je n'ai pas entendu dire qu'il y ait eu récemment un coup de manche de pioche punitif... Cela dit, maman, qu'est-ce que tu as contre Anna ?

— J'ai que... j'ai que ces Kandinski, c'est pas des gens pour nous, voilà tout.

— Tu pourrais pas préciser un peu, maman... (Il avait parfaitement compris.)

— Henri, je t'en prie, ne fais pas l'âne pour avoir du son... Enfin, puisque tu insistes, je vais te mettre les points sur les i... cette petite n'est qu'une trieuse polaque... ça te suffit pas ? Tu te vois, docteur Van Khyse affligé pour la vie d'une épouse pareille ?

— Mais, maman, pourquoi tu te mets martel en tête... d'abord y a rien de sérieux entre moi et cette... « trieuse polaque» comme tu dis... (Il éclata de rire :) il est bien question d'épouser ! Mais, maman, Anna, c'est juste pour m'amuser.

— Ah !... bon.

— Ensuite, si ça doit te rassurer... je te dirais que je suis amoureux, sérieusement, d'une fille d'Alès, une étudiante, une jeune fille très bien...

— Admettons. Cette demoiselle ne serait-elle pas par hasard une fille de médecin, ou d'avocat... ?

Henri hésita, lâcha le prénom à regret... puis devant les yeux ronds de la Banquise, il se força à livrer le patronyme :

— Elle s'appelle Esther... Esther Silberstein... mais tu connais son frère, David, il est venu passer un dimanche ici, souviens-toi, maman, tu l'avais trouvé charmant...

La Banquise s'était dressée, comme malgré elle ces mots sortirent tout seuls de sa bouche :

— Mais ce sont des Juifs !

— Et alors ?

Elle se calma, se rassit, et expliqua lentement en choisissant ses mots :

— Ecoute, mon Riri, je ne t'ai jamais dit du mal des Juifs, moi, et d'ailleurs j'ai jamais rien eu contre cette race. Au contraire, depuis mon enfance, j'ai toujours entendu le pasteur et les gens de notre religion en avoir plein la bouche, des Juifs... «le peuple de l'Eternel... Moïse... Jéhovah... la race élue...» et tout le saint-frusquin... C'est te dire que je leur souhaite pas de mal, au contraire, mais c'est pas moi qui décide. Leur avenir est pour le moins incertain... J'ai très peur, mon petit, que tu te prépares pour bientôt ton premier grand chagrin d'amour... Enfin j'espère que vous n'avez pas déjà fait des choses graves, des bêtises irrémédiables... ?»

— Pour ça, tu peux être tranquille, c'est une personne très distante, à peine si on se fait la bise sur la joue. C'est un amour très pur, maman... (Devant son air sceptique, il ajouta maladroitement :) Je lui fais des poèmes, c'est tout ce que je lui fais... Tu veux que je t'en récite un ?

— Pas maintenant, j'ai pas le temps, j'y connais rien,

et puis tu n'as pas l'air de saisir que je te parle de choses sérieuses, de ton avenir… Quand tu seras… quelque chose… de beau, de grand, dont ta mère sera fière, faudrait pas que tu sois affligé d'une épouse qui te fasse honte… ou que tu traînes une petite nature, une maladive… Il paraît que ces Juifs (je leur veux pas de mal, je te le répète), je me suis laissé dire qu'ils n'ont pas de santé… Que leur race trimbale depuis Ponce Pilate toutes sortes de maladies… héréditaires… rédhibitoires… ils sont toujours *trassettes*… Je t'en dis pas plus mais j'espère que cette… affaire va se terminer… naturellement, sans peut-être même que tu y sois pour rien… et sans que tu laisses trop de plumes dans cette histoire.

Henri Van Khyse restait bouche bée, il n'osait pas comprendre. Quand sa mère vit la tête qu'il faisait, elle s'alarma, elle se leva, vint le prendre dans ses bras, et comme pour passer d'un sujet triste à un propos plus souriant, elle lui demanda plaisamment :

— Alors, avec cette petite Anna c'est pas du tout sérieux ?

Il rétorqua avec irritation en se dégageant de l'étreinte trop maternelle :

— Mais non, maman ! c'est juste pour s'amuser.

— Ah, bon ! je respire, c'est juste pour s'amuser, la trieuse… tu me le jures ?

Soudain, une nouvelle angoisse, inattendue, tomba sur la Banquise, elle demanda d'une voix rauque :

— J'espère que vous prenez des précautions, toi et ta Polonaise… Y aurait de quoi compromettre ton avenir pour un bout de temps ; sans compter qu'avec ces gens y a pas d'arrangements à espérer… et puis… et puis… (Elle pensait soudain au pire :) y a les sales maladies…

Henri se leva d'un bond et sortit en courant, vers la rivière, à la recherche d'un peu d'air, et de fraîcheur.

Manole n'était plus le même, en cinq mois, la mine l'avait vieilli. Maigri, voûté, il avait déjà pris les habitudes

des hommes du fond, par exemple : s'asseoir sur les talons, seule position pour se reposer dans ces galeries d'avancée si basses de plafond que des ouvriers jeunes et de petit gabarit y travaillent à genoux, avec le pic à manche court. Il avait décollé, son visage s'était creusé, marqué de quelques fines rides et de ces tatouages bleus, indélébiles, avec lesquels le charbon stigmatise la moindre écorchure. Ses yeux paraissaient maquillés, tant le noir résiste aux savonnages répétés chaque jour. Ses bras si las traînaient le long de son corps.

Ils étaient assis par terre, au pied de la fenêtre ouverte de leur chambre, sur la terrasse commune au troisième étage de la cité des Houillères. Des gosses se poursuivaient, sautant à pieds joints par-dessus les jambes d'Henri. Penchée à quelques mètres d'eux, une mamma italienne poursuivait une discussion à propos d'oreillons avec deux autres mères appuyées des reins sur la rampe du second, la nuque et l'échine dans le vide pour ne pas perdre de vue la voisine du dessus. Au quatrième, on lavait sur le balcon des enfants qui piaillaient, et de temps en temps des gouttes d'eau tombaient devant les deux amis, scintillant dans le dernier soleil de cette fin d'après-midi de printemps agréable malgré les nuées qui chapeautaient le mont Lozère, annonçant un gros orage.

— Joue-moi quelque chose, fit Henri impressionné, en lui apportant son violon.

Manole fit non de la tête et pour toute explication souleva sa main gauche : elle avait gonflé, la paume et l'intérieur des doigts raidis par le cal restaient comme soudés pour garder la forme de l'outil. Il prit quand même le violon, négligemment, et sa main forçant pour se refermer sur le manche, accrocha les cordes. A leur contact, la corne des doigts tira de pauvres bruits qui n'étaient même pas des sons.

Voyant l'air désolé d'Henri, le petit musicien andalou dit avec un sourire qui se voulait courageux :

— Faut pas s'en faire : dès que j'aurai un peu récupéré, je me mettrai à la trompette. C'est joli, tu sais, la trompette… On peut en jouer tant qu'on n'est pas silicosé à quatre-vingts pour cent…

Les lundis matin, pour aller au lycée, Henri aimait prendre le chemin des écoliers. C'était le jour du marché. Certes, il n'y avait plus comme jadis (« jadis ! », c'est-à-dire voilà deux ou trois ans !) les étalages des paysans qui descendaient de la montagne pour vendre aux femmes des mineurs leurs légumes, leurs fruits, leurs charcuteries et leurs fromages de chèvre. Ils ne prenaient plus cette peine, ils attendaient de pied ferme dans leurs mas les citadins affamés qui montaient se ravitailler à grand prix, ou par un subtil système de troc : une paire de chaussures neuves contre un saucisson ou un mois de tickets de textile contre une douzaine de pélardons. Pétain avait gagné sur un point : les paysans tenaient le haut du pavé. Les étalages appétissants de jadis donc étaient remplacés par une sorte de marché aux puces de gens réduits à se séparer du peu de vendable qui leur restait. Pauvres objets familiers offerts sur une couverture rapiécée ou sur de vieux journaux, ça allait d'une pipe et de la canne de feu le papé au moulin à café ou même au cadre de vélo…

Henri aimait bader, renifler ces épaves de vies tranquilles. Ensuite, il passait devant l'Hôtel du Nord réquisitionné pour loger les officiers allemands et gardé jour et nuit par une sentinelle, jeune S.S. casqué, en uniforme peinturluré pour le camouflage, sanglé de courroies, mitraillette barrant la poitrine et grenades à manche dans la tige des bottes. Henri longeait l'hôtel en descendant du trottoir pour être à deux mètres au moins du guerrier qui n'était guère plus âgé que lui, et sans le regarder franchement.

Ce matin-là, un gai petit soleil annonçait une matinée charmante. Un camion bâché haut sur roues stationnait devant l'Hôtel du Nord dont la porte tournante était encadrée par deux sentinelles.

Comme il contournait le véhicule, le badaud lycéen

s'entendit appeler d'une petite voix assourdie par un petit nom qu'une seule personne employait : « Riquet ». Il se retourna en sursaut : par l'entrebâillement de la bâche, l'espace d'une seconde, il aperçut, dépeignée, très pâle, Esther Silberstein. Elle mit son index en travers de sa bouche : « chut ! », murmura un « adieu » souligné d'un geste de quatre doigts à peine esquissé... déjà, de l'intérieur du camion, une poigne brutale refermait la bâche avec un hurlement. En deux lourdes enjambées de ses bottes ferrées, l'une des sentinelles fit circuler Henri en le poussant dans les reins avec le canon de sa mitraillette.

Dès qu'il fut hors de vue, le jeune homme fit demi-tour par les petites rues et courut vers le logis des Silberstein. A bout de souffle, il aperçut d'abord, de loin, le piano noir dehors, en travers, penché, partie sur le trottoir, partie sur la chaussée, comme si l'on avait renoncé à l'emporter. La porte d'entrée pendait, arrachée de ses gonds. Dans l'appartement ravagé, il n'y avait plus ni David, ni Ephraïm, ni la menue madame Silberstein, ni le vibrant musicologue.

Manole avait une arme, un revolver système Lefaucheux de 1860, six coups, utilisant des cartouches à broche sur lesquelles venait frapper un gros chien :

— C'est l'un des mineurs qui a été tué, avec cinq autres, dans le coup de grisou de mardi dernier. Sa femme l'a découvert en rangeant ses affaires, elle a pris peur, elle voulait le jeter, elle a fini par me le donner. J'y ai pas trop confiance, il a été bien entretenu mais c'est une telle antiquité ! Je voudrais l'essayer, tu viens avec moi ?

Ils gravirent la colline de l'Hermitage, descendirent au creux d'un vallon désert. Manole se campa à six mètres du tronc d'un gros chêne vert, le revolver à bout de bras. Il visa, ferma les yeux, détourna la tête et appuya sur la détente... Le chien s'abattit sur la broche de la première cartouche sans autre résultat qu'un cloc minable. Il percuta ainsi successivement les six cartouches; clac.. clac... clac...

— Laisse-moi essayer, Manole!

Clac... clac... rien à faire. Il s'amusa à viser son copain : clac... clac... Il appuya le canon du revolver sur sa tempe : clac... clac... visa le ciel : boum! une détonation formidable fut répercutée par tous les échos du vallon : le chien, à force d'enfoncer les broches, en avait percuté une sérieusement... L'arme tomba des mains d'Henri. Il s'assit, livide. Manole vint le prendre par le cou, aussi tremblant que lui.

En partant, ils jetèrent le vieux Lefaucheux dans le ruisseau d'Arène.

Dans ses si brefs séjours à Bouscassel, Henri n'ose plus parler de ce qu'il voit en ville. Il a décidé d'attendre que sa mère lui demande des nouvelles de ses amours pour lui révéler sa dernière vision d'Esther, mais il n'a pas d'illusions, il peut attendre longtemps... Il n'a même pas envie de lui raconter des anecdotes plus drôles comme l'affaire du pétard pourri ou le «coup des vitrines» pourtant glorieux : à deux heures du matin, à trois copains, armés de marteaux, ils avaient fait la tournée des permanences collabos, Milice, Légion des volontaires contre le bolchevisme, Anciens combattants, Compagnons de France... tous logés somptueusement dans les magasins juifs réquisitionnés. Ils s'en étaient donné à cœur joie de dégringoler ces imposantes vitrines.

— Et un coup pour Esther!... et un coup pour Paco!... et un coup pour ton père, Manole!...

La ville en avait été secouée, désormais un flic passait toute la nuit à se les geler sur le trottoir devant ces locaux...

Depuis l'instauration du travail obligatoire en Allemagne, il était question de réfractaires, maintenant on parlait de maquisards, les résistants s'étaient armés. L'Occupant les nommait «terroristes». A Bouscassel, on en discutait presque ouvertement. Noël et Mauricet, les deux fils du Ripailles, Jarek, le frère d'Anna Kandinski, et Paquito Ramirez manquaient à la mine, ils avaient disparu de la circulation sans que leurs proches aient l'air de trop s'en inquiéter.

Assez tôt, ce matin-là, le Pacoulin qui revenait de Saint-Jean-du-Val sur sa charrette descendit chez la Banquise pour acheter sa ration hebdomadaire de tabac. Pendant que Clémence détachait le ticket de sa carte d'alimentation, il lui apprit la nouvelle : des camions de la Wehrmacht seraient tombés dans une embuscade à une trentaine de kilomètres de Bouscassel. Les maquisards auraient tiré à travers les bâches sans parvenir à arrêter les véhicules qui ont accéléré, il paraîtrait qu'ils ont quand même débarqué pas mal de blessés à l'hôpital d'Alès. Il y aurait même des morts... Le lendemain, en représailles, une forte colonne de S.S. est venue brûler au lance-flammes un hameau proche du lieu de l'embuscade, par bonheur, avertis par un guetteur du maquis, les habitants avaient eu le temps de prendre la montagne d'où ils ont pu voir brûler leurs maisons, ils ont tout perdu, ils sont pas contents...

Ce n'était que le début. Des actions de moindre importance se multipliaient, vols d'essence, de ravitaillement, attaques de brigades rurales où deux paires de gendarmes se laissaient volontiers désarmer... les maquis s'équipaient.

Un soir, alors que la Banquise allait fermer, quatre individus masqués firent irruption, raflèrent tous les tickets du mois suivant que l'administration chargeait la buraliste de distribuer aux Bouscassellois. Ils firent très vite, laissant l'argent dans la caisse pourtant ouverte. Ils sortaient déjà quand la buraliste leur glissa quatre paquets de tabac.

— Merci pour la Résistance, la Banquise ! souffla l'un d'eux en esquissant un drôle de salut.

Geste familier du petit Jarek Kandinski.

C'est encore à l'heure de la sieste qu'arrivèrent ceux-là. Dans une Traction avant fonctionnant à l'essence, ce qui était une indication dans une époque où les rares tacots civils qui circulaient encore fonctionnaient péniblement au gazogène. Le vrai carburant était réservé à l'Occupant et à ses amis les plus sûrs.

Ils descendirent de leur automobile sur la placette et vinrent d'un pas de flâneur rôder autour du bureau de tabac. Deux quadragénaires en chapeau noir, l'un grand et maigre, le visage grêlé, l'autre, bonhomme, poussant devant lui un ventre en mappemonde et un nez pendant, violet comme une aubergine. Ils attendirent que la Rosita, la femme du Rampel, le sabotier, veuille bien sortir avec la mèche de lampe à pétrole qu'elle venait d'acheter. Le maigre resta dehors, devant la porte, à faire les cent pas. Le petit gros entra et tira les deux volets qu'il mit en entonnoir.

— Faites comme chez vous ! rugit la Banquise.

— Non, madame, chez moi je ne me permettrais pas ça.

Il annonça tranquillement : « Police allemande. » Puis il fit le tour de la boutique, enfouissant une boîte de cigares dans chacune de ses poches et enfournant une poignée de réglisses entre ses mauvaises dents. Pendant qu'il tournait le dos, la Banquise mit la main sur son manche de pioche.

— Je ne vous le conseille pas... dit-il, sans même prendre la peine de se retourner mais en brandissant un revolver qu'il remit aussitôt dans sa poche.

Elle écumait mais ne le montrait pas. Adossée à son comptoir, elle suivait à l'oreille l'individu qui, sans se presser, visitait la cuisine, montait les escaliers, traversait les chambres. Il redescendit satisfait :

— Nous sommes bien seuls.

— Papiers, vite !

Du fond d'un tiroir, elle exhuma la « carte d'identité nationale » qu'elle produisait pour la première fois. Il chaussa une paire de lunettes à monture d'écaille et regarda attentivement la carte d'identité.

Il murmura comme pour lui-même :

— Van Khyse... Van Khyse... puis, plus fort : Elle est fausse ! (Il la déchira et la jeta à ses pieds.) Si vous en voulez une autre, une bonne, une « spéciale », vous passerez à la Kommandantur, à Alès.

Clémence ne fit pas un geste, elle ne protesta pas, elle savait que c'était inutile. Pour la première fois de sa vie elle subissait sans révolte, elle en était accablée.

L'individu ramenait, en la traînant, une chaise de la cuisine, sur laquelle il s'assit à l'envers, les bras par-dessus le dossier. Il avait aussi pris au passage un fromage de chèvre qu'il bâfrait avec des grognements de gourmet. Il marmonnait, conciliant :

— Allons ! nous ne sommes pas des sauvages, quoi qu'on en dise. Parlons en amis, nous sommes presque en famille...

Il rota, et ça l'amusa. Rangea ses lunettes, sortit un document qu'il déplia, mais ne lut pas, il se contenta de frapper dessus à petits coups de son index plié :

— Van Khyse, mais je connais ce nom ! Dites-moi, madame Van Khyse, Jocelyn Van Khyse, ça vous dit quelque chose ?

— C'était... c'est mon mari, fit Clémence en haussant les épaules.

— Tiens, tiens ! vous disiez « c'était » ?

— Y a vingt ans qu'on s'est quittés.

— Nous, y a seulement deux ans que nous sommes sans nouvelles. Jocelyn Van Khyse, nous on l'appelle Josse ou « le Flamand ». Et croyez-moi, le Flamand, c'est un nom dans le mitan à Marseille. Et je suis pas le seul à attendre de ses nouvelles... Vous n'en auriez pas, par hasard, madame Van Khyse ?

Clémence haussa de nouveau les épaules.

— Attention, madame Van Khyse, c'est pas une réponse, ça, fit-il sur un ton soudain coupant. (Mais aussitôt il reprit dans le registre papelard :) je ne suis pas venu pour vous embarquer dans nos locaux du Fort Vauban... Qui sait ce que les collègues seraient capables de faire de votre jolie frimousse si vous refusiez de donner des nouvelles du Flamand, leur copain. Voyons, voyons, ne vaut-il pas mieux arranger la chose ici, entre nous deux, « en famille » je le répète... Jocelyn, votre époux, doit être sur un gros coup (il ne nous tient pas au courant de toutes ses affaires, le Flamand !) et qu'est-ce qu'il va découvrir quand il reviendra ?

Il prit une profonde respiration, sortit un grand mouchoir pour s'essuyer la bouche et reprit, sombrement, comme s'il égrenait des malheurs qui le touchaient beaucoup :

— Ah ! il sera pas fier de son épouse, le Flamand ! Vous avez eu une histoire, là, madame... mais si, si, vous savez de quoi je parle : il y a trois ans, cet Espagnol communiste, terroriste notoire... vous l'avez accueilli chez vous, pendant plus de cinq mois ! Les Français n'ont pas la mémoire courte, comme le dit si bien notre bon vieux Maréchal ! J'ai là le rapport de gendarmerie de l'époque, rien ne se perd, chez nous. Nous n'avons rien dit sur le coup, mais maintenant, on a besoin de vous. Alors, là, en 40... déjà ! vous vous étiez mise dans de beaux draps ! Ha ha ! (il eut un rire égrillard, visiblement il trouvait son allusion, appuyée d'une œillade salace, très drôle) Ah, les draps de l'Espingouin... non, mais passons ! Il doit crever de faim quelque part, là-haut, comme une bête sauvage... on s'en balance... mais vous, madame, vous avez une situation, vous avez un fils... mais si, nous savons tout, bien sûr ! Il est lycéen... Si l'on peut dire, il fait surtout des bêtises, des grosses... Il a l'âge de partir en Allemagne (il ajoute en ricanant :) pour soutenir les glorieux efforts de guerre du Reich... sous les torpilles aériennes de vos chers amis anglo-américains... Et voilà que vous recommencez à faire des bêtises, à donner au maquis les cartes d'alimentation qui vous sont confiées par l'Etat... Et vous vous trouvez, par hasard, je veux bien, au centre d'un secteur où se multiplient attentats et actions terroristes de plus en plus graves... C'est pas bon pour vous, tout ça, chère madame Van Khyse !

Il repoussa du pied les quatre morceaux de la carte d'identité.

— Madame Van Khyse, votre mari nous a beaucoup parlé de vous... Nous savons tout... Voilà. Vous vous doutez de ce qui vous attend, vous et le jeune Van Khyse...

Il répétait ce nom, Van Khyse, avec délectation. Puis il se tut, il garda longtemps le silence, il avait le temps, il jouait avec les quatre morceaux de la carte d'identité qu'il rassemblait et dispersait avec la pointe de ses brodequins de luxe, mi-blancs, mi-noirs.

Enfin il se décida à parler. Heureusement, Clémence allait exploser.

— Voilà ma... NOTRE proposition. Il nous faut à Bouscassel une informatrice efficace et de confiance. Je suis sûr que vous avez plein de tuyaux à nous refiler. Dans un bureau de tabac, les gens bavardent librement... On sait qu'il y a des terroristes à Bouscassel. On se serait pas tapé tous ces kilomètres depuis Marseille si on n'était pas renseignés ! Alors, madame Van Khyse, il faut sauter le pas, passer avec nous, vous n'avez pas le choix... Les Allemands en ont marre de la guéguerre que leur mènent ces gamins fanatisés par quelques judéo-bolcheviks déjà étrillés par Franco. Les S.S. ont d'autres chats à fouetter, alors ils vont mettre le paquet, et régler ce petit problème en cinq sec...

Il laissa sur la tablette du téléphone un bout de papier portant un numéro et un nom : « Monsieur Marcel ».

Il murmura :

— Ah ! j'oubliais le plus important : comme la confiance est quand même très limitée, j'attends le jeune Van Khyse à la Kommandantur après-demain (je ne serai pas rentré avant). Il demandera Monsieur Marcel. S'il ne venait pas de son plein gré, ce serait très grave, on irait le cueillir à son lycée ou chez son ami Manole, on en profiterait pour ratisser son entourage... Où qu'il aille, il ne pourra pas nous échapper, et là, alors, il serait plus chez nous en visite, à titre d'invité.

Il tint à baiser la main de la Banquise en lui soufflant une haleine de fromage, de réglisse et d'autres choses mal digérées. Sur le seuil, il lança : « A bientôt, collègue ! » et il esquissa, en tirant son chapeau, une révérence à la Marx Brothers.

Tout oreilles, la Banquise entendit qu'il échangeait quelques mots à voix basse avec son acolyte, puis leurs pas dans la rue désertée par les Bouscassellois restés à l'affût derrière leurs volets, le hurlement des pneus de la Traction et le feulement du moteur flottant qui se perdit vers le pont.

Restée seule, Clémence s'écroula sur la chaise que l'énergumène avait traînée depuis la cuisine, et elle se prit la tête dans les mains, les coudes sur les genoux.

Quand elle releva son visage ravagé par l'angoisse, elle aperçut ses voisins qui pointaient leur nez dans l'entrebâillement de la porte. Elle murmura :

— Ah ! laissez-moi.

Ils la laissèrent.

Par chance, pour une fois, Henri n'avait pas séché le lycée cet après-midi-là. Il faut dire que le cours de philo le passionnait, si bien qu'il était devenu très fort dans cette matière... C'était surtout grâce au prof, un jeune barbu très brillant, plein d'humour, et qui, par des allusions limpides, se révélait gaulliste.

A cinq heures, chapeautée, dans sa robe du dimanche, la Banquise attendait son fils à la sortie du lycée :

— Où peut-on être tranquilles ? Il faut que je te parle d'urgence, c'est très grave...

— Encore... ! Ecoute, si tu veux encore me bassiner avec... « la petite Juive », rétorqua son fils sombrement, j'aime autant te calmer tout de suite, je crois, hélas ! que le « problème » est en voie de règlement... Entrons dans ce bistrot...

— Je préfère pas...

Ils allèrent s'asseoir sur un banc du Bosquet d'Alès, le jardin public qui se trouve au pied du Fort Vauban. Elle jeta un œil craintif sur les murailles redoutables, puis dans les allées. Il n'y avait qu'une vieille qui promenait son chien à cent mètres, pourtant Clémence parla à voix basse, tout près de l'oreille de son fils.

— Henri... il s'agit bien de tes amourettes ! j'aimerais mieux... à tout prendre... Non, en un mot, tu ne peux plus rentrer à la maison, il ne faut plus qu'on te voie à Bouscassel, ni au lycée, ni à Alès...

— Ni nulle part ? je vois, tu me pousses dans la clandestinité, merci maman !... Bon, fini de rigoler, raconte !

Elle lui fit le récit détaillé, sans rien taire, de la visite des gestapistes.

Henri se sentit mal. Il se recroquevilla, les coudes sur les genoux, les mains sur le front. Clémence attendit, elle attendrait le temps qu'il faudrait...

Son fils réfléchit un bon moment, puis, posément, en cherchant ses mots avec un soin qui impressionna sa mère, et sans changer de position, sans relever la tête, sans montrer son visage, il commença :

— Ecoute, maman, tu n'as jamais voulu me dire qui était l'auteur de mes jours, maintenant je le sais. Un vilain monsieur. Escroc, voleur, trafiquant, maquereau, un petit peu assassin sans doute, un deuxième couteau ! affilié au milieu marseillais, au pire, je suppose qu'il était de la fameuse bande de Carbone et Spirito, les gangsters qui se sont mis au service de la Gestapo... dis-moi si j'en oublie, arrête-moi si j'en dis de trop !

Il attendit trois secondes mais sa mère ne dit rien.

— Tu avais raison, ce n'était pas un père à regretter, simplement un père regrettable... Il y a longtemps, tu sais, que je rumine ce qui se passerait, ce que je lui dirais quand je le verrais (bien sûr que j'y crois plus !). Ce père, je pouvais pas m'empêcher de compter un peu dessus, même un père mort, ça peut être utile... On peut quand même des fois s'appuyer sur une mémoire... C'est vrai, je comptais un peu dessus, envers et contre tout ! Je m'attendais à un freluquet, un séducteur de kermesse, mais pas, oh, non ! à Josse-le-Flamand !

Là, il ne put retenir un sanglot douloureux, qu'il corrigea d'un rire bref, très amer. Clémence se garda d'intervenir, elle suivait, l'œil vague, les pas d'un merle gris, picorant entre les graviers d'une allée au pied du fort.

— Il est mort m'as-tu dit, maintenant je te crois. Il faut donc parler d'héritage. Entendons-nous bien, il ne s'agit pas de valeurs mobilières ou immobilières, voire de dettes, toutes choses bien réelles qu'on peut refuser légalement chez un notaire... Non! Et là c'est effrayant car l'on ne peut rien refuser, il s'agit du même sang! Qu'ai-je au plus profond de moi, de mon cerveau, de mon cœur, de mon âme, vivant et fonctionnant, de ce père qui n'avait rien de bon en lui... A quel moment monsieur Van Khyse père va-t-il se révéler en Van Khyse fils pour en faire Josse junior?... Tu avais bien raison de te taire, il valait mieux que je ne sache pas, maintenant, je ne vais pas pouvoir m'arrêter d'y penser... Maman, des fois, déjà, il arrive pas que tu aies peur de moi?... avoue!

— Mon pauvre petit!

— Ah, non!

Un hurlement, il se retourna en sursaut, attrapa sa mère par ses bras, la secouant, avec des yeux exorbités, et elle eut peur. Alors sa colère retomba, il reprit une attitude normale et ricana :

— Tu vois! (Puis plus bas :) Ah, non, c'est trop ridicule. Soyons raisonnables. Ma pauvre maman! oui, ma pauvre maman, c'est toi qu'il faut plaindre. Je me rends compte du sacrifice que c'est pour toi de me laisser partir et même de me pousser à partir... Mais si je me rends pas à la Gestapo, ils vont s'en prendre à toi?

— Moi, j'ai pris mes dispositions, je sais quoi faire, mais toi, Henri, où vas-tu aller...?

— T'en fais pas, maman, j'ai une «filière», c'est comme ça qu'on dit.

Il se leva, donnant ainsi le signal du départ. Quand ils furent debout, l'un en face de l'autre, il demanda encore :

— Dis-moi, le type qui m'a abordé au stade, c'était lui?

— Oui.
— Il était revenu ?
— Oui.
— Et vous vous êtes revus ?
— Oui.
— Et ça s'est mal passé ?
— Oui.

Ils se regardèrent longuement dans les yeux, Henri murmura :

— Ça va, maman, c'est fini, je ne te poserai plus de questions.

— Tu me donneras de tes nouvelles, vite !

— Dès que je pourrai, maman !

Soudain, il lui saisit le bras, lui fit signe de faire silence : un cri horrible, aigu, un hurlement de douleur parut percer les murs du vieux fort. Tous deux frissonnèrent. Une fenêtre claqua, étouffant cette insupportable douleur.

— C'est leur prison, dit-il.

— On aurait dit une voix de femme, murmura-t-elle.

Pour des raisons très diverses, à l'instar d'Henri Van Khyse, des jeunes gens «prenaient la montagne». Au cours de l'année 1944, les maquis devinrent de plus en plus efficaces. Notamment ceux du mont Lozère qui profitaient de l'expérience de la guérilla acquise pendant la guerre d'Espagne par les militants réfugiés en Cévenne. Embuscades, coups de main sur les entrepôts militaires, sur les voies de communication, les lignes téléphoniques, châtiment des mouchards de la Milice et de la Gestapo... Devant l'aggravation de la situation, l'état-major de la Wehrmacht décida de faire appel à ses troupes de montagne, les Gebirgsjäger, équivalent de nos chasseurs alpins, des spécialistes en quelque sorte, pour la plupart recrutés parmi les robustes montagnards du Tyrol.

Cela commença pour Bouscassel, sur les rapports des polices française et allemande, par l'arrivée d'un Kübelwagen, la jeep allemande, d'où descendirent cinq sous-officiers. Ils se mirent en devoir de visiter tous les locaux du village. Les anciens combattants de 14-18 déclarèrent que ce n'était que l'échelon précurseur, des fourriers chargés de préparer les cantonnements.

Quand un des Feldwebel tomba sur les W-C de la Banquise, il poussa un cri de joie :

— Das ist für unseren Offizier!

Le gros de la troupe débarqua du train d'Alès à Saint-Jean-du-Val, une centaine d'hommes alourdis de paquetages et une demi-douzaine de mulets portant mortiers et munitions. De la gare jusqu'à Bouscassel, ils marchèrent en file indienne mais, à l'entrée du village, ils se formèrent en rangs par quatre, impeccables, se redressèrent, bombèrent le torse, et défilèrent en chantant dans la rue principale. Arrivés sur la placette, ils rompirent les rangs et les sous-officiers répartirent les granges et les hangars qu'ils avaient repérés. Ils installèrent le P.C. de compagnie dans l'école et la cuisine sous le préau. Ils placèrent aussitôt des sentinelles aux quatre coins du village et un guetteur sur le toit de la filature.

Les Bouscassellois s'étaient barricadés pendant le défilé, tapis derrière leurs volets, ils se risquent maintenant à mettre le nez dehors. La Guitoune et Céline sont à l'écart, apparemment en train de comparer deux tissus à la lumière du jour. La Marie nettoie la fenêtre de son café, derrière elle, son mari, le Gamate, sort une table. Le forgeron scelle un anneau devant sa porte, le Clouque cure le caniveau, bref, beaucoup sont là, sans être là pour ça.

Un side-car s'arrête devant le bureau de tabac. Une motocyclette impressionnante, dont les cylindres latéraux débordent largement, avec des roues énormes chaussées de pneus d'automobile. Elle est attelée d'un side pesant dans lequel un officier, dont seul dépasse le buste raidi, équipé d'un masque anti poussière, fait une arrivée ridicule, extrayant avec peine ses longues quilles de cette baignoire sur roues. Le pilote se tient maintenant au garde-à-vous derrière lui. L'officier s'ébroue, tapote la poussière de son uniforme. Débarrassé des grosses lunettes et du foulard, son visage apparaît en pleine lumière. Il n'a guère plus de trente ans, un menton pointu, des pommettes saillantes, le nez long et très droit. Sous la visière de la casquette plate, on devine de petits yeux très enfoncés, très noirs et très brillants. La largeur de ses basanes et la minceur de ses longues bottes cavalières le font paraître encore plus grand, encore plus maigre. Son pilote lui montre l'entrée du bureau de tabac.

La Banquise l'attend, campée au milieu du magasin, tenant des deux mains son manche de pioche en travers de ses cuisses. L'officier se met au garde-à-vous, salue et se présente :

— Hauptmann Amadeus Kandler.

Comme elle ne bouge toujours pas, il lui décoche un sourire juvénile et fait le tour de cette hôtesse revêche pour prendre l'escalier, suivi bientôt du soldat qui lui porte son bagage. Les clous de leurs bottes font gémir le bois des marches.

La Banquise et le capitaine Von Kandler cohabitèrent quelque temps sans se parler, sans se toucher, sans se regarder. Chaque matin, son ordonnance frappait poliment au volet avant d'entrer, il saluait Clémence d'un «Guten Morgen!» jovial et apportait à son officier du linge propre et un plateau de petit déjeuner fumant et odorant.

Une heure plus tard : «Bonjour madame!», c'était le capitaine qui descendait l'escalier de bois. Son side-car l'attendait devant la porte. Il ne rentrait qu'à la nuit, poussiéreux ou trempé et crotté selon le temps.

Au début, la Banquise vit sa clientèle se raréfier, puis le besoin et la curiosité reprirent le dessus.

Le Groumille était toujours le premier client de la journée, mais il était lugubre, on disait qu'il se remettait mal de la mort de son compère : lui, le gazé de 14-18, n'en revenait toujours pas : par la silicose, la mine tuait plus vite que la guerre. Mais la Guitoune prétendait que c'était pas tellement la mort de son copain qui travaillait le gazé de Verdun, c'était de «les» revoir... et là, jusque dans son village!

La Guitoune et la Céline étaient assez hardies pour oser demander à la Banquise comment ça se passait avec son locataire.

— Si on vous le demande, vous direz que vous le savez pas, *anistaïrès* ! Oh ! lui, je le vois pas beaucoup, ah ! il m'encombre pas, lui ! il est pas toujours dans mes jambes à me questionner pendant des heures en s'y mettant à trois pour acheter une boîte d'allumettes sur laquelle je touche rien ! Et d'abord qu'est-ce que vous avez à chuchoter, nom de dieu ! Parlez normalement avec vos grosses *maïsses* ! Vous pouvez même gueuler si vous en avez le courage, y a pas un mort dans la maison !

D'où les commères concluaient que la Banquise n'avait pas encore de nouvelles de son Riri.

D'ailleurs, les « guébirgues » comme on finit par les appeler étaient, dans l'ensemble, plutôt sympathiques. Plus très jeunes, faces carrées, rougeaudes, la taille épaisse et la démarche lourde, ils auraient pu passer pour les pères des aryens athlétiques de 40. Les premiers jours, les Bouscassellois feignirent de les ignorer, traversant la rue pour ne pas les frôler, tournant la tête pour ne pas risquer le salut. Mais le village était bien exigu pour une telle surpopulation. On était ensemble forcément, par exemple dans la queue à la fontaine, avec les mêmes gestes, les mêmes seaux, pour la même eau. Les matins, sans casque, sans ceinturon, en treillis et liquette grise, ce n'étaient plus les guerriers du défilé. A la source, il y avait machinalement au moins des gestes de courtoisie, plus appuyés de matin en matin. D'ailleurs, ces militaires n'avaient jamais ni attitude provocante ni mimique équivoque, ils n'importunaient en rien le sexe faible...

— Quand tu vois la tenue de la troupe, répétait le facteur manchot à chaque boîte à lettres, tu peux te dire que le capitaine est un homme à poigne !

Lorsque le Pacoulin ramassait le crottin de son percheron, il ne pouvait pas ne pas faire au moins un sourire aux muletiers qui ratissaient, sous le cul de leurs bêtes, un crottin dont ils n'avaient que faire. Les crottins mis en commun gagnèrent les potagers voisins. En arrivant, les guébirgues faisaient peur, une semaine après, c'est tout juste s'ils n'attendrissaient pas. Les mineurs et les paysans du village se sentaient, à leur corps défendant, un cousinage avec ces montagnards. De cette même famille si vaste, si variée, si désunie souvent, mais la même famille, putain ! celle de la terre et du travail, où l'on vit de ses mains. Gamate, le maçon qui avait été prisonnier en Poméranie pendant près de quatre ans, de 1915 à 1919, avait travaillé dans les fermes, il connaissait donc la langue et surtout les mots paysans, comment aurait-il résisté à étaler sa science devant les militaires, clientèle inespérée du bistrot puant de la Marie, sa femme ?

Bientôt, des trocs s'organisèrent, légumes contre boîtes de viande, et surtout vin contre cigarettes. Voyons, ça ne faisait de mal à personne, même pas à la buraliste, vu que le tabac était rationné et que pas un des *pétuneurs* n'aurait laissé perdre ses tickets. « Fumée pour fumée, leur “troupe” vaut bien notre gris, disait entre deux quintes le Groumille, c'est pas un paquet de plus ou de moins qui mettrait la Banquise sur la paille, d'ailleurs elle vend tout ce qu'elle a... » Malgré le barrage des langues, Bouscassellois et guébirgues se rencontraient devant une charrue ou une cognée. Certains guébirgues prenaient plaisir à donner un coup de main au jardin ou à la cave, ça leur rappelait leur chez-eux quand ils étaient encore des civils. Comme ils abritaient leurs mulets sous l'appentis de la Bourbouillade, ils en avaient changé la faîtière, et bien sûr, quand ils partiraient ils emporteraient pas cette énorme poutre avec eux, ce serait tout bénéfice pour cette veuve. Comme disait la Céline :

— Entre nous, si tu le prends un par un, le guébirgue, c'est pas le mauvais cheval. Pas plus tard qu'hier, y en a un qui a aidé la Pétassette au jardin. Qu'avec ses hanches qui se *destranquaillent*, elle y arrive plus à butter ses *tartifles*, et donc y en a un, vous savez, celui qui a un gros *mourre* avec un tout petit nez retroussé... Il lui a dit « cartofeuls ! », il lui a pris le *bêchard* des mains et il s'est mis à faire des buttes, *ün poulit'traval* ! Il s'y connaît, *pardine* !

— Ils ont beau parler un patois qui écorche les oreilles,

disait la Céline, surtout *peccaïre* ! quand ils se font *tcharrer* par les gradés... eh ben avec la faux ou le sécateur, on se comprend quand même... C'est des gens comme nous...

Jusqu'au Gandin, qu'il y avait pas plus patriotard, on l'avait vu parler avec un sous-off qui l'attendait devant l'école, vu que ce guébirgue-là était instituteur dans le civil...

— ... et après, notre Gandin, il lui a fait visiter sa classe... A la fin, ils étaient comme cul et chemise...

Rares étaient ceux qui pensaient qu'il faudrait bien un jour s'entre-tuer avec ces bougres-là. Ces sournois glissements de l'opinion publique bouscasselloise vers une « collaboration » discrète mais concrète dans le quotidien n'étaient pas du goût de certains. Le Ratapénade et ses communistes, des parents de jeunes maquisards gardaient une distance pleine de réprobation. Mais même ceux-là mettaient la sourdine à leur indignation : après tout, profitons des beaux jours, rira bien qui rira le dernier à l'heure H du jour J...

Pourtant, le temps idéal de cet été 44 incitait à l'indulgence. Les journées se traînaient, on ne se serait jamais couché, les guébirgues qui traînaient par là, désœuvrés et nostalgiques, finissaient par approcher les groupes de Bouscassellois assis sur les murettes sous les mûriers, puis par intervenir de quelques mots mal placés et mal prononcés qui déclenchaient de grands rires de part et d'autre. On a vu le Miston chanter, dans la nuit complice, avec les autres, y compris les guébirgues qui étaient là, les refrains de *Lily Marlene*, et le lendemain prendre le maquis.

Les cerisiers étaient chargés de fruits. Les guébirgues proposaient leur aide, et voulaient à toute force payer les cerises qu'ils mangeaient sur l'arbre. Ces Allemands avaient toujours la main à la poche : l'argent français leur coûtait pas cher, va ! et puis ils avaient des ordres, c'est sûr.

Le 14 juillet, quand un brutal orage débonda une pluie

diluvienne sur Bouscassel, la population s'affola : tous les foins étaient encore dehors, encore couchés dans les prés. On vit alors des guébirgues sortir de partout et demander des fourches. « Ça, c'était chic ! » reconnut le Ratapénade, toujours un œil sur la faucille et le marteau.

Un jour, le Pacoulin qui faisait régulièrement le trajet jusqu'à Saint-Jean-du-Val, avec sa charrette, éclaira un peu le mystère des sorties quotidiennes du capitaine Kandler : il visitait les cimetières.

— Moi, je vais vous dire... un capitaine en guerre qui passe ses journées à visiter tous les cimetières du pays avec son side-car, eh bien, pour moi... il est pas normal, cet homme.

Le matin, quand la Banquise se penchait à la fenêtre de sa chambre qui donnait sur la rivière et qu'elle voyait tous ces gaillards torse nu, à genoux, en train de faire leur lessive, elle se sentait malgré elle, une minute, proche d'eux. Elle les craignait moins que la clique à Monsieur Marcel, et même elle avait l'impression qu'ils la protégeraient à l'occasion des nervis de la Gestapo, elle n'y croyait pas, mais se plaisait à voir cela comme dans un rêve. Son esprit confus en arrivait à battre la campagne chaque soir dans son lit, à se tourner et se retourner entre veille et sommeil.

Depuis la visite de Monsieur Marcel, Jocelyn Van Khyse hantait ses nuits, ce qui ne lui était plus arrivé depuis de longues années, même pas après l'entrevue fatale au puits du Bosc. Mais, dans ses cauchemars actuels, son mari s'en prenait à elle sous sa véritable identité de Josse-le-Flamand. Elle s'obligeait, pour changer de rêve, à imaginer mille façons dont son fils sortirait indemne et glorieux de la guerre, mais sur l'image souriante de son Riri venait s'imprimer celle du Flamand, de plus en plus nette, coïncidant avec la première et finissant par l'effacer pour laisser régner, ricanante, la trogne osseuse du Josse de Marseille. Elle se réveillait en sursaut, assise sur son lit, en nage, les poings serrés. Elle se répétait : « Il est mort ! il est bien mort ! tout ce qu'il y a de plus mort ! » et finissait par se rendormir, rassurée. Une heure après, elle le voyait qui remontait du puits, couvert de sang et de boue, avec de gros rats agrippés à ses chairs, et son œil exorbité qui se balançait devant son rire menaçant...

Paco parti, Henri parti, elle souffrait de solitude. Elle mordait son oreiller.

Quelques semaines passèrent ainsi. Une nuit, très tard, vers deux heures du matin, la Banquise, qui venait de trouver le sommeil, fut réveillée par un baiser sur le front et une main sur sa bouche pour étouffer son cri. Un quart de seconde elle pensa que c'était le Flamand. Non, c'était son fils !

Elle fut tout à la fois folle de joie et de crainte. Par une gesticulation qui se voulait expressive mais qui n'était que brouillonne, elle montrait à son fils la porte de sa chambre de lycéen dans laquelle dormait l'Allemand. Alors tous deux montèrent se réfugier au grenier en prenant garde de ne pas faire craquer les marches de l'échelle de meunier, et encore, arrivés là-haut, ils en furent réduits à se chuchoter à l'oreille.

Son maquisard !... La Banquise plaça le visage de son fils dans un rayon de la pleine lune : maigri, tanné, durci par la vie au grand air des cimes, il avait embelli, le bougre ! Il avait profité de cette nuit claire pour se glisser le long de la rivière. Arrivé au pied du mur de pierres, il l'avait facilement escaladé jusqu'à la fenêtre de sa mère.

Il annonça fièrement :

— Et je viens en mission, maman !

— Comment !... tu ne viens pas pour me voir ?

— Mais si ! aussi ! mais voyons, maman c'est la guerre ! c'est sérieux... je viens en mission, envoyé par Paco...

— Dis ! tu vas pas te faire tuer ? Je suis contente que tu sois avec un homme comme Paco. Tu lui diras, de ma part, de veiller sur toi, de pas te mettre aux endroits dangereux...

— Voyons, maman ! c'est justement pour ça que je viens... en mission, pour nous éviter de prendre des risques inutiles...

— Dis-moi, mon petit, vous êtes bien couverts, il fait froid sur ces hauteurs la nuit, même en plein été, et je sais de quoi je parle...

Son fils était horriblement gêné. C'était pas facile à faire comprendre, il s'expliquait péniblement, il prenait ça de très loin. Il détailla la situation internationale, des points de vue militaire et politique, l'avance de l'Armée rouge, la marche des Alliés sur Rome, le débarquement, le rôle capital joué dans ces ultimes moments d'une guerre terrible par la Résistance et les maquis...

Elle l'écoutait bouche bée, moins intéressée par le tableau que par l'orateur lui-même, par son nouveau vocabulaire et sa facilité. Ils en apprennent des choses sur la montagne, se disait-elle, mais est-ce que ça lui servira dans un bloc opératoire ?... Mais que racontait-il ?

Il proclamait, toujours chuchotant à l'oreille maternelle, sur des souffles chauds qui renforçaient la persuasion, que sans la Libération et la Victoire, il n'y aurait plus d'avenir pour personne. Il fallait donc tout faire pour hâter la fin de la guerre, il insistait sur le « tout ».

Soudain, il s'arrêta net, effrayé, fit le geste : « chut »...

C'était le feulement des pneus, le cliquetis des dérailleurs, et quelques voix ensommeillées.

Clémence se moqua de lui :

— Tu as même oublié ça ! 4 heures du matin, les mineurs du poste de jour qui vont au travail, comme toutes les nuits, rassure-toi !

Rasséréné, un tantinet vexé, il reprit avec une naïve solennité :

— Nous vivons actuellement les moments ultimes et décisifs d'une guerre terrible ! Jamais le rôle de la Résistance et des maquis n'a été aussi essentiel ! Chacun de nous a un rôle à jouer, toi aussi, maman !

— Voyons, mon petit, quel rôle veux-tu que je joue, moi ?

— Je vais y venir, maman chérie !

— Je t'écoute, moi, mais toi, tu me réponds pas : tu manges bien, au moins, là-haut ? C'est qui, qui fait la cuisine ? Une femme ? Je vais te donner du saindoux, j'en ai encore un pot et puis il me reste de la confiture... Mais tu la partages pas, hein ?

— Maman ! Toi aussi tu peux sauver des vies ! Si ! On a tous un rôle à jouer, toi aussi...

Mais elle l'écoutait distraitement, suivait son idée :

— Dis-moi, Riri, y a des femmes là-haut, dans ton camp ?

— Pourquoi, maman ? (Il se mit à rigoler :) tu veux prendre le maquis ?

— Eh ! j'y serai bien peut-être obligée ! Comme toi ! Tu oublies les menaces de Monsieur Marcel ?

Il ne l'écoutait pas, elle ne comptait pas pour lui, il se foutait pas mal de ce qui pouvait lui arriver maintenant, lui, il poursuivait son idée...

— Je t'en prie, maman ! Tu restes ici, à Bouscassel, tu nous seras beaucoup plus utile, ici...

— Je vois toujours pas ce que je peux y faire, moi, pauvrette ! derrière mon comptoir de tabac.

Avant, il tenait encore à préciser que chaque jour qui passait des dizaines, des centaines de patriotes, d'otages, de braves gens étaient emprisonnés, torturés, fusillés, pendus... Chaque jour gagné, c'était autant de vies sauvées...

Alors, par geste, il désigna, à travers plancher et cloison, l'officier qui dormait présentement dans sa chambre d'enfant. Il marmonna, péremptoire :

— Le Renseignement est capital, maman... Il faut que nous sachions ce qu'il prépare, ce qu'il fait dans les cimetières, quels sont les ordres qu'il reçoit... Si... si tu te mets bien avec lui, peut-être que...

— Je vois toujours pas...

— Voyons, maman, c'est lui qui va diriger l'attaque

contre nous. Essaye de savoir ce qu'il prépare, essaye de voir ce qu'il souligne sur ses cartes... Et d'abord, il faut savoir ce qu'il cherche dans les cimetières...

— Tu me vois lui poser la question, je parle pas allemand moi !

— Allons, maman, y a toujours moyen... Je sais pas... mets-toi bien avec lui, sois gentille... Tu peux bien faire ça pour nous !

Pour le coup, le visage de la Banquise se ferma. Elle prit son fils aux épaules, l'écarta d'elle à bout de bras, le fixa dans les yeux.

— Tu veux vraiment que je me... que je me « mette bien avec lui » (Elle le secoua en le regardant dans les yeux :) Dis-moi, Henri, tu es sûr que c'est Paco qui t'a dit de venir me demander ça ?

Il baissa la tête, et sèchement :

— T'occupe !

Clémence répéta obstinément :

— Me mettre bien avec lui — ça veut dire quoi, ça ?

— J'en sais rien, moi !... Arrange-toi... vous savez mieux y faire que nous quand même !... Qu'est-ce que tu vas chercher, qu'est-ce qui t'arrête ?...

Clémence secoua la tête, les yeux fermés comme si elle n'entendait plus. Puis tout bas, pour elle-même :

— Pas possible... ils demandent toujours la même chose...

Un silence pesa sur eux, ils restèrent tous les deux tête basse, mais peu à peu, elle releva la sienne avec un sourire amer. Henri sentit qu'elle acceptait, il se précipita dans ses bras :

— Merci, maman !... Oh ! la mère et le fils dans le même combat... à dater de cet instant, tu es entrée dans la Résistance, je te le déclare... et vous en remercie solennellement, madame Van Khyse... Au nom de la Patrie !

Clémence rugit :

— Ah ! non ! Me parle pas d'elle !

Dès le lendemain matin, la Banquise se fit belle. Plus élégante même que les dimanches où elle espérait la venue de son lycéen. Elle attendit l'ordonnance du capitaine au bas de l'escalier, lui prit le plateau des mains et, sous ses yeux ébahis, rajouta un verre d'eau dans lequel elle arrangea trois petites roses sauvages. Puis, ayant d'un regard congédié le guébirgue, elle s'apprêtait à monter elle-même le petit déjeuner, quand la Guitoune arriva. C'était souvent la première cliente de la journée, elle trouvait toujours un prétexte pour venir bavarder pendant que la buraliste faisait son ménage du matin. Le plateau en main, déjà un pied sur la première marche de l'escalier, la Banquise lui cria :

— Je reviens... non plutôt... repassez dans une heure !

Jamais elle n'avait monté cet escalier si familier avec une telle lenteur. Elle hésita une bonne minute devant la porte de l'Allemand. Elle percevait son souffle léger, régulier... Enfin elle se décida à frapper, une voix ensommeillée grommela : « Herein. »

Elle entra en disant : « Guten Morgen ! », les premiers mots de l'ordonnance tous les matins en arrivant dans la boutique.

Le Hauptmann Amadeus Kandler dormait nu, devant la fenêtre ouverte, sur le lit d'Henri. Il avait grogné sans ouvrir les yeux, l'ordonnance devait y être habitué... L'officier saisit à l'aveuglette l'oreiller tombé à terre et s'en couvrit la figure, la mimique même du Riri quand il ne voulait pas se réveiller. La Banquise restait là, le plateau en mains, indécise, admirant l'homme nu. Un corps d'adolescent, long et mince, très musclé, seuls le cou, un triangle sur la poitrine et les avant-bras étaient bronzés, le reste était d'une blancheur farineuse. Une horrible cicatrice, récente, violacée, au relief crénelé par des points de suture espacés, un sillon boursouflé allait, depuis le nombril se perdre sous l'aisselle. C'était, dans la chambre d'un adolescent, le stigmate brutal d'une guerre sans romantisme.

Clémence était hypnotisée par cette nudité crûment

masculine dont elle ne pouvait s'empêcher d'imaginer le grain et la tiédeur. Mais il se retournait, pressant l'oreiller sur sa tête, toujours comme son Riri, quand enfin la bonne odeur du café le réveillait. La Guitoune avait eu le temps de remonter chez elle, et s'était sans doute déjà installée à sa fenêtre avec vue plongeante sur le lit du capitaine. Alors la Banquise déposa doucement le plateau sur la table de nuit, et sortit sans faire le moindre bruit.

Quand elle arriva dans le bureau de tabac, il y avait déjà de l'animation. Elle nota avec satisfaction que le Pétronille avait pris sur lui de commencer à servir pendant que « la patronne était occupée... » Il remplissait péniblement un congé pour le Clouque qui avait une bonbonne de vin à faire transporter à la gare par le Pacoulin. A l'entrée de la Banquise, les conversations s'arrêtèrent net. Elles étaient pourtant très animées mais à voix basse (de l'escalier, elle n'avait perçu que des murmures confus). Tous les yeux étaient fixés sur elle, ronds :

— Qu'est-ce que vous croyiez, que j'étais morte, que vous me regardez comme si j'étais un *trêve* !...

Il y avait là, outre le Pétronille, le seul qui était à sa place, la Guitoune, le Clouque et la Gonflette, la femme du Pacoulin. Elle venait vendre ses haricots verts à la Banquise, qui était une des rares Bouscasselloises à n'avoir pas de potager. Gros rires un peu forcés pour masquer la gêne : « ... Et comment qu'elle est *escarabillée*, notre Banquise ! »

Elle venait de payer ses haricots quand la Marie pointa son groin, apportant on ne savait comment son habituelle puanteur de lisier. Elle chaperonnait deux quadragénaires en treillis de guébirgues, qui fréquentaient son bistrot.

— *Soun enraoumassats* ? demanda la Gonflette, parce qu'ils doivent avoir le nez bouché...

— Je viens aider mes clients à choisir des cartes postales, je fais marcher le commerce local... annonça sans humour la femme du Gamate.

Et elle entraîna les deux guébirgues vers le tourniquet.

Elle communiquait avec eux dans un sabir de mots approximatifs ramenés par son Gamate de Poméranie, souligné d'exclamations, de grognements et de gestes. Les autres clients suivaient le manège avec une indiscrétion presque insultante. Les guébirgues, plutôt gênés par leur encombrante duègne, jetaient par-dessus son épaule des sourires contrits au public. Personne ne faisait mine de débarrasser le plancher alors que la Banquise avait pris son balai et s'appliquait à leur faire lever un pied puis l'autre sans s'excuser.

Le Clouque, mine de rien, demandait des nouvelles d'Henri :

— ... Il paraît qu'il a quitté le lycée, un garçon si intelligent, si comme il faut... pas vrai, Clémence ?

Elle répondit d'un ton glacial, sans élever la voix :

— Un ange !

Le Clouque se lança dans un laïus vaseux et vicieux, sur les tentations qui menaçaient ces jeunes gens ardents qui peu à peu disparaissaient on ne savait où, mais qu'en tout cas on ne voyait plus traîner dans les rues de Bouscassel...

Tout le monde comprenait l'allusion. La Marie, sans lâcher ses deux guébirgues toujours hésitants devant le tourniquet, tendait l'oreille avidement. Mais quand le Clouque montra la direction du mont Lozère et demanda l'air finaud si Henri n'aurait pas par hasard rencontré le Miston, alors la Guitoune éclata :

— Tu voudrais bien, *mournifle* ! lui porter *bouzèno*, à mon Miston, et à l'Henri de la Banquise, et à tous les *péquélons* de Bouscassel, bougre de *porte-fachine* ! tout ça, parce que tu as pas pu en avoir, de gaminous, toi ! parce que ta semence est pourrie par ta méchanceté !... *mounstré* ! Depuis, tu pourris tout ce que tu touches, tes paroles sentent fort... Et à moi, tu m'en veux encore plus parce que je sers de sage-femme, que je mets au monde de beaux enfants, solides et capables de tenir un fusil... Oui, tu m'en veux, *empestiféleur* ! parce que j'ai jamais eu à délivrer ta pauvre Céline, que tu es jamais arrivé à l'arrondir ! rien qu'à l'aplatir à force de la *baceller*, tabasseur à l'*oumbretto* ! Mais dis-le donc, *saloupardas* ! que tu voudrais voir crever tous les enfants de la terre parce que tu sais que tu es maudit, comme il est écrit dans la Bible : « Que ta race s'éteigne ! » et que tu es à jamais le dernier des Candelaïré, ton nom mourra avec toi ! Candelaïré, n... i... ni... c'est fini !...

Le Clouque marche sur elle en levant le poing :

— Un mot de plus et *ti voou vira ün viro t'en laï qué lou mur t'en viro ün autro tournamaï*... Un mot de plus !

La Guitoune l'arrête d'un regard :

— Tu veux un mot, le voilà : chiche !

Elle attend un peu et sort dignement, faisant tanguer son énorme bassin de bonne pondeuse.

Le Clouque se rabat sur Clémence et cherche à se la concilier :

— C'est vrai, quoi ! l'époque est dangereuse, y a de quoi se *carciner*... moi j'aurais un garçon en âge de se battre, j'aimerais savoir toujours où il est et ce qu'il fait... j'essaye de me mettre à votre place...

Clémence prend des mains de Pétronille le formulaire qu'il remplissait pour le Clouque. Elle brandit le papier devant le nez du cantonnier. Pétronille lui-même a un geste de recul.

— Monsieur Candelaïro, moi, à votre place, j'avalerais ma langue !

La Banquise lui colle le papier sur la poitrine si rudement qu'il recule d'un pas vers la porte, puis, ayant repris le balai en mains, elle repousse hypocritement le Clouque vers la sortie quand ils s'aperçoivent, aux claquements de talons des deux guébirgues se figeant dans un garde-à-vous prussien, que leur capitaine est là, dans l'encadrement de la porte de la cuisine, immobile, silencieux, et on ne sait pas depuis combien de temps.

Les yeux noirs, scintillants, de l'officier allemand parcourent les visages ahuris, un à un, et sans se presser, ce qui met chacun mal à l'aise. Cependant, il hume l'une des trois fleurettes. Quand son regard rencontre celui de

Clémence, il marque un temps, intrigué. Puis il lâche : « Bonjour ! » Il traverse d'un pas ferme le groupe où chacun s'écarte comme si le capitaine brûlait. Il sort, suivi des gens qui s'arrêtent sur le seuil pour le voir rejoindre son side-car.

Son ordonnance, qui faisait aussi fonction de pilote de l'engin, l'attendait au garde-à-vous. Le capitaine lui montre la fleurette. On ne pouvait entendre leur conversation mais le guébirgue fait le geste de porter un plateau. L'officier sourit, se retourne vers les curieux tassés sur le seuil du bureau de tabac. La Banquise n'en est pas, alors il hausse les épaules, saute dans la « baignoire » du side-car, lequel démarre en souplesse.

Depuis qu'elle avait un hôte forcé, la Banquise ne pouvait plus mettre la barre aux volets, elle devait se contenter de les appuyer, l'officier, qui rentrait à toutes les heures de la nuit, les accrochait lui-même, ce qui était bien correct de sa part. S'il voulait ressortir plus tard, ce qui lui arrivait aussi presque toutes les nuits, il lui était facile de les ôter, puis de les remettre à son retour, ce qu'il ne manquait jamais de faire. D'ailleurs ses allées et venues étaient si discrètes qu'elles ne réveillaient qu'à peine Clémence. Elle dormait pourtant dans la chambre qu'il était bien obligé de traverser pour sortir ou rentrer dans la sienne. « Comme "réquisitionneur", répondait-elle aux commères, j'ai plutôt bien *capité*... »

Ce soir-là, il rentra de bonne heure, chargé de paquets, avec un « bonsoir » sans même regarder la Banquise qui faisait choisir un jeu de cartes au Rampel et au Barbouille qui n'arrivaient pas à se mettre d'accord sur la couleur du dos. Enfin débarrassée de ces deux *pègues*, la Banquise put ranger sa boutique, établir ses comptes de la semaine, ce qui lui prenait pas mal de temps, le calcul étant son point faible. Elle enferma dans le tiroir le cahier de comptes et la chemise des bordereaux. Quand elle fut pour fermer, sur le seuil, elle dut répondre aux cordiales banalités de deux Ramirez et d'un Kandinski, retour de leur décrassage dans la rivière, exhibant une paire de belles truites braconnées à la main. Enfin, elle put mettre la barre à ses volets. « Ouf ! je suis chez moi, seule »... pensait-elle, contente, mais aussitôt elle se souvint que, seule, elle ne l'était pas.

Quand elle ouvrit la porte de sa cuisine, elle s'arrêta au seuil, stupéfaite. L'ampoule avait été éteinte au profit de deux bougies qui ne fournissaient qu'une lumière incertaine mais si douce. Sur la table, un repas était servi pour deux couverts. A la limite de la pénombre, elle eut de la peine à reconnaître le capitaine des guébirgues. Il s'était mis en civil, complet gris clair, cravate mauve, pochette blanche. Sur la table, les bougies donnaient une vie tremblante à une douzaine de roses rouges.

— J'étais sûr que vous finiriez par avoir faim...

Le capitaine Amadeus Kandler parle un français un peu désuet auquel s'ajoute un léger accent germanique.

Il écarte une chaise, lui fait signe de s'asseoir. Il doit insister pour qu'elle comprenne l'invite.

Clémence a un regard vers la porte et la fenêtre comme pour s'assurer que personne ne peut ni voir ni entendre. Elle esquisse un sourire mal à l'aise puis, tel un automate, prend enfin place sur la chaise.

— Ein Schwarzwaldvesper — ein Genuß den Sie sich nicht entgehen lassen sollten... Pardon, madame Van Khyse, je traduis : voici un casse-croûte de mon pays à ne rater sous aucun prétexte et avec lequel je me permets de vous convier à votre propre table, me le pardonnerez-vous, chère madame... « à la fortune du pot », c'est bien comme ça qu'on dit en français ?

— Mais... vous parlez français mieux que nous !

— Je n'y ai aucun mérite, chère madame, le français est ma deuxième langue maternelle. Mais je vous expliquerai cela plus tard. Voyons un peu ensemble ce que nous avons au menu...

Il désignait au fur et à mesure de ses explications un éventail de fines tranches de viande, « Schaüfele », épaule de porc fumée, « Rauchfleisch », jambon de la Forêt-Noire fumé aux aiguilles de pin, des radis, des cornichons, divers amuse-gueule… et deux bouteilles du vin de son pays… Badischer Spätburgunder…

— Nos vignes poussent dans la région située autour de Bühl au nord de la Forêt-Noire… Hélas ! nous en serons réduits à manger froid. Je suis bien passé par la cuisine du bataillon, mais rien que l'odeur sous le préau de l'école m'a ôté toute envie de prélever des portions pour notre petit souper aux chandelles… Par bonheur, je viens de recevoir un colis de ces bons produits de Baden-Würt-temberg que ma mère s'est procurés, à grand-peine, j'imagine. Quel bonheur de le partager avec vous au lieu de saucissonner tout seul dans ma chambrette avec pour unique compagne la cuvette des cabinets…

Pendant cette présentation, la Banquise était passée du petit au franc sourire pour finir par pouffer. Mais en même temps elle avait des pressentiments : il avait pu surprendre des conversations… raison de plus pour se montrer aimable, pourtant elle laissa échapper encore une fois :

— Mais comme vous parlez bien le français !

— Chez moi, lorsque j'étais enfant, c'était la seule langue que nous parlions en famille. Mon père l'avait apprise de son père, qui l'avait apprise du sien… et ainsi de suite depuis onze générations. Car en 1688, nous étions encore français, français d'ici, et huguenots ! Pour notre foi, on nous a persécutés et nous avons dû fuir, mais nous n'avons jamais oublié ni la religion réformée, ni le pays perdu, ni la langue…

Clémence fronce les sourcils. Il croit deviner ce qu'elle pense.

— Oh, non, chère madame, ne croyez pas que ma présence ici s'est faite dans un esprit de revanche, bien au contraire !… je parcours désespérément les cimetières à la recherche de mes ancêtres. Cela fait des années que je rêve de retrouver les descendants français de la vieille famille Kandler. Vous comprenez que, lorsqu'on a demandé des volontaires pour combattre les terroristes dans vos contrées, je me suis inscrit. J'avais plus d'un titre pour cette mission ; il fallait des troupes de montagne, or comme je suis un skieur réputé, on m'a bombardé à la tête de ce bataillon spécialisé, ensuite je suis protestant et fils de pasteur, il paraît que chez vous, ça compte, enfin je parle la langue du pays d'occupation, ce qui peut être utile...

Kandler s'assoit en face d'elle et verse du vin rouge dans deux beaux verres. Il lève le sien en la regardant droit dans les yeux. Clémence ne bouge pas, puis soudain, elle réagit brusquement, comme si elle réalisait ce qu'il fait, et attrape son verre, un peu précipitamment, maladroitement.

— Trois siècles après, revenir à ses sources, les armes à la main, hélas !... je devrais me sentir si triste de tout cela... mais je vous regarde...

Kandler est presque aussi gêné qu'elle, il bredouille une phrase qu'il a dû préparer à l'avance :

— Je désire boire à vous, madame Van Khyse... Il y a tant de ce qui... fait... une femme, en vous... peut-on dire comme cela, en français ?

Clémence acquiesce avec un drôle de sourire et reprend une gorgée de son verre, pour se donner du courage. Kandler se lève d'un bond en poussant un petit rire gauche.

— Oh, mais veuillez me pardonner, j'en oublie mes devoirs d'hôte... Nous avons bu ce premier verre un peu légèrement, sans conscience... J'aimerais vous parler de ce vin...

Il remplit le verre de Clémence et le sien qu'il élève lentement entre ses dix doigts à hauteur des yeux comme un ciboire :

— Ce vin m'est cher, il vient de notre vigne d'Oberndorf. Je serais ravi que vous l'aimiez. (Il s'arrête pensivement, tout à ses souvenirs, ses yeux se remplissent de larmes… et c'est d'une telle émotion, tellement visible, tellement sincère que Clémence est profondément touchée.) En 1914, mon père, le pasteur fou de Mozart, à qui je dois ce prénom d'Amadeus, avait planté SA vigne, comme un geste biblique. Il n'en a jamais bu le vin, il a été tué à Verdun… Je ne peux porter ce verre à mes lèvres sans penser au sang de mon père, au sang du Christ… Buvons lentement, peut-être après quelques gorgées me verrez-vous différemment, vous pourrez peut-être oublier que je vous ai été imposé… Je suis arrivé dans cette maison, sans y être invité. Vous êtes seule ici, et votre fils…

Clémence, à l'évocation d'Henri, s'apprête à réagir, mais il fait mine de ne rien voir et continue :

— Je sais… (après le premier «je sais» il insiste assez maladroitement :) je sais ! que votre fils est à l'internat et qu'il doit beaucoup vous manquer… ma présence peut vous sembler bien encombrante, alors…

La charcuterie de Fribourg-en-Brisgau était très épicée, le fameux vin badois, encore que très chargé en degrés, délicieux, se buvait comme de l'eau. La Banquise, qui ne consommait jamais d'alcool, laissait son hôte remplir son verre. Il y avait des temps et des temps qu'elle ne s'était régalée d'un repas aussi savoureux… A mesure que les bougies rapetissaient, ils avaient de moins en moins d'appétit mais toujours aussi soif. Plus la lumière faiblissait, plus leurs yeux brillaient, plus le capitaine se laissait aller aux confidences et plus Clémence se sentait justifiée. Bientôt, elle sut tout de lui.

Kandler, né à Oberndorf, n'avait jamais eu la vocation religieuse, ni la musicale, ni même la militaire, faute de quoi il avait fait son droit comme la plupart des indécis, il était devenu avocat, profession qu'il jugeait moins déshonorante que tant d'autres puisqu'elle pouvait parfois permettre d'aider son prochain en difficulté. Des ardeurs de sa jeunesse, la mobilisation et la guerre ne lui laissaient que l'envie de devenir un jour écrivain pour témoigner de son désabusement… Ce disant, il fixait sur la Banquise des regards pas du tout blasés. C'était la première personne à laquelle il avait envie d'ouvrir ainsi son cœur. Sa famille était rigide et glaciale, ses copains caustiques et cyniques, les militaires obtus... Et puis c'était la première femme, la première personne qui lui offrait des fleurs...

— Mais si !... chère madame Van Khyse... Vous n'auriez pas un autre nom à m'offrir ?

— Je m'appelle Clémence.

Pour fêter ça, il déboucha la deuxième bouteille. Amadeus trouvait Clémence très jolie, et c'est vrai qu'elle l'était, le feu aux joues, avec son chignon qui s'était défait tout seul. Sa chevelure rousse répandue sur ses épaules empruntait à la flamme des bougies des reflets d'or tantôt, tantôt de sang. La tramontane se leva, comme elle en a la coutume au versant de la nuit. Elle menait son grand charivari par les fenêtres des chambres restées ouvertes à l'étage, avec accompagnement de volets mal accrochés. Ce vent de bourrasques bienfaisantes qui fait apprécier les bons murs et se rapprocher les gens à l'abri. Alors le capitaine se leva pour prendre place à côté de son hôtesse, tout contre.

Les « vendanges tardives » en étaient à mi-bouteille qu'Amadeus prenait déjà la taille de Clémence. Elle trouvait ça très bien, très bon. En caressant le flanc d'Amadeus, elle avait glissé la main sous sa veste, puis sous sa chemise, ainsi elle reconnut au toucher l'effrayante boursouflure de la cicatrice... encore un homme de guerre... Il n'y avait pas si longtemps... voyons... Paco... Ce nom la faisait retoucher terre, l'espace d'une seconde : lequel tuerait l'autre, de Paco ou d'Amadeus ? Mais non, ils ne se rencontreraient jamais. Dans ces minutes, la politique n'existait plus. Ils continuaient à boire sans même s'en rendre compte. L'Eiswein sifflé jusqu'à la dernière goutte, jaillit comme par miracle une bouteille anonyme contenant le bon kirsch de maman Kandler.

Embarrassés l'un et l'autre, ils se servent et boivent. Ils se resservent encore...

Clémence, qui avait les yeux rivés sur ceux de Kandler, baisse son regard sur sa propre main. Celle de Kandler est posée dessus. Elle relève son regard vers le capitaine. Il est tout rouge, il est bouleversé... reconnaissant.

— Jamais... jamais personne ne m'avait offert des fleurs... jamais!...

Elle sourit tendrement. On entend le sifflement du vent, un volet qui claque. Clémence frissonne. Le capitaine ôte sa veste et vient derrière elle, pour la poser sur ses épaules.

Elle prend la veste par chaque revers et la serre contre elle.

Alors, comme pour l'aider, dans son dos, deux bras vigoureux viennent l'enlacer.

Clémence ferme les yeux.

Amadeus la serre très fort et entreprend de lui caresser les seins, elle laisse aller sa tête contre son épaule. A mesure que le sommeil la gagne, elle s'alourdit, c'est délicieux pour tous les deux. Passant un bras sous ses cuisses, l'autre derrière ses épaules, il soulève Clémence et monte les escaliers.

Poussant du pied la porte de la chambre pour l'ouvrir, le capitaine Kandler porte assez péniblement la buraliste, saoule comme une grive, qui s'accroche à son cou des deux bras passés derrière sa nuque, en ronronnant.

La pleine lune de juillet inonde la chambre d'une clarté spectrale. Kandler parvient à détacher les mains de Clémence nouées sur sa nuque et à la déposer sur son lit. Il se redresse en grimaçant. Il quitte sa chemise et constate que son horrible blessure s'est rouverte. Un peu de sang perle. Il tire de sa poche un mouchoir pour éponger le suintement. Il contemple Clémence qui dort, souriante, allongée dans une pose abandonnée, dégrafée, un sein à moitié sorti, jupe retroussée. Il hésite, c'est un homme indécis, un huguenot bourré de principes et de scrupules. Il résiste à son désir. Il tire la jupe afin de recouvrir les cuisses. Enfin, il ramasse sa chemise, mais, sur le chemin de la porte, il fait demi-tour, attiré par un chant... Il va s'accouder à la fenêtre.

Du campement des guébirgues à la sortie de Bouscassel, parvient, sur les souffles presque réguliers de la tramontane, la voix admirable du soliste, reprise au refrain par une douzaine de voix rauques. Le chœur n'est pas parfait mais c'est chanté avec une telle émotion que la complainte tyrolienne exprime intensément la nostalgie des guébirgues pour leurs montagnes. C'est tout simplement beau et pas mal de Bouscassellois sont accoudés à leurs fenêtres. Kandler ferme les yeux, bouleversé.

Il se décide à quitter la chambre, sur le seuil, il lance un baiser esquissé du bout des lèvres à Clémence... Il referme la porte, mais ne lâche pas la poignée... soudain, il rentre, jette n'importe où la chemise qu'il portait sur son avant-bras et dégrafe son pantalon.

Le chant des guébirgues s'achève, des fenêtres se ferment.

Kandler finit de déboutonner le corsage, les seins jaillissent, il les caresse, les baise doucement, il dénude toujours plus la peau laiteuse de Clémence. Dans la pénombre, il aperçoit son ventre légèrement bombé. Ses yeux sont fermés, elle est complètement abandonnée, sa peau frémit sous les caresses pourtant si légères.

Amadeus, toujours à genoux, la tête enfouie au-dessous de son nombril, murmure d'une voix puérile :

— Oh, wie zart, wie sanft das ist... (oh, comme c'est tendre, comme c'est doux).

Il s'en arrache pourtant, prête l'oreille, identifie le feulement des pneus de vélos, les mineurs du poste de jour qui vont au boulot. L'un d'eux siffle le refrain du chant tyrolien des guébirgues...

Dans la chambre, ce sont des bruits de sommier, le réveil tombe de la table de nuit, alors s'élève un nouveau cri de la Banquise, un hurlement de jouissance, la surprise émerveillée du premier véritable orgasme dans la vie d'une femme, une modulation perçante qui rappelle le chant d'amour des baleines...

Ils furent réveillés par des coups frappés aux volets du tabac. Le soleil du matin inondait la chambre. La Banquise enfila son vieux peignoir pour aller ouvrir la porte de la boutique à l'ordonnance qui, sans un mot, lui remit le plateau. Elle le monta, mais dut redescendre presque aussitôt, appelée par l'impérieuse sonnerie du téléphone. On demandait le capitaine Kandler. Il eut une longue conversation ponctuée de « Zu Befehl ! » puis, sur un regard navré pour Clémence, il remonta quatre à quatre dans sa chambre, d'où il redescendit équipé de pied en cap, casqué. En plus du revolver qu'il portait habituellement sur le flanc droit, il s'était armé d'une mitraillette Krupp qui se balançait sur sa poitrine. Il sauta dans le side dont le moteur tournait déjà, jetant à son guébirgue des ordres d'une voix horriblement gutturale.

Par moments, on aurait bien dit que Bouscassel avait une âme collective. Du temple à la filature, des jardins à la mine, tous semblaient ressentir les mêmes émotions au même instant. Alors les parents, les amis, les voisins éprouvaient le besoin de se retrouver, le village se rassemblait en frissonnant comme un chien malade, couché dans un coin, rassemble ses pattes et sa queue sous son ventre. Ainsi le départ en expédition des guébirgues avait jeté les gens de bonne heure dans la rue. Ils se passaient nouvelles et impressions : les guébirgues étaient partis avec toutes leurs armes et des rations pour plusieurs jours. Ils n'avaient laissé qu'un petit poste de garde à l'école. Le facteur, manchot de la guerre de 14, précisait :

— En descendant de Saint-Jean, de chercher le courrier comme tous les matins, je les ai aperçus de loin, sur la montagne, du côté des Bartassels, et là, ils défilaient pas en chantant, que non ! ils faisaient pas les flambards, ils grimpaient « en formation de tirailleurs », avec les mortiers sur les mulets...

— Y en a peut-être bien qui vont avoir chaud aux

fesses ! fit le Clouque sans qu'on puisse savoir de qui il parlait, ni s'il le déplorait ou s'en réjouissait.

Maintenant, les Bouscassellois rouges ou blancs délaissaient leurs bistrots attitrés, celui du Croustet pour les premiers, celui de Gamate pour les seconds, au profit du bureau de tabac où même ceux qui n'avaient aucun prétexte pour entrer accompagnaient le client, lequel lambinait. D'autres restaient sur le trottoir ou dans les environs immédiats. La Banquise était l'objet d'une curiosité qui n'osait pas s'exprimer franchement, qui était aussi un peu cruelle : d'abord Clémence logeait le capitaine, elle devait être mieux informée et plus inquiète que quiconque. Comme chacun soupçonnait son fils d'être au maquis, on pensait qu'elle s'employait à se renseigner auprès de l'ennemi.

La buraliste assumait ses fonctions comme d'habitude, ni plus sèchement, ni plus aimablement. Cependant, elle ressentait à fleur de peau tous ces yeux qui l'épiaient sournoisement, à l'affût de la moindre faiblesse. Elle ne broncha même pas quand le Pacoulin apporta des nouvelles fraîches.

Le paysan avait arrêté sa charrette devant le bureau de tabac. Elle avait été aussitôt très entourée. Chacun savait qu'il était passé dans le secteur sensible, en revenant de la gare de Saint-Jean, d'où il rapportait les paquets de la Régie. Il les livrait un par un, écartant les badauds, se faisant prier, ne livrant entre ses allées et venues que des bribes de ce qu'il savait. Par le fait, il n'avait rien vu, mais il avait entendu, oui, entendu ! quelques coups de fusil, quelques rafales d'armes automatiques et un chapelet d'explosions de mortier.

— ... Mon oreille ne peut pas me tromper, rétorquait-il aux sceptiques, j'ai payé pour savoir de quoi je parle... (il frappait sur sa jambe raide depuis Verdun.)

Madame Kandinski partit en sanglotant, il y avait des mois qu'un de ses fils, Jarek, n'allait plus à la mine. Le Clouque commentait à voix basse, honteusement eût-on dit :

— Les pauvres petits ! c'est qu'ils ont affaire à de vrais soldats, supérieurement entraînés...

Le Lafuste, le menuisier, toujours bienveillant :

— Ces guébirgues, pourtant, ils ont pas l'air d'être de mauvais bougres...

A cet instant, le téléphone fit entendre son horripilante sonnerie. Tout le monde sursauta, les commentaires s'arrêtèrent net. La Banquise courut décrocher le combiné :

— Allô ?... Oui, c'est ici... Le capitaine Kandler ? Non, il n'est pas là... Je lui ferai la commission... Oui, sans faute : « Rappeler la... Kommandantur... »

Elle raccrocha et leur lança :

— Et alors ! vous en savez autant que moi...

— Ah ! ça... fit la Rumeur, avec une mimique dubitative.

Le Margouillat très étonné arriva sur la pointe des pieds, et, à force de « pardon... pardon... », parvint à se faire un chemin jusqu'au comptoir où il acheta les cigares du filateur en présentant les tickets, inclus les siens que son patron, qui lui interdisait de fumer, lui confisquait sans vergogne.

— Margouillat, tu peux dire à ton Magnat qu'il l'emportera pas en paradis... lança sur ses talons, à tout hasard, le Ripailles.

Mais voici que le Pétronille accourut tout essoufflé, toutes ses chairs flasques trempées de sueur, il annonça, haletant :

— On dirait des explosions, là-bas, loin, au-dessus des bois de l'Avès...

Tous se précipitèrent pour voir. La Banquise, restée seule, rentra dans sa cuisine, prit sa place, la tête entre les mains, les coudes sur la table.

Les volets furent ouverts à grand bruit. La Banquise, qui ne dormait que d'un œil, regarda son réveil : il était plus de trois heures du matin. Elle les avait seulement poussés, pourtant il lui parut qu'on les enfonçait, elle se dit que ce n'était pas le capitaine qui rentrait toujours si discrètement. Elle descendit rapidement et trouva Kandler assis par terre et congédiant avec violence son ordonnance qui voulait l'aider à se relever. Il fit signe à Clémence de rabattre les volets et de mettre la barre, puis, repoussant son aide, il se hissa en s'agrippant au comptoir, et parvint ainsi à se mettre debout sans appuyer son pied droit. Il grimaçait de douleur. Clémence, qui venait d'allumer, fut saisie par son état et sa mine. Couvert de poussière, une épaulette arrachée, il avait le teint plombé. Sans un mot, la Banquise lui saisit un bras qu'elle passa sur ses épaules, et, ainsi, elle le soutint, le soulevant pour que son pied droit ne touche pas les marches gravies une à une, avec une pause à chacune. Il était lourd mais elle était forte, et décidée. Quand elle l'eut couché tout habillé, elle lui apporta la bouteille du kirsch de maman Kandler, et but au goulot après lui :

— Où es-tu blessé ?

— Ce n'est pas une blessure, je me suis tordu le pied en courant. C'est la cheville qui a tout pris, je me suis cassé un os ou arraché un ligament... dans le meilleur des cas ce n'est qu'une entorse...

— Nous allons voir ça !

— Attention, Clémence ! mon pied a gonflé dans ma botte, il faut la fendre, va chercher un bon couteau...

C'était du cuir de Russie, il résista une bonne heure. Lorsque enfin le pied parut, gonflé, violacé, ils étaient tous les deux trempés de sueur. Elle lui fit ensuite un patient et savant massage avec une pommade d'arnica qu'elle utilisait pour les bosses de son petit. Puis il s'endormit dans ses bras, elle le berçait ainsi en écoutant le passage des cyclistes du poste de jour qui parlaient fort en roulant : ils commentaient sans doute les événements de la nuit. Elle eut beau tendre l'oreille, elle ne perçut que : « Ils ont pris une *espoussée*... » Il lui sembla percevoir des ricanements à leur passage sous ses fenêtres.

Quand elle se fut assurée que le capitaine dormait profondément, elle se dégagea avec précaution, et descendit pour accrocher la pancarte :

FERMÉ POUR LA MATINÉE

Comme elle remettait la barre, le téléphone sonna, elle se hâta de décrocher :

— Oui... c'est ici... le capitaine Kandler... ah! je sais pas... oui... je lui ferai la commission... dès que possible!

Puis, elle remonta pour attendre son réveil. Quand elle put lui faire part des deux coups de téléphone, il hocha la tête, l'air désemparé, fit un geste vague : ils pouvaient attendre!

Elle lui avait fait cuire un petit déjeuner fortifiant : des châtaignes sèches dans du lait très chaud, sucré au miel de genêt. Elle le força à en avaler la plus grande partie. Quand il rota, elle rit. Ils étaient bien ensemble, il était en confiance :

— C'était un piège. Une lettre anonyme reçue à la Kommandantur dénonçait la présence d'une douzaine de terroristes au lieu-dit «le Pré de la Dame» qui est marqué sur nos cartes d'état-major. A notre arrivée, malgré toutes les précautions que j'avais prises, nous avons été accueillis par des tirs, qui par bonheur manquaient de précision. Un de mes soldats a reçu une balle en pleine poitrine, qui n'a rien touché de vital, il s'en remettra... Un Obergefreiter a reçu une décharge dans la cuisse, des plombs de chasse... Ces malheureux tirent avec n'importe quoi... Le navrant, c'est de voir la débandade de mes paysans tyroliens... J'ai eu beaucoup de mal à les retenir, à les rassembler et à obtenir d'eux un tir de mortier, pour l'honneur en quelque sorte, tu penses bien que les autres ne nous ont pas attendus... Nous avons cassé quelques rochers, puis nous sommes quand même allés voir, nous n'avons trouvé que quelques douilles et un peu de sang...

— Du sang, Seigneur!

Le capitaine regarda la Banquise soudain décomposée, il bredouilla :

— Qu'est-ce que tu crois ! c'est quand même pas la « guerre en dentelles », comme vous dites si joliment...

Il se rendit compte que Clémence s'écartait de lui, physiquement mais encore bien plus moralement — et ce, en une seconde, le temps à peine de sa phrase blasée. Il se sentit pénétré d'un grand froid. Dans ce désespoir soudain, inattendu, tellement pénible, il était prêt à tout pour ne pas perdre Clémence, pour qu'elle se rapproche de lui, pour rentrer dans sa chaleur :

— C'était pas un massacre... l'homme a été à peine blessé, nous l'avons vu s'enfuir en boitillant, c'était un vieux, les jeunes sont plus lestes, ils étaient déjà loin...

La Banquise revint dans ses bras avec un soupir :

— Comment tu peux, toi, protestant, fils de pasteur, avocat, donc « défenseur de la veuve et de l'orphelin », toi qui aimes la musique, les jolies choses ! non ! mais... comment tu peux, toi, Amadeus, tirer sur des gamins ?

— Dis, ces gamins ils nous tirent dessus, quand même !

Sentant qu'elle se raidissait de nouveau, il changea de ton :

— Si tu crois que je suis militaire pour mon plaisir, non, c'est par peur, je te le dis tout net... tu ne connais pas la Gestapo ! par peur, par lâcheté... Je me dégoûte... Mes Gebirgsjäger sont avant tout des paysans costumés en militaires... D'ailleurs toutes les autres formations du Reich ont des insignes guerriers : le casque, le fusil, le poignard... Nous, c'est une fleur : l'edelweiss... une fleurette frileuse... Nous marchons, nous tuons en tremblant, et moi en tête...

Il se tut, ils prêtèrent l'oreille : sous la fenêtre, il y avait un brouhaha de discussions, les gens devaient se demander pourquoi le tabac était fermé ce matin.

— Je me sens dans la peau d'un de ces ignobles dragons de Villars que votre... notre Roi-Soleil envoyait dans ce pays pour traquer les protestants... mes aïeux ! Dès que le service me laisse un moment de libre, je recherche ma famille : des Kandler ou, avant que notre nom soit germanisé, ce pouvait être des Candler ou des Chandelier ou des Candelaire...

— Ici, nous avons le cantonnier, il me semble que son vrai nom est Candélaïro, ça se prononce comme ça... mais tout le monde l'appelle «le Clouque»... peut-être parce qu'il a toujours l'air de couver quelque chose...

Le téléphone se mit à sonner, ils le laissèrent sonner. En se bouchant les oreilles, ils se souriaient.

— Il faudra bien que j'aille répondre finalement, gémit-il.

Dans l'heure suivante, le téléphone sonna encore quatre fois, de plus en plus insistant.

— Si je ne réponds pas, ils viendront.

Clémence se serra contre lui comme pour le protéger, elle pensait : voilà que je m'amollis au moment où je devrais me faire de plus en plus dure.

L'après-midi, la Banquise fut bien obligée d'ouvrir mais elle demanda au Pétronille de tenir la boutique.

Le capitaine souffrait moins, il ne pouvait pourtant toujours pas poser son pied. Clémence le soutint pour descendre les escaliers, une marche devant lui. Il s'accrochait à elle, les bras autour de son cou. C'est dans cet équipage qu'ils déboulèrent dans la boutique au milieu de quelques clients et de beaucoup de curieux : le Barbouille, le Groumille, le facteur, la Guitoune, la Rumeur, le Lafuste, et même le Gandin, le plus indigné. Le couple buta sur un silence réprobateur aussi dur qu'un mur. Après avoir déposé son capitaine sur une chaise sous le téléphone, la Banquise, aidée par le Pétronille, servit rapidement les clients et tenta de pousser les autres dehors afin que l'officier puisse appeler la Kommandantur dans une tranquillité relative.

L'échange téléphonique ne fut pas très long mais sans doute d'une extrême violence, à en juger par la figure de Kandler qui se décomposait au fur et à mesure que son interlocuteur lui coupait la parole. On ne lui laissait même pas achever le premier mot, sauf des «ja» et des «zu Befehl» empressés. Quand il put enfin raccrocher, Amadeus resta un moment abattu sur sa chaise, s'ébrouant comme au sortir d'une averse. Le plus humiliant fut que ce coup de téléphone avait eu pour témoins les fumeurs insistants, qui rentraient malgré tout et que la Banquise était bien obligée de servir. Ces *brando-brén* pouvaient comprendre facilement que l'officier «en prenait pour son grade». Ce fut l'expression la plus couramment employée pour répandre la nouvelle dans Bouscassel.

Le capitaine ne pouvait se déplacer, il ne pouvait envisager de monter dans son side-car, il dut prendre des dispositions de fortune.

— Clémence, je me vois dans l'obligation de réquisitionner ta cuisine... On pourrait ouvrir la petite porte sur la ruelle pour faire entrer mes visiteurs sans te gêner pour ton commerce...

Von Kandler expliqua à la buraliste, sans entrer dans les détails, qu'il devait mettre au point certaines actions sinon les sanctions disciplinaires s'abattraient sur lui et sur ses hommes.

— Nous serions alors remplacés par des Waffen S.S... Ce serait autre chose que mes paysans tyroliens! tu n'imagines pas de quoi ces commandos sont capables!...

Il passa le bras sur les épaules de Clémence et soupira comme si ça lui coûtait de dire ça :

— Si... quelqu'un pouvait convaincre ces jeunes gens de prendre patience, de s'abstenir de terrorisme, de violence, de se tenir tranquilles, de se faire oublier... ne serait-ce qu'un mois ou deux...

Après une pause intentionnelle, sur un ton souriant :

— Alors, d'accord, Clémence?

— D'accord sur quoi?

— Pour me prêter la cuisine!

Elle dit oui d'une pression de main sur son avant-bras.

C'est ainsi que l'arrière-boutique du bureau de tabac, de cuisine, devint le P.C. de compagnie des guébirgues.

Sur la table débarrassée de la nappe, la carte d'état-major était déployée, ainsi que les documents de service. Le capitaine reçut d'abord un tout jeune lieutenant, son adjoint, puis, toujours séparément, les différents sous-officiers. Il s'entretenait longuement avec chacun.

A chaque bout de l'impasse, un guébirgue montait la garde, interdisant le passage aux curieux qui ne pouvaient que risquer un œil par-dessus l'épaule des sentinelles. La Guitoune, qui avait poussé son importance jusqu'à inviter la Céline et la Rosalie à venir profiter de sa fenêtre sur l'impasse dut, sous la menace des deux fusils, fermer ses contrevents.

La fin de la journée fut épouvantable pour Clémence, en butte aux clients qui, plus ou moins sournoisement, essayaient de lui tirer les vers du nez. Ils lui tournaient autour comme les mouches avant l'orage. Bouscassel sentait dans ses tripes, à la façon des bêtes, l'approche de la tempête. La Banquise devait bander sa volonté pour ne pas les chasser à coups de manche de pioche, mais ç'aurait été très maladroit surtout en ce moment, surtout dans la conjoncture.

A la nuit, toutes ses dispositions étant prises, le capitaine pria la Banquise de l'aider à remonter les escaliers et à se coucher.

Ils passèrent une bonne demi-heure simplement, étroitement, enlacés, à se *mourédjer*, ce qui peut se traduire du cévenol, comme l'expliqua Clémence, par « se frottailler les groins. » Après cette sensuelle fricassée de museaux, Amadeus demanda :

— Va ranger mes cartes que j'ai laissées sur la table, d'ailleurs tu dois avoir besoin de disposer de ta cuisine. Pour mes documents, je ne veux pas qu'ils traînent. D'ailleurs, comme je me méfie de mes adjoints (il y en a certainement au moins deux qui sont de la Gestapo), je porte toutes mes indications en français… (Il resta un instant rêveur puis il ajouta nostalgiquement :) C'est une habitude que j'ai prise tout petit, j'étais si fier de parler deux langues — surtout la langue de mes ancêtres farouches... ces paroles gardaient mes petits secrets de la curiosité des autres élèves, de leur méchanceté, il me semblait que le français me protégeait...

Il avait dit ça d'un drôle d'air, en passant tendrement sa main sur celle de Clémence. Elle en fut émue : mais elle était aussi profondément troublée par cette confiance... aveugle ? ou... intentionnelle ? Elle hésitait à en tirer profit, elle était trop amoureuse d'Amadeus pour le trahir, mais ne se devait-elle pas, avant tout, à son fils ?

Elle descendit dans sa cuisine, alluma la suspension et la descendit à bout de chaîne au-dessus de la carte et des documents qui étaient restés étalés, comme offerts. Elle prit son encrier, son porte-plume, un cahier d'écolier... mais resta là un bon moment à hésiter... Elle en vint à se dire : « Amadeus n'est pas bête à ce point-là, il l'a fait exprès... ses notes en français ! » En examinant de près les documents, elle s'aperçut que c'était un plan en vue d'un repli général des troupes allemandes de la région. Alors, elle comprit : Kandler voulait faire savoir aux maquisards que les guébirgues s'en allaient. Désormais, à quoi bon se battre ? « Il veut sauver nos gamins. Comme ça, personne ne tuera personne... j'ai bien raison de l'aimer, je l'aime de plus en plus. Au fait, est-il marié ? A-t-il des enfants ? mais non, voyons, sincère comme il est, il n'aurait pu s'empêcher de m'en parler... »

Et la Banquise, en tirant la langue, entreprit de copier tout ce qu'elle trouva.

Les maquisards de Paco bivouaquaient dans un mas depuis longtemps abandonné à flanc de montagne, près des cimes, d'où l'on a une vue admirable sur les vallées, en particulier sur celle de Bouscassel. Il faut vraiment arriver dessus pour le voir, niché dans la forêt de hêtres.

Au bord du paysage, Henri et le Miston sont en train de peler des pommes de terre. Les cheveux ras, bronzé, le regard dur, le visage amaigri, Henri a un air malheureux, le fils de la Guitoune a l'air très embêté.

Derrière eux, deux douzaines de maquisards, très jeunes pour la plupart, des mineurs et quelques fils de paysans. Ils bavardent par petits groupes, assis sur des rochers au bon soleil. Il y a là, entre autres, Jarek Kandinski, Albin, le fils du meunier, Robert, celui du facteur. Ils fument en nettoyant des armes ou en pelant des légumes.

Un peu plus loin, sous la tonnelle du mas, Paco, Sebastian et Julio, les deux cousins de Manole, discutent avec le Carbure.

Avant de les quitter, le fils du forgeron tire de sa musette les journaux et les médicaments qui lui avaient été commandés à son précédent passage. La blessure de Paco est superficielle, il en blague : «Jamais deux sans trois, une sur l'Ebre, une à Madrid et une en Cévennes, je suis à jour!»

— Carbure, tu pourrais pas nous prêter ta Traction? On a besoin d'une bagnole rapide pour un coup de main.

— Tu rigoles, non? j'y ai mis toutes mes économies, elle est sur cales, elle ne sortira que quand on trouvera de l'essence, après la Libération...

— De l'essence, nous on en a trouvé, chez l'ennemi... argumente Paco. Et tu sais que je peux la conduire, ta précieuse Traction!

— Paco, n'insiste pas! vous avez qu'à réquisitionner la Chenard du Magnat... Je sais bien que c'est un veau, mais pour en faire un tank, ça ira, enfin... démerdez-vous!

Henri ne peut s'empêcher de jeter des regards noirs dans la direction de la tonnelle :

— Tu as entendu ce qu'il a dit de ma mère!

— Ça veut pas dire que ça soye vrai, Riri... pardon!... «Tarzan»... non mais! avoir choisi ce pseudo!... répond le Miston. Tu veux passer pour un dur, mais c'est pas encore ça... Depuis que tu vis au maquis, tu t'es fait des muscles, mais à l'intérieur, tu es encore mou... Te fâche pas, je te dis ça en bonne part, en ami... Tu n'es pas responsable de ta mère... C'est vrai, à la fin, on dirait que tu peux pas t'en passer! Tu te mets martel en tête pour ce qu'elle fait de son cul... cinq gouttes de foutre ou cinq litres de sang, et alors? A la guerre, on n'est pas à ça près... regarde-moi... nous avons le même âge, mais moi je suis entré dans la mine à treize ans... ça t'apprend à vivre, *sas*! Toutes ces *bavasseries, et patïn et coufïn*! c'est rien, peau de zèbi! à côté d'un coup de grisou... Le maquis, pour moi, c'est des vacances... jusqu'à maintenant...!

Henri-Tarzan se lève d'un bond en voyant Paco reconduire le Carbure vers le sentier. Il part d'un pas précipité les rejoindre... Il martèle chaque mot du talon : «Ah, je suis pas dur! on va voir si je suis pas dur...!»

Arrivant sur le Carbure, il crie presque :

— Je veux voir ma mère!

La bonne bouille du Carbure se couvre d'un voile de tristesse :

— Je sais pas si c'est une très bonne idée, ça...

— Je veux voir ma mère!

Le Carbure fait une mimique interrogative à Paco qui acquiesce.

— Où?

— Dis-lui de venir me retrouver à mi-chemin, à la mine du Bosc, elle connaît, c'était notre promenade... quand j'étais petit. Dis-lui : demain soir.

Le Carbure s'éloigne.

Paco, qui vient de se rouler une cibiche filiforme, tend son paquet de gris et le cahier de feuilles à Henri qui refuse, alors l'Espagnol insiste affectueusement :

— Allez! il est temps que tu t'y mettes, chiquillo!

La Banquise désemparée rôdait dans sa maison comme si elle devait la quitter pour toujours. Elle allait d'une pièce dans l'autre, ouvrait un tiroir, le refermait, décrochait un vêtement pour le raccrocher au clou suivant. Elle évita la chambre de Riri devenue celle de Kandler, monta dans le grenier, farfouilla dans la soupente qui servait de débarras. Elle tomba ainsi sur la belle paire de bottes, presque neuves encore, qu'Henri lui avait arrachées et qu'il avait si peu mises. C'est maintenant qu'il en aurait besoin, pensa-t-elle. Elle se souvint avoir été désolée de ses espadrilles laissant voir le bout du gros orteil, lors de la visite clandestine qu'il lui avait faite. Maintenant, il n'en voudrait plus, il jetterait avec mépris ce symbole de l'oppression : « sous la botte »... Elle les lui avait achetées, voyons... en 40 ou 41 ? Combien de fois a-t-il changé d'idées en trois ans ? et toujours avec le même élan, la même sincérité, la même foi. Elle remit les bottes où elle les avait rangées : qui sait, peut-être qu'un jour...

La Banquise ouvrit, non sans peine, une cantine dont elle avait oublié l'existence depuis de longues années. Elle contenait les affaires personnelles du pauvre Arsène Maillart, son premier mari, que les autorités militaires lui avaient renvoyées. Elle n'y avait pas touché depuis. La boue des tranchées ne puait plus, mais elle craquait lorsqu'elle déplia la capote raidie comme un cadavre. Les godillots étaient devenus durs comme du bois. Et pourtant toute cette friperie sentait la guerre, l'autre, la Grande, celle de 14-18 ! Le seul élément récupérable de cet héritage de misère était le revolver luisant de graisse qui glissait tout seul hors de son étui de cuir durci. C'était lui, par sa bonne odeur de propre, de net, de toujours prêt à tuer, par cette luisance d'huile d'armes, qui ramenait dans le nez et dans la gorge l'âpre alcool des tranchées, l'haleine du permissionnaire épouillé, relavé, requinqué, repartant pour le front, pour la mort.

La Banquise referma la cantine et s'assit dessus, tenant d'une main le revolver, de l'autre l'étui. Cette arme, à présent, elle s'y attachait. Elle ne pouvait se résoudre à l'enterrer de nouveau dans cette capote. Elle n'avait aucune idée de son fonctionnement, mais elle la sentait pesante de toutes les vies qu'elle avait sans doute ôtées. Elle pensait à la légende d'Aladin, à cette lampe par le goulot de laquelle surgissait un génie-esclave qui exécutait toutes les volontés de son jeune maître... Elle renferma le revolver dans son étui et le claquement du bouton-pression la fit sursauter. L'engin rejoignit la dépouille du poilu de 14 au fond de la cantine. Clémence alors regarda ses mains gluantes, avec dégoût, elle les frotta dans son tablier du geste familier des ménagères, en vain, ses doigts avaient pourtant laissé sur le tissu à fleurettes des traînées couleur marron sale. Elle porta ses mains à son nez, et renifla de nouveau les relents de la guerre dans l'huile d'armes rancie. Elle se mit à secouer ses doigts, nerveusement, maladivement, comme s'ils étaient couverts de fourmis ou de parasites microscopiques, elle courut dans sa chambre les laver au savon de Marseille.

Ensuite, elle poussa la porte de la chambre occupée à présent par un capitaine de l'armée allemande. Il était pour le moment dans la cuisine-P.C. Des photos du *Penseur* de Rodin à celle du camion de brigadistes, de l'affiche du film *Tarzan* à celle de *No Pasarán*, Amadeus n'avait rien changé, il avait respecté les rêves juvéniles d'Henri comme s'ils avaient été les siens. Seule photo personnelle, sur la table de nuit, dans un petit cadre de voyage, la photo en robe du «pasteur fou de Mozart» et d'une dame endimanchée.

Clémence passant une dernière fois du regard la revue des murs, avisa dans un coin le banjo de son fils. Elle sourit, alla prendre l'instrument, le plia soigneusement dans un sac de toile et l'emporta sous son bras.

Encadré, poussé par deux guébirgues, le Clouque fit une entrée piteuse dans la cuisine-P.C. du capitaine Kandler.

— Pourriez-vous me montrer vos papiers, s'il vous plaît, demanda l'officier.

Le cantonnier sortit péniblement des cartes poisseuses et racornies. Le capitaine ne put s'empêcher de les prendre comme avec des pincettes, il les feuilleta... Il s'en voulait du dégoût que lui inspirait la veulerie de l'individu :

— Candelaire, Maurice, né le 26 juillet 1896 à Tarlabas, Gard...

Le cantonnier se mit à renifler puis, parlant très vite, d'une voix geignarde :

— Monsieur le capitaine, c'est pas moi ! j'ai rien fait ! j'ai rien à voir avec les terroristes, ni avec les gaullistes, ni avec toutes ces fripouilles ! bien au contraire, j'ai toujours marché derrière le Maréchal, je suis d'accord avec le Président Laval quand il dit : « Je chouaite la victoire de l'Allemagne !... Je chouaite... ah ! ah ! ah !... » (Il tentait laborieusement d'amener un sourire sur la face glaciale de l'officier en singeant l'accent auvergnat du second de Pétain). D'ailleurs, je suis dans la Légion des anciens combattants... je voulais même entrer dans la Milice, mais ma femme a pas voulu... Ah ! les femmes, vous savez ce que c'est, mon capitaine ! Mais, moi, je suis tout prêt à vous aider...

— Vous êtes protestant ? demanda sèchement l'officier.

— Oh, mon capitaine, protestant ! et même très protestant... vous avez qu'à demander... je suis même le bedeau... depuis la mort de notre pauvre Bouffette...

— Et il y a longtemps que vous êtes protestants chez les Candelaire ?

Le Clouque crut discerner une désapprobation chez l'officier allemand. Il se troubla, bafouilla :

— C'est-à-dire... nous avons été catholiques pendant longtemps... Et je peux pas me tromper sur la date, vu qu'on en parle de père en fils, depuis, chez les Candelaire ! On est devenus catholiques exactement à la révocation de 1686, c'est bien simple : quand on a pourchassé les protestants... (Kandler le regardait d'un air tellement dur qu'il se décomposait :) Mon capitaine, vous savez, nous, on a toujours été du côté des autorités... On n'est redevenus protestants que quand c'est redevenu autorisé, c'est pas qu'on tenait tellement à la Réformée, à ce qu'on disait en famille, mais, que voulez-vous ? dans un tel pays, c'était plus pratique de redevenir protestant, la preuve, c'est ça qui me permet d'être bedeau... ça, c'est une bonne place... un observatoire pour ainsi dire... C'est que je peux vous être utile... j'en sais des choses, moi, je connais tout dans le pays... les gens un par un, les bons pour vous, c'est pas beaucoup, hélas ! et les mauvais... oui, je pourrais vous indiquer ceux dont vous devez vous méfier...

Comme s'il passait la revue, son regard balaya la pièce. Il sursauta en apercevant, debout dans la pénombre, la Banquise qui était entrée silencieusement depuis un bon moment. Il réagit vivement :

— Tenez, justement, celle-là, vous avez tort, sauf votre respect, mon capitaine, bien tort de lui faire confiance... Je parie que c'est cette ordure qui m'a dénoncé ! Mon capitaine, demandez-lui donc où est son fils chéri, son Henri, son Riri, où il est parti depuis des semaines qu'on l'a plus vu à Bouscassel...

Kandler se leva d'un bond, donna un formidable coup de poing sur la table où les papiers sursautèrent et la tasse de tisane se renversa, il hurla : « Genug ! »

Maurice Candelaire, dit « le Clouque », tomba sur les genoux et joignit les mains, en baissant la tête :

— Non, mon capitaine, je vous en supplie, laissez-moi, je n'ai rien fait !

Il ne parvenait pas à étouffer de gros sanglots.

Kandler ordonna à ses guébirgues :

— Werft mir diesen Scheißkerl hinaus !

(Foutez-moi cette merde dehors !)

Les deux guébirgues empoignèrent le Clouque et le sortirent.

L'officier resta debout, frémissant. Ils étaient seuls, Clémence et lui. Elle le prit dans ses bras. Il murmura :

— Avec votre façon de prononcer Candéla-ï-rô, je n'avais pas fait le rapprochement... Le berceau de ma famille, c'est bien Tarlabas. Dire que c'est ça, ce qui reste des miens, le rejeton de mes ancêtres, de ces flamboyants huguenots qui résistaient à toutes les tortures plutôt que de moucharder, qui montaient au bûcher en chantant...

Le mois de juillet 44 s'achevait glorieusement. Le ciel était limpide, les vergers croulaient sous le poids de fruits particulièrement juteux, les armées du Grand Reich reculaient partout, les forteresses volantes laminaient Dresde et Berlin, les maquisards commençaient à dévaler de leurs repaires, à demi nus et en chantant.

L'entorse du capitaine Kandler s'était résorbée, il pouvait déjà marcher en boitillant à peine, monter seul les escaliers et se déplacer en side-car. Le P.C. du bataillon réintégra l'école. Ce jour-là, une voiture amena quatre officiers S.S. qui entretinrent deux heures d'horloge Kandler, lequel les regarda remonter dans leur Mercedes-Benz avec soulagement, mais devint de plus en plus soucieux.

— Si nous ne liquidons pas rapidement, et par un coup d'éclat, les terroristes du secteur, nous y serons remplacés par deux pelotons blindés de la Waffen S.S... J'ai promis... pour reculer l'échéance... mais, à la vérité, je ne sais pas comment faire...

Après un moment de silence, il murmura :

— Si quelqu'un pouvait arrêter ou au moins calmer l'enchaînement des violences... Mais je rêve, je parle comme mon père, le pasteur qui n'a accepté de faire la guerre de 14 que sans fusil, sans armes, comme brancardier... Il a été tué en première ligne, il soignait un blessé... Et moi, j'en ai toujours voulu à ceux qui avaient tiré sur la croix rouge qu'il portait sur la poitrine. J'ai bien peur, Clémence, que plus on va, moins la raison pourra se faire entendre. De gré ou de force, nous irons jusqu'au bout... Il est trop tard, trop tard pour tout...

Ils se parlaient au lit, enlacés. Clémence n'avait pas à lui expliquer que ses angoisses, à elle, étaient pires. Elle tremblait pour son fils et pour lui, cet amant inespéré, son premier amour. Elle redoutait la libération, la victoire, et même la paix dont tant de gens rêvaient, qui lui feraient perdre son homme ou son enfant, peut-être les deux. La Banquise souhaitait que la guerre dure... encore un peu... comme ça, ni plus ni moins. Elle ne lui avait jamais rien dit de son fils, mais Amadeus avait tout compris. Il occupait la chambre d'Henri, avait vu sa bibliothèque, ses affaires personnelles, c'était bien suffisant pour imaginer ce que faisait, et où était, l'ardent adolescent dont la mère ne parlait jamais. Outre qu'il y avait assez de mouchards pour éclairer l'officier. Son silence à ce sujet était uniquement dû à sa délicatesse. Ils se comprenaient profondément par simple contact d'épidermes, ils se sentaient tellement vivants, encore ! Ils avaient la conscience de vivre les dernières heures de leur dernier été.

Le réveil marquait quatre heures du matin. La Banquise s'étonna :

— On n'entend pas les vélos des mineurs du poste de jour ?

— Ils font « la grève patriotique », précisa le capitaine, non sans amertume.

La Banquise est arrivée largement en avance à la mine abandonnée du Bosc. Elle fait son tour d'inspection, puis reste debout devant les planches disjointes qui obturent le puits. Soudain un rat énorme sort d'une fissure, reste un instant aux aguets, et fait demi-tour dans le trou. Clémence frissonne de dégoût.

Depuis un moment, Henri, dissimulé dans les bruyères, observe sa mère, il s'assure qu'elle n'a pas été suivie. Enfin, il se dresse, saute assez dramatiquement du talus sur lequel il s'était caché, et se plante, jambes écartées, bombant le torse, devant sa mère.

La Banquise n'en revient pas : son petit est un homme, et même pire, un guerrier ! Les cheveux ras, bronzé, le regard dur, le visage amaigri, il est nu dans une vieille veste kaki, dépoitraillé, manches retroussées, serré par un gros ceinturon supportant une cartouchière à trois compartiments de la Wehrmacht. Il est en short, chaussé de sandales de corde presque neuves. Il pose son fusil contre la berline rouillée.

«L'animal, qu'il est beau!» murmure Clémence, mais elle se ressaisit, et se forçant, enjouée :

— Eh bien, mon fils, le grand air te profite!

— Alors qu'est-ce que tu nous rapportes? demande-t-il brutalement, les poings sur les hanches.

— Alors, mon Riri! tu n'embrasses même pas ta mère?

Il se penche à peine pour déposer sur son front un baiser du bout des lèvres, consenti comme une aumône forcée, et il se dégage avec irritation des bras maternels.

— Il n'y a plus de «ton Riri»... d'ailleurs, il ne faut plus prononcer de noms, question de sécurité! moi, on m'appelle «Tarzan»! Et ne souris surtout pas!

Il n'a d'yeux que pour le sac de toile qui enveloppe un objet de forme allongée, il a l'air heureux soudain; alors Clémence en extirpe, avec un geste de prestidigitateur... son banjo! Furieux, il lui arrache l'instrument et le jette au loin, dans un fourré où le banjo va se briser avec un accord plaintif. Clémence reste sans voix. Henri est outré :

— Quand j'ai vu ce paquet, je croyais que c'était une mitraillette que tu avais piquée à un de tes guébirgues, j'étais content, un de leurs fameux pistolets-mitrailleurs de chez Krupp... Il te suffisait de tendre la main! Non, mais qu'est-ce que tu t'imagines, ma pauvre vieille, qu'on est là-haut pour faire des bals? Non... on mène la danse à la grenade et au poignard.

Il mime avec des entrechats, exécutant, autour de sa mère, une sorte de danse du scalp, mais pas du tout à la rigolade, ce n'est pas un jeu mais une très sérieuse démonstration, un extrait des exercices de combat, science évidemment récente pour lui.

— Mon pauvre petit...

Cette condescendance le ramène à son enfance de fils unique, ça l'enrage, il frappe impatiemment du pied :

— Alors, qu'est-ce que tu as pu tirer de ton Boche ?

Elle fait un pas vers lui mais il recule d'autant.

— Mais... ça dépend... qu'est-ce que vous voulez en faire ?

— Nous battre... et mieux : attaquer, et... le plus tôt, le plus vite possible...

— Vous ne pouvez pas attendre un peu ?

— Tu es folle, ma parole ! attendre quoi ?

— Je sais pas, moi, un mois ou deux... Les Alliés viennent de débarquer à Fréjus... les Allemands reculent, dans quelques semaines, peut-être avant, les guébirgues auront quitté Bouscassel...

— Ouais... Et on les laisserait partir bien peinardement, avec des bouquets de fleurs et des provisions de route. En plus, tu voudrais qu'on nous apporte notre liberté sur un plateau... attendre ! attendre ! mais dans quel monde vis-tu, mère ? J'oubliais que tu... cohabites, pour ne pas dire plus ! avec un bel officier nazi !

— Je te demande bien pardon ! Le capitaine Kandler est un locataire très correct... Il est plein d'attentions...

Son fils se rapproche avec un sourire, une attitude presque caressante. Elle retrouve un instant l'enfant chéri mais le voici qui se gratte sous l'oreille de son index et, une seconde après, il change du tout au tout : le ton du garçon devient tranchant, volontairement blessant :

— Tu sais ce qu'on raconte sur toi et lui ? Tout le monde a deviné que tu couches avec lui ! Parce que tu couches avec lui, non ? Dis-moi que c'est pas vrai ? Hein ? Dis-le, que c'est pas vrai ! Dis-le, merde !

Il l'observe avec quand même le vague espoir qu'elle proteste.

Clémence se laisse tomber à terre et se met à pleurer, hoquetant, secouée de sanglots comme une petite fille. Henri est un moment désorienté, il ne s'attendait pas à ça. Il risque, sans y croire, dans l'espoir d'une protestation indignée :

— Mais... tu l'aimes? (Mais, ça y est, il a compris, il hurle :) Tu l'aimes!

La seule réponse de Clémence est de se frapper le front sur la terre.

Henri reste un moment tétanisé, il toise avec mépris sa mère, laquelle parvient à se mettre debout. Elle fait des efforts terribles pour se calmer. Elle sort du sac le cahier et le lui tend. Henri se précipite sur le document et le parcourt fiévreusement :

— Oui! tout y est! le nombre des Gebirgsjäger, des mitrailleuses, des mortiers... Oh... formidable! y a même le dispositif de marche en cas de repli de la division, les nouveaux codes pour le trafic radio... Et tu t'es fait traduire tout ça, coquine... Il n'avait rien à te refuser, hein?

Après un moment, il lève les yeux du cahier et jette un regard froid sur elle, appuyé d'un petit sourire fielleux.

— Tu vois, j'avais raison, tu n'es qu'une pute!

Clémence reçoit ce mot si court, si net, en pleine figure comme un coup de cravache. Ils restent face à face, plantés à deux mètres l'un de l'autre, lui frémissant de colère, elle pétrifiée. Elle s'ébroue lourdement, respire, renifle. Elle parvient à bafouiller :

— C'est que... mon petit... c'est... c'est lui, le premier homme de ma vie... Je te supplie de comprendre...

Clémence a baissé la tête, Henri ne l'écoute pas, il feuillette fiévreusement le cahier...

A partir de cet instant, Henri-Tarzan se force à la grossièreté, il cherche les mots les pires, pour rompre définitivement, pour se grandir, pour faire mal et se faire mal :

— Epatant! elle était pas chouette, peut-être, mon idée? Bravo, ton cul a fait merveille! il a bien travaillé pour la Patrie, on lui accrochera la médaille de la Résistance, à ton cul glorieux!

Clémence relève la tête et voit Henri qui commence à s'éloigner à pas rapides sans se retourner, serrant le cahier contre lui, brandissant son fusil, bondissant comme un jeune faune, plein de vie et de sarcasmes, alors, de rage elle se redresse et souffle entre ses dents, comme une malédiction :

— Van Khyse, va !

Clémence était en train de vendre un tube de pierres à briquet au Carbure, quand le capitaine Kandler fut appelé au téléphone. La communication fut brève. L'officier raccrocha comme à regret, soupirant : « Nous partons demain matin. » Et il sortit rapidement pour aller donner ses ordres. Il traînait encore la patte mais ne grimaçait plus en marchant. Dès que le Carbure eut réglé son achat, il partit à son tour, sans s'attarder, l'air préoccupé. Au retour de Kandler, bien qu'il fût encore de bonne heure, la Banquise mit la barre aux volets.

Les guébirgues quittaient définitivement Bouscassel. Ils monteraient à pied jusqu'à Saint-Jean-du-Val, d'où ils partiraient pour une destination inconnue par le même train qui aurait amené l'unité de la Waffen S.S. envoyée pour les remplacer à Bouscassel avec mission de nettoyer le pays.

Le capitaine Kandler rangeait ses affaires dans sa cantine de fer sous les yeux de la Banquise. Dans tout Bouscassel, il devait en être de même, il devait bien y avoir quelques adieux déchirants. Les guébirgues n'avaient pas déplu, deux ou trois « jeunesses » avaient appris « ich liebe dich » et le Pétronille s'était lié avec un juvénile jodler tyrolien. Les préparatifs du grand départ ne pouvaient échapper à personne et, mis à part quelques excités de la politique, on se demandait non sans inquiétude si on n'allait pas les regretter.

Clémence voulut aider Amadeus à boucler ses bagages, elle s'y prit si maladroitement qu'il l'écarta d'un geste irrité dont il se repentit immédiatement. Penaud, il prit son amoureuse dans ses bras et la serra convulsivement. La nuit, la lourde nuit d'été enveloppait Bouscassel. Par la fenêtre ouverte, des éclairs illuminaient une fraction de seconde la chambre dans laquelle les amants n'avaient pas eu envie d'allumer. Un orage de chaleur, qui ne crèverait jamais, tournait autour du mont Lozère. Des bruits inhabituels montaient de la rue : murmures étouffés, galopades de bottes cloutées sur le pavé, cliquetis et même, la Banquise en était sûre, le feulement incomparable d'une Traction avant Citroën.

Ils auraient bien voulu profiter de cette courte nuit, leur dernière ! pour faire l'amour sans arrêt, sans limites, pour ne rien perdre, pas une caresse, pas un baiser, pas une seconde. Ils n'avaient plus d'élan, plus de forces, plus même le désir.

Ils s'assirent sur le coffre sculpté de Maillart dit Cévenol-la-Franchise, côte à côte, sans même s'enlacer, sans même se regarder, les yeux perdus dans la contemplation du ciel chargé de menaces. Ils se sentaient maintenant très vieux, ils étaient un couple assis sur un banc au crépuscule de sa vie, le dernier homme, la dernière femme d'une époque finissante, d'un monde familier qui se délitait depuis quatre ans, peut-être plus.

Avant de faire ses paquets, machinalement, comme il le faisait chaque soir en militaire discipliné, Kandler avait démonté, nettoyé, graissé et chargé son revolver. Le luger était resté là, sur la table ; son acier bleuté empruntait aux éclairs de chaleur une présence à éclipses, obsédante, qui fascinait le couple.

— Tu crois en Dieu ? demanda-t-il.

— J'ai jamais pu, je lui en veux trop. Et toi ?

— Oui... par moments... ces derniers temps...

Ils tendirent l'oreille : il y avait dans Bouscassel un remue-ménage tout à fait inhabituel : des gens se levaient, descendaient dans la rue, se groupaient, étouffant leurs voix et leurs pas. Ce n'était pas le piétinement des bottes mais plutôt un glissement de sandales. De temps en temps, un tintement métallique était suivi d'un juron à mi-voix.

— Un jour, je reviendrai... promettait-il dans un souffle. Si je ne suis pas tué, je reviendrai.

Clémence l'écoutait sans dire un mot, elle s'appuyait

en chantant, vous ne les verrez même pas venir, ils sont peut-être déjà là, autour du village en train de ramper sous les châtaigniers... Leur insigne n'est pas l'edelweiss, c'est la tête de mort! Ils ont pour mission de «nettoyer» le secteur... Vous ne pouvez imaginer de quoi ils sont capables, je vous en prie, partez tous...

— Ils voudront pas, il y a des armes dans chaque maison, dans ce pays, on est fier...

— Alors, que Dieu vous protège!

Aux premières lueurs de l'aube, le side-car vint prendre le capitaine pour aller superviser le départ du bataillon. Les amants s'étreignirent une dernière fois, farouchement. La Banquise demeura sur le seuil du bureau de tabac, incapable de bouger, tendue, courbant les épaules sous le silence inhabituel de Bouscassel où le dernier coq était depuis longtemps passé dans les gamelles.

Enfin, le moteur du side-car, précédant le piétinement rythmé du bataillon, annonça l'arrivée des guébirgues par le bout du village, côté temple. En rang par quatre, dans un ordre parfait, au pas de l'oie, ils défilaient dans le village désert. Pas un curieux, personne aux fenêtres, du moins personne qui se montrait. Néanmoins le bataillon Kandler défilait comme il l'aurait fait sur la Potsdamer Platz au milieu d'une foule en délire agitant des petits drapeaux à croix gammée. Le side-car s'arrêta devant le bureau de tabac. Le capitaine en descendit. La Banquise sortit le rejoindre. Ils n'osèrent pas s'embrasser, ils restèrent simplement côte à côte, sans se toucher, et c'est ainsi qu'ils passèrent les Gebirgsjäger en revue. Quand le lieutenant, qui se trouvait en serre-file du premier rang, arriva à la hauteur du couple, il se retourna vers ses hommes et leur jeta trois notes claires. Aussitôt, ces dizaines de voix en chœur comme une seule, entonnèrent leur joyeuse chanson de marche : « Hoch droben auf dem Berg, ist mein Tiroler Land...» qu'Amadeus traduisait à l'oreille de Clémence : «Au sommet des montagnes se trouve ma terre tyrolienne...» La cadence fortement marquée, les couplets rebondissaient sur les façades aveugles du village aux aguets. Il y avait quand même des gens derrière les volets en entonnoir : «Jawoleri, jawolera...» Clémence perçut, entre deux couplets du chant, un cri indigné de la Guitoune, derrière ses volets : *Putanasso*!

Au bout du village, l'ancien filateur et son homme à tout faire contemplaient, désolés, le départ des Allemands :

— Et voilà, soupira le Magnat, maintenant, les terroristes ont le champ libre!

— Pauvre de nous! approuva le Margouillat.

Parvenu après le pont de la filature, au niveau de la source de Bouscassel, le bataillon fut rejoint par le sidecar. Le capitaine donna l'ordre de rompre les rangs. La chanson se tut brutalement, les soldats se mirent en file indienne sur le bord du chemin en direction de Saint-Jean-du-Val. Les quelques Bouscassellois restés au village, des femmes et des vieux, sortis de chez eux en tapinois, groupés devant le pont, virent les derniers guébirgues, les muletiers, disparaître au premier tournant de la vallée, alors ils se regardèrent, orphelins.

Sur sa montagne, Paco, navré, passait en revue sa petite troupe à une paire d'heures du combat. Il pouvait compter sur ses «bûcherons», rescapés de la guerre d'Espagne comme lui, un peu moins sur les civils résistants montés au maquis la nuit même pour ce gros coup, comme le forgeron, les mineurs, des hommes durs quand même, chasseurs de sanglier, sans expérience du combat mais décidés, et puis ce qu'il nommait «ses gamins» : Noël, Mauricet, Paquito, Jarek, Tomek, le Miston, Henri dit «Tarzan», et les autres, tous aussi romantiquement surnommés... Ces adolescents, hélas! jouaient à la guerre, n'ayant participé jusqu'à présent qu'à des coups de main sans autres tirs que d'intimidation : rafles de tickets d'alimentation, de fûts d'essence, de ravitaillement divers dans des dépôts mal gardés, désarmement de gendarmes déjà acquis à la cause... Rien d'assez chaud pour tremper ces gamins enthousiastes et désordonnés. Quelle serait leur réaction quand de vraies balles siffleraient à leurs oreilles ?...

L'armement s'était quand même amélioré en dépit du manque de parachutages (Londres ne favorisait pas les maquis à tendance communiste), mousquetons 36 « empruntés » à la maréchaussée, mausers de 14-18, et, pour compléter : des fusils de chasse. Le plus préoccupant était les habits, hormis deux vestes kaki, vestiges de la débâcle de 40, la majorité avait gardé les vêtements de tous les jours, les bleus de travail. L'Espagnol redoutait cette couleur tellement voyante dans ce paysage : rocailles, broussailles, landes brûlées par le soleil... Il ne pouvait les laisser servir de cibles faciles. Il fallait absolument les habiller de kaki ! Ce qui s'en rapprochait le plus, et qu'ils avaient à leur disposition, c'était leur peau :

— Tous à poil ! commanda l'ancien dinamitero.

Avant même qu'il ait fini de leur expliquer pourquoi, ils se déshabillaient avec des grosses plaisanteries, des commentaires sur leurs anatomies respectives. Dans l'ensemble, ils étaient bronzés, musclés, en espadrilles, ceinturés de cuir, dansant sur place au soleil levant. Ils rigolaient : « Ben, mon vieux, si on rencontre une bergère !... » Quelques-uns se sentaient tellement plus vulnérables que l'Espagnol dut leur expliquer que ce n'est pas le vêtement qui arrête les balles, au contraire, les bribes de tissu dans une blessure aggravent l'infection et quand il fallait les retirer une par une à la pince à épiler, c'était pas drôle... Mais vite, Paco se dépêchait de rire pour n'importe quoi, heureusement, il n'avait pas à se forcer, rien qu'à les voir faire les singes. Il était ému de constater que les plus timides faisaient pendre leur étui-revolver devant leurs parties, très peu viriles en l'occurrence. Pour les mineurs, pas de problème, ils avaient l'habitude : dans la touffeur humide des galeries, tout le monde travaillait à poil, mais des paysans renâclaient, ils obtinrent de quitter seulement la liquette, ceux-là furent postés à plat ventre.

Après avoir passé la revue des armes et des munitions, le chef donna l'ordre de se mettre en marche vers le vallon.

Paco avait judicieusement choisi le site de l'embuscade, en spécialiste du traquenard. Un virage en épingle à cheveux, taillé à flanc de montagne, surmontant un rocher presque à pic sur les gorges de la rivière. A mi-chemin entre Bouscassel et Saint-Jean-du-Val, assez éloigné des deux agglomérations pour leur éviter des représailles.

L'Espagnol avait étudié le terrain, choisi les angles de tir pour poster ses meilleurs fusils. Il accueillait sans chaleur quelques volontaires civils qui arrivaient encore de Bouscassel et des environs, armés de bric et de broc, de rares mausers, enfin sortis de la paille après n'avoir été utilisés que contre le sanglier jusqu'en 39. Leurs propriétaires s'étaient alors bien gardés de les apporter dans les mairies selon les ordres formels des autorités. Hélas ! la plupart des autres ne disposaient que de fusils de chasse, pétoires dérisoires, même chargées à chevrotines.

La répartition des postes de combat demandait beaucoup de doigté, les anciens de la Grande Guerre, bavards péremptoires, avaient des exigences martiales incompatibles avec leurs handicaps actuels. Paco sélectionna le Bacellard, son œil unique suffisait à la justesse de son tir, le forgeron, c'était du sérieux. De même le menuisier, le meunier et l'instituteur. Les forts à bras, forts en gueule, du type la Barbouille, furent désignés pour « la réserve », euphémisme pour les mettre à l'abri, ce qui, en dépit de leurs protestations héroïques, les rassurait secrètement.

En examinant ces derniers venus, Paco se disait que, finalement, ses « gamins » n'étaient pas si mal, ils étaient presque devenus de vrais maquisards, il s'était donné assez de mal à les former avec l'aide de trois Espagnols, deux Tchèques et trois Sarrois, anciens des Brigades internationales. Ceux-là occupaient la première ligne, derrière des rochers en surplomb, tout le long du virage.

Les deux équipes de gueules noires, des Ramirez, des Kandinski et « les musiciens » (le Charlot, le Ripailles et le Ratapénade) s'occupaient de miner les deux extrémités de la boucle.

Paco avait choisi son poste derrière une murette, vestige d'une terrasse de culture abandonnée où survivaient tant bien que mal quelques souches d'œillades et de clairettes. Elles s'obstinaient à produire encore des grappes maigrichonnes mais déjà mûries au franc soleil de ce coteau, et dont se régalait Henri, dit Tarzan, que Paco avait placé à ses côtés moins comme second que pour veiller à ce qu'il ne fasse pas trop de conneries.

— Faudrait pas qu'on attende trop longtemps... marmonna l'Espagnol en montrant les bouteilles de vin et les flasques de gnôle que les Bouscassellois, remplis de bonnes intentions, faisaient circuler parmi les combattants :

— Comme avant l'assaut à Verdun! proclamait le Rampel que le Gandin fit taire.

Et, d'autorité, approuvé de loin par Paco, l'instituteur confisqua les bouteilles.

Tarzan avait obtenu de disposer d'un fusil mauser en parfait état qu'il caressait amoureusement. Il couchait sa joue sur l'acier bruni de la platine, s'exerçait à viser la borne hectométrique sur le bord de la route, au milieu du virage. C'était une lauze plantée de chant, peinte en blanc et timbrée du chiffre 9, en noir, au pochoir. Il se disait : il faut que je me souvienne pour toujours du moindre détail de la journée sensationnelle qui commence.

Le soleil est à peine levé, c'est un merveilleux petit matin d'été dans un calme vallon. On n'y entend que les oiseaux, les criquets et le bruit du torrent dans les gorges tout en bas. Soudain passe, presque en rase-mottes, une compagnie de perdreaux...

Alors le paysage se peuple d'un coup : comme des diables hors de leurs boîtes, jaillissent, de derrière les rochers où ils sont postés à une dizaine de mètres au-dessus de la route, le Bacellard, le Carbure, le Ratapénade, le Ripailles et la plupart des chasseurs de Bouscassel : ils lèvent machinalement leurs fusils, épaulent (le pesant vol de perdreaux passe quasiment devant leur nez), et retiennent leur index sur la détente en serrant les dents, de rage :

— Non mais ! ces perdreaux le font exprès ! grogne le Ratapénade.

Paco gesticule par-dessus rochers et buissons pour maîtriser ces excités de la gâchette :

— Baissez-vous !... ouf ! y en a pas un qui a tiré... muy bien ! N'oubliez pas ! vous ne tirez qu'après moi ? D'accord ?

Il court lestement d'un groupe à l'autre :

— Ça va camarades ? Ils devraient plus tarder, maintenant... Arrêtez de blaguer et tendez l'oreille, vous pouvez déjà les entendre... N'oubliez pas : personne ne tire avant moi !

— Tu peux être tranquille... répond un maçon italien, tandis qu'à ses côtés, un *bouscassier* lance : « De acuerdo, hombre ! »

Paco s'approche du Bacellard, le forgeron, posté avec son fils, le Carbure.

— Ta cible ?

— Le pilote de la baignoire à moteur, répond le borgne.

Paco demande au Carbure :

— Et toi ?

— Moi, je voudrais bien me le faire, ce capitaine, mais bon ! je sais... c'est la cible du Riri... de Tarzan. Va, on le comprend ! Moi, j'ai les deux guébirgues juste derrière.

— Riri, j'ai plus confiance en lui : quand il pense au capitaine des guébirgues, ça suffit pour qu'il ait la tremblote de colère, il va me le rater. Forgeron, je te le confie, à toi le capitaine ! Fais-moi un carton !

Paco s'éloigne vers un groupe de jeunes qui occupent la deuxième ligne, derrière des rochers en surplomb, tout le long du virage. Il y a là le Miston, et d'autres *cadélas* de la commune :

— Tiens, regarde ! voilà les dinamiteros !

Il montre à ses copains les deux équipes de mineurs qui prennent position au-dessus de la route, à l'abri de rochers, après avoir recouvert de terre le fil de leurs détonateurs.

— Ça va faire deux jolis feux d'artifice ! Ils ont enterré vingt kilos de dynamite à l'entrée et à la sortie de la boucle... annonce Paco.

Henri caresse amoureusement son beau fusil :

— Dis, Paco, qui est au courant pour le cahier de ma mère ?

— Toi et moi, c'est tout. Il faut garder encore le secret, jusqu'à la libération. En attendant, hélas ! tout le pays continuera à la prendre pour une salope.

— Elle l'est ! elle a pas eu besoin de se forcer. « Vous voulez que je vous rende ce service... Mais avec plaisir ! » Tu es bien placé pour savoir comme elle sait s'y prendre... Les gens ont raison, c'est une salope !

— Tu n'as pas le droit de dire ça, petit. Ni à moi ni à personne ! J'espère que ça marchera, j'ai bien remis son cahier, ces feuilles bourrées de renseignements inouïs ! au courrier du P.C. régional qui est passé hier en coup de vent, mais qui sait s'il se sera pas fait descendre en chemin, et même s'il arrive au P.C., même dans ce cas-là, il en faudrait ! pour qu'on soit pris au sérieux, tant les renseignements sont précis, d'ailleurs les culottes de peau du « grrrand » état-major nous tiendront pour des rigolos, comme d'habitude... En attendant, Clémence, hélas ! Bouscassel tout entier lui en veut terriblement...

— Elle l'a pas volé ! c'est une salope !

— Ecoute-moi bien, Riri...

— Tarzan !

— Oh!... tu nous gonfles, à la fin! Il est cucul la praline, ton nom de guerre! Et puis toi aussi, tu es loco... de toute façon tu seras jamais un héros, toi, mets-toi bien ça dans la *cabesse*. Ta mère, tu la vaudras jamais! Ta mère, elle a pris de gros risques, plus que toi! La gloire, c'est elle qui la mérite...

— C'est ça... La gloire par le cul!

— Ma parole! s'exclame Paco, mais tu es jaloux!

Il a un petit rire moqueur qu'il interrompt soudain. Il s'immobilise :

— Chut, le signal!

Anna Kandinski, sur son vélo, parut à l'entrée du virage, écarlate, grimpant la côte en danseuse, cheveux au vent, la jupe plissée retroussée sur ses cuisses brunes, magnifique! On aurait pu lire sur les lèvres de plus d'un des jeunes maquisards : «Baisse le capot, on voit le moteur.» Il était convenu qu'elle passerait à cinq cents mètres devant les guébirgues et qu'elle filerait sans s'arrêter se mettre à l'abri le plus loin possible du danger, mais il était à parier que, *mounine* comme elle était, elle ne se replierait que sur un perchoir d'où elle serait assurée de ne rien perdre du massacre.

Le soleil commençait à taper dur. Il semblait que la nature bruissait en se réchauffant. Les insectes, les oiseaux, le murmure de la rivière au creux de sa faille de rocs étaient en harmonie. Sur ce fond sonore, pour entendre le moteur, il fallait vraiment prêter l'oreille, mais tous la prêtaient, intensément. Retenant leur souffle, tous fixaient le tournant par lequel déboucherait l'ennemi.

Le side-car, unique véhicule du bataillon de ces fantassins alpins, servait à la fois d'arrière et d'avant-garde. Il remontait la colonne, la dépassait, s'arrêtait une centaine de mètres en avant, vérifiait si tout était calme, coupait le moteur, pour le silence mais aussi pour économiser l'essence devenue rare même pour l'Occupant, surtout depuis que les maquis s'en prenaient aux dépôts. Là, le side attendait que la colonne ait défilé devant lui. Ainsi l'officier commandant le détachement vérifiait la discipline et les conditions physique et morale de la troupe, il se laissait dépasser pour vérifier les arrières, enfin remettait en route pour remonter la file et recommencer.

Paco connaissait cette tactique des troupes motorisées depuis l'Espagne. Il avait pris la peine de l'expliquer patiemment à ses hommes, pour qu'ils comprennent bien que si on tirait d'abord sur le side, ce qui était tentant, le gros de la troupe serait alerté et aurait la possibilité de se mettre en position pour riposter efficacement. Il était moins sûr de la patience de ses supplétifs bouscassellois. Il avait flanqué chacun d'eux d'un maquisard pour poser la main sur leur fusil afin de le baisser jusqu'au moment où le coup de feu du chef donnerait le signal du tir à volonté.

Paco attira l'attention de Tarzan sur une silhouette lointaine. Un homme courbé dans un pré en terrasses, presque au sommet de la montagne.

— C'est le père du Pétronille qui fauche son regain.. expliqua Henri. Il se doute pas qu'il va assister à un beau spectacle !

— Le veinard... soupira le guérillero.

Enfin le side-car arriva, très lentement, comme à tâtons. Le capitaine Amadeus Kandler était assis sur la roue de secours, les pieds sur le siège, une main tenant la poignée de la mitrailleuse qui se balançait sur son pivot. Il fit arrêter le moteur juste au milieu du grand virage pour attendre la troupe. Les maquisards pouvaient entendre distinctement les ordres en allemand qu'il donnait au pilote. Il ne paraissait pas inquiet, parcourait d'un regard léger les alentours sans utiliser les jumelles qu'il portait en sautoir. Il se tourna vers l'entrée du virage où apparaissait le premier de la file, son adjoint, le jeune lieutenant. Les guébirgues arrivaient du pas traînant de leurs lourdes bottes, dégrafés, voûtés sous leurs paquetages, leurs armes et leurs munitions individuelles. Ils marchaient péniblement à la queue leu leu, le nez sur le sac du camarade qui était devant.

Leur capitaine les examinait un par un quand ils passaient le long du side-car. Il secouait un peu la tête, l'air navré. Il retira son casque pour s'éponger le front. Henri le voyait très nettement, il ne pouvait s'empêcher de le trouver beau, si droit, si fin, si sérieux, l'officier, le chef, son idéal de lycéen.

— Belle cible, lui souffla Paco.

— Tu me le laisses!

Tous les fusils auraient été braqués sur lui si l'Espagnol n'avait distribué strictement les cibles. Il attendait pour donner le signal que la file indienne parvienne à l'autre extrémité du grand virage. Ainsi, les guébirgues seraient alignés en cercle comme les pipes en terre d'un stand forain.

Kandler se mit debout sur le siège du side, les mains sur les hanches, il ne regardait que ses guébirgues.

— Porca miseria! marmonna Paco entre ses dents; il le fait exprès! il veut se faire descendre!

Un petit vent soulevait en crête la chevelure très courte du capitaine Amadeus Kandler, le soleil du levant l'éclairant par-derrière nimbait son profil d'une douce lumière.

Henri Van Khyse grommela : «Je vais te l'effacer, moi, ton sourire!» et il coucha en joue le beau capitaine.

Le sous-lieutenant arrivait en dernier, au bout de la courbe, poussant devant lui quelques traînards. Le doigt sur la détente, Henri-Tarzan retenait sa respiration, comme on le lui avait appris.

— Allons-y! dit Paco.

Le mauser sursauta, donnant brutalement sur la clavicule d'Henri qui se retrouva sur le cul. Quand il rouvrit les yeux, il vit le capitaine toujours debout, criblé de balles, la moitié de la tête emportée. C'était trop beau, quelques récalcitrants s'étaient moqués des ordres pour se payer cette cible de choix.

Dans les secondes qui suivirent, se déclencha le feu à volonté. Les mineurs firent sauter les charges de dynamite aux deux extrémités de la boucle. La première pulvérisa le petit lieutenant et mit à mal les trois hommes qui le précédaient, la deuxième souleva littéralement une mule chargée du mortier de 80 et de ses obus dont deux éclatèrent, semant la panique parmi les autres qui échappèrent à leurs maîtres, deux d'entre elles sautèrent directement dans le ravin.

Cependant, pris dans la nasse, les guébirgues n'avaient que le choix entre deux suicides, le précipice, ou essayer d'échapper par l'autre côté de la route, c'est-à-dire s'agripper à une falaise couronnée de fusils. Ils tombaient, pantins qui se désarticulaient, dans le vacarme assourdissant des cris de joie et des détonations.

Le silence se fit soudainement. Il n'y avait plus un seul Allemand debout. Quelques-uns gigotaient encore, allongés sur la route. Ils furent rapidement achevés par des coups de fusil isolés.

Les vainqueurs dégringolèrent de leurs rochers, se précipitèrent joyeusement pour dépouiller les cadavres de leurs armes et de leurs équipements militaires. Ces barbares nus ou demi-nus se partageant avec des hurlements les épaves fumantes du massacre, c'était une scène d'une sauvagerie antique.

— Fissa ! grouillez-vous ! cria Paco, je vous laisse dix minutes, montre en main ! Et d'abord, me cago en dios ! rhabillez-vous ! Après, les civils rentrent chez eux, planquent leurs armes, et ils ne sont jamais venus, personne ne les a vus... ni vus ni connus, compris ? Quant aux maquisards, ils se dispersent par groupes dans les différentes destinations prévues. C'est fini, bravo à tous, mais surtout ne vous en vantez pas !

Un quart d'heure après, il ne restait que des dizaines de cadavres sur la route. Un hurlement couvrait à intervalles réguliers le bruissement pacifique de cette belle matinée d'été, c'était la longue plainte d'un guébirgue qui ne s'était pas tué net en se fracassant dans le ravin et qui agonisa quelques minutes encore. Il se tut enfin et l'on recommença à n'entendre plus que les criquets, les oiseaux, et le torrent au fond de la gorge.

Paco et Henri parviennent péniblement au camp des Bartassels, chargés qu'ils sont d'une infime partie des armes récupérées, deux fusils à la bretelle à chaque épaule, deux mitraillettes Krupp en sautoir, des revolvers à la ceinture, un bouquet de grenades à manche. Le camp est encore désert. Ils entrent dans la chambre P.C. et se débarrassent des armes qu'ils rangent soigneusement dans une maie. Paco sort du placard une demi-miche de pain de châtaigne, deux pélardons et une bouteille de vin rouge. Ils vont s'installer dehors, sur la murette, pour casser la croûte au soleil, face aux vallonnements de la Cévenne.

— Va voir ta mère, grogne Paco, la bouche pleine.

— Pas question !

— Si. Elle n'a plus que toi maintenant... Mais c'est une forte femme... (Il pose affectueusement sa main sur l'épaule d'Henri.) Crois-moi, tu as encore plus besoin d'elle qu'elle de toi.

— Et pourquoi ça, s'il te plaît ?

— C'est ton premier combat... Après l'exaltation, vient la fatigue, puis le dégoût. C'est très pénible... quand on n'est pas con, bien sûr. Alors, mon petit, tu sais ce que tu vas faire ? Tu vas te mettre en civil, redevenir pour quelques heures le bon petit que tu étais, le brave lycéen d'Alès, et, en prenant beaucoup de précautions, tu vas aller voir ta mère. Elle seule peut t'aider à digérer tes coups de fusil...

L'Espagnol change de figure, en apercevant Anna, il lui fait un petit signe, il marmonne : « Anna, vida mía. »

Henri est ébranlé, mais il secoue la tête et il avoue :

— Je peux pas... J'ai traité ma mère de pute !

— Encore ! fait Paco estomaqué. Madre de dios ! quel imbécile tu fais ! tu l'as traitée comme ça ? Raison de plus, va la voir...

Anna, qui repart dans le sentier, leur fait de grands signes. Elle envoie un baiser à Paco. Il sourit de plaisir, puis revient à Henri et, d'un ton grave :

— Tu as été injuste, claro ? Une mère, on n'en a qu'une. C'est la seule chose qui est sacrée. Un homme, un vrai, il ira demander pardon à sa mère. Va la voir, demande-lui pardon, à genoux, fais-le, hombre !

Henri mord dans son pain, les yeux baissés, il mâche longuement, il réfléchit. Il finit par avaler ce qu'il a dans la bouche, et relève la tête vers Paco :

— Je serai de retour avant la nuit.

Les deux hommes gardent un long silence pendant lequel Paco roule une cigarette filiforme qu'il allume à son briquet d'amadou (sans flamme). Puis, il se lève :

— Hasta luego !

Henri fixe la vallée de Bouscassel, ses yeux s'emplissent de larmes qu'il essuie avec ses doigts, furieusement. Il rentre dans la chambre, quitte le ceinturon et la vareuse kaki. Torse nu, il va se plonger la tête dans la bassine qui est en permanence sous le filet d'eau de la source, sur le côté du mas. Il revient dans la chambre encombrée de matériel militaire, il se sèche et s'habille d'un short et d'une chemise Lacoste.

Sorti devant le mas, il a une hésitation, rentre, choisit dans la maie un revolver, un beau luger, celui du capitaine Kandler. Il en vérifie le chargeur, caresse l'arme et finit par la glisser dans la ceinture de son short, sous la chemisette.

Il prend sa course comme l'oisillon prend son vol, il

dévale en courant, sautant d'un rocher sur l'autre avec l'agilité du mouflon. Au versant d'une combe, quelque chose qui brille au soleil l'attire, c'est la bicyclette de la Kandinski. Il s'approche du taillis à pas de loup : Anna est en train de faire l'amour au Miston. Henri accuse le coup, hausse les épaules et repart sans les déranger. Il se remet à courir si rageusement qu'il est obligé de s'arrêter bientôt pour reprendre son souffle. Il vient de franchir la lisière de la forêt de hêtres. Il cligne des yeux, plongé, après tout ce grand soleil, dans la pénombre du sous-bois. Dix minutes après, il débouche sur le terre-plein de la mine du Bosc. Il frotte ses yeux irrités par des gouttes de sueur. Quand il les rouvre, un gigantesque S.S. est devant lui.

L'apparition est fantastique, il n'y croit pas, il se frotte encore les yeux.

La bête de guerre, de la tête aux pieds, d'une évidence mythologique. Le casque est enveloppé d'une résille dans laquelle sont piquées des branchettes feuillues prélevées dans la végétation environnante. Sous des lunettes anti-poussière, le visage est marbré de peinture noire. On n'en voit rien, rien qui exprime quoi que ce soit, rien d'humain : entre l'auvent d'acier du casque et le col timbré de la tête de mort, il pourrait aussi bien n'y avoir personne, que du vide. La tenue de camouflage est bariolée dans les teintes du paysage. Chacun de ses moindres gestes est utile ou meurtrier, ou les deux à la fois. En dépliant son bras gauche, il ouvre le porte-cartes d'état-major et il peut consulter en même temps la boussole qu'il porte à l'intérieur du poignet. La main droite sur la mitraillette peut, en appuyant sur un simple bouton, réapprovisionner l'arme avec l'un des quatre chargeurs offerts par l'étui plaqué juste au-dessous. S'il rejette la main gauche vers l'arrière, il peut empoigner sa baïonnette, de la droite, il atteint, sur son flanc, l'étui du revolver. Il aurait assez peu à se pencher pour saisir le manche des grenades plantées dans la tige de ses bottes.

Henri est fasciné comme la proie d'un boa. Sa première réaction est de lever les mains bien haut et de clamer :

— Eh ! attention, moi, je suis rien, je suis un lycéen d'Alès, en vacances, je me baladais...

Le colossal S.S. reste de marbre. Henri voit ses mots buter sur cette statue de cauchemar, glisser le long pour venir s'échouer entre les bottes et se dissoudre là, sans laisser de trace. Il s'affole :

— ... Je vais retrouver ma mère, madame Van Khyse, elle est bien connue, elle tient le tabac à Bouscassel, allez-y, vous demanderez « la Banquise », tout le monde la connaît sous ce nom... (Il a l'impression que tant qu'il parle, il ne risque rien...) C'est l'habitude chez nous de donner des surnoms aux gens. C'est la Banquise qui loge le capitaine des guébirgues, monsieur Kandler, il peut se porter garant, lui ! lui...

— Halt die Schnauze !

Ça veut dire « ta gueule ! », pas besoin de traduction.

Enfin la sinistre statue bouge, un peu. Le S.S. soulève un pan de la chemisette Lacoste, arrache le luger et, sans le regarder, le glisse dans sa ceinture.

On rabat les bras d'Henri dans le dos, on les lie solidement, avec du fil de fer, aux deux niveaux, poignets et coudes qui se retrouvent comme soudés. Des S.S., il y en a maintenant derrière lui, devant, autour, le bois est truffé de ces grandes et lourdes silhouettes qui évoluent rapidement, souplement, en silence... En lui arrachant le revolver du capitaine Kandler, on lui a déchiré sa chemise, on lui déboucle maintenant sa ceinture, sa culotte tombe lamentablement sur ses chevilles.

Des cris aigus, des cris de femme, lui font tourner la tête :

— Ty, skurwysynie okropnie ! Zostaw mnie, huju !

(Toi, dégueulasse fils de pute, laisse-moi, enculé !)

Un groupe de quatre guerriers ramènent par les cheveux Anna Kandinski qui piaille et le Miston qui se débat en vain en donnant des coups de pied dans le vide.

Anna ne voit pas Henri, mais le Miston, qui l'aperçoit, a juste le temps de l'encourager d'un clin d'œil. Les S.S. poussent le petit couple directement jusqu'au bord du puits de la mine abandonnée dont le trou est à présent béant. D'une main, ils maintiennent Anna et le Miston, par les cheveux, en équilibre au-dessus de la fosse et, de l'autre, ils leur tirent une balle dans la nuque puis ils les lâchent. Deux secondes, les exécuteurs prêtent l'oreille à la chute des corps et au cri d'agonie d'Anna Kandinski, qui faiblit rapidement et s'arrête d'un coup. Le Miston n'a rien dit.

Tout cela s'est passé en deux minutes, à vingt pas d'Henri.

Les S.S. accomplissent tous ces gestes, sans se presser, méthodiquement, sans s'exciter, sans crier, sans ricaner, sans un mot, sans échanger même un regard, sans prêter attention à leur prisonnier. Les bois et les halliers alentour frémissent d'allées et venues précautionneuses, ponctuées rarement d'un cri suivi d'un coup. Certains arrivent le poignard à la main, d'autres repartent avec des rouleaux de corde, ils sont de plus en plus nombreux sur le terre-plein. A l'endroit le plus dégagé de la clairière, un gradé a quitté son casque pour prendre les écouteurs d'une mallette-radio qu'un de ses hommes porte en havresac. Une antenne télescopique déployée, souple comme le sillon d'une gaule, oscille doucement au-dessus des casques feuillus. Henri Van Khyse attend... Bizarrement, il est attentif comme il ne l'a jamais été, il voit tout et s'y intéresse, il a la pleine conscience de vivre les derniers instants de sa vie et n'en veut rien perdre, il en oublie d'avoir peur, d'avoir mal à ses coudes et ses poignets dans lesquels pénètrent les fils de fer, et à ses épaules trop tirées en arrière et à ses omoplates qui vont trouer sa peau... il n'est plus que le spectateur scrupuleux, passionné de sa propre fin. Le détail le plus banal, le plus quotidien prend une importance tellement rassurante qu'il lui importe plus que les singulières atrocités perpétrées sous ses yeux. Tiens, par exemple, cet adorable bourdon à l'abdomen cerclé de blanc et de noir qui butine ce chèvrefeuille... Et la mante religieuse qui oscille au sommet de cette brindille, elle le fixe en hochant la tête, elle frotte l'extrémité de ses petites pattes de devant, elle prie pour lui... Ils prenaient le train pour Alès, tous les trois... Maman, l'instituteur et lui, les Jeunesses socialistes chantaient, en gare de la Grand-Combe-la-Pise :

«Il va vers le soleil levant,
Notre pays...»

Les S.S. sont maintenant très affairés, ils passent sans cesse devant lui, derrière, sur sa droite, sur sa gauche, par deux, par trois, évitant leur prisonnier comme si c'était un poteau.

En voici deux qui traînent sur les genoux, par les aisselles, un homme dépenaillé, en triste état, une loque. Ils le mettent brutalement debout devant Henri qui a de la peine à reconnaître Paco, dont les yeux sont fermés, les paupières gonflées, bleuâtres, dont la bouche n'est plus qu'un fruit éclaté, sanglant.

Tous les S.S. présents claquent un instant les talons à l'apparition d'un gradé accompagné d'un civil, un quadragénaire plutôt petit, bedonnant qui arbore un appendice nasal pesant, de couleur mauve. Il ôte son chapeau mou pour venir voir les prisonniers, de tout près, de son regard myope. Son front et son crâne chauve ruissellent. Il pue le pastis, le mégot, l'oignon et la sueur de malade.

Plus ça va, plus Henri souffre de ses épaules ramenées tout contre ses oreilles. Le ligotage des avant-bras étroitement collés l'un à l'autre, des poignets aux coudes inclus, le contraint à tirer le cou et la tête vers l'avant comme une poule qui boit, nez à nez avec le gros gestapiste français, lequel se retourne écœuré vers le gradé S.S. Ils causent à voix basse, Henri ne perçoit que la fin d'une phrase : «... pour l'exemple.»

Le gradé S.S. ordonne calmement : «Hängt mir die beiden da drüben auf, als Ballettratten!»

(Accrochez-moi ces deux-là en danseuse!)

Les S.S. claquent les talons et entraînent les deux prisonniers sous le portique métallique qui annonce, à l'entrée du terre-plein, sur la plaque de tôle rouillée :

« C.M.H.C. — Compagnie des Mines
de la Haute-Cévenne. »

Les S.S. passent deux de leurs cordes par-dessus, deux d'entre eux se suspendent et se balancent trois secondes pour vérifier que le portique oscille, grince, mais tient le coup. Ils confectionnent habilement des nœuds coulants avec lesquels ils serrent les cous de Paco et d'Henri. Ils tirent alors sur l'autre extrémité des cordes et hissent les deux corps, mais sans les décoller du sol. Les pendus, bien vivants encore, se soutiennent sur la pointe des pieds.

Henri qui n'est plus qu'à un mètre de l'Espagnol, murmure : « Paco... Paco... »

— Ruhe! souffle à son oreille un S.S. qu'il ne peut voir, qui est en train de resserrer le nœud coulant sur sa nuque.

Paco finit par relever vers lui le regard de ses yeux ensanglantés où se lit leur mort prochaine.

Les S.S. attachent avec d'autres cordes la cheville gauche d'Henri, ils doivent remonter son short pour pouvoir lui écarter la jambe et nouer la corde au montant du portique. Ils procèdent à la même opération pour la cheville droite de Paco. Ensuite, ils se reculent pour juger du tableau, au milieu d'un petit groupe de leurs camarades qui s'y intéressent aussi, et tout ça calmement, sans colère, sans émotion, en artisans soigneux de leur travail. Certains commentent l'attache ou la comparent à d'autres installations. Ce qu'ils disent toujours à voix basse est inaudible mais ils ont l'air de parler en techniciens.

Les deux suppliciés sont grotesques : suspendus, une jambe raidie reposant sur le sol par les orteils, l'autre jambe tirée par la corde attachée au montant du portique, à l'équerre. Ainsi les membres inférieurs des deux pendus à moitié, mais toujours bien vivants, forment un angle de quatre-vingt-dix degrés, dont l'une des branches repose de façon incertaine sur la terre. Les suppliciés sursautent faiblement sur les orteils d'un seul pied pour ne pas étouffer. Faibles secousses, mais qui suffisent à ébranler assez les deux montants pour balancer un peu la vieille pancarte de la C.M.H.C. qui gémit au bout de ses chaînettes rouillées.

Le petit groupe de S.S. encore présents, au premier rang desquels se tiennent le gradé et le civil, observent en supporters blasés. Les crachotis de la radio rompent cette brève pause. Le gradé prend les écouteurs, et, après les avoir rendus au radio, il ordonne, presque à voix basse :

— Aufgepaßt ! Im Lager versammeln ! Sofort !

(Alerte ! Rassemblement à la base, immédiatement !)

Puis il porte un sifflet à ses lèvres et en tire deux coups brefs et un coup long. Aussitôt, d'autres sifflets répondent, plus ou moins éloignés dans la forêt alentour. En quelques secondes, la clairière est déserte, si l'on excepte les deux pendus s'efforçant désespérément de se soutenir sur les orteils d'un seul pied.

Quatre chasseurs-bombardiers américains passent en rase-mottes.

Paco parvient à briser le caillot qui le bâillonnait. Il articule à grand-peine un prénom féminin de son pays : « Pilar... » Et il décide d'en finir.

Il se détend dans un ultime effort. Après ce sursaut, il replie volontairement sa jambe libre, et reste suspendu. Deux ou trois convulsions très violentes, transmises par la cheville attachée au montant, font osciller la C.M.H.C. qui grince plus fort.

Paco est mort.

Henri Van Khyse manque d'en perdre l'équilibre mais il se reprend. Il mobilise son attention sur ses orteils, il veut ignorer les fourmis qui s'emparent de ses membres, il espère que quelqu'un va arriver, un maquisard qui se serait caché jusque-là, un copain... Il tente de hurler pour l'alerter, mais sa voix s'étouffe.

Rassuré par le silence, un gros rat sort de son trou.

Toujours tendu sur une jambe, le fils de la Banquise se met à pleurer : « Maman… maman… »

Un corbeau lui répond. Encouragés par la tranquillité du premier rat, d'autres rongeurs se risquent à sortir du puits.

Bouscassel apprit tôt ce matin-là que la ville d'Alès, considérée comme la capitale des Cévennes, venait d'être libérée par les maquis enfin descendus de leurs repaires montagnards. Leurs pertes, minimes dans l'ensemble, avaient été avantageusement comblées par l'afflux des résistants de la dernière heure. D'ennemis, il ne restait plus dans le pays que quelques traînards, qui ne demandaient qu'à se rendre, et les traîtres, les collabos activement pourchassés.

Ce matin-là, le Rampel jugea que c'était le jour ou jamais d'aller poser des collets. Pendant quatre ans, on avait foutu une paix relative au gibier, faute de cartouches, sans parler que, dans cette période, le moindre coup de feu risquait d'attirer fâcheusement l'attention. Il estima qu'il pouvait se munir de son fidèle Darne calibre 12 qu'il n'avait sorti de la paille que pour le massacre des guébirgues, siffla sa vieille Mirza, fameuse chienne d'arrêt, et prit les sentiers en fredonnant : « Viens Poupoule, viens Poupoule, viens... » Les garennes devaient pulluler autour de la mine abandonnée.

La première pensée qui lui vint, en débouchant sur le terre-plein, c'est : quelle idée de venir suspendre ici deux épouvantails... Leur tête semblait formée de ces boules de bruyère qu'on utilise pour surmonter les défroques bourrées de paille. Oui, mais ces boules sombres remuaient, animées d'une vie étrange... Mirza se cacha derrière son maître en gémissant. Le sabotier s'approcha, soupçonneux, en vieux braco. C'étaient des rats qui dévoraient les têtes, il y en avait partout, sous les chemises, dans les pantalons, d'autres couraient au festin en utilisant les cordes comme passerelles, il y avait deux files, une qui sortait du puits, l'autre qui y rentrait. Ecœuré, le Rampel vida son calibre 12 sur ce va-et-vient au ras du sol. Ce qui déclencha la panique, en un clin d'œil, les rongeurs disparurent en couinant dans la fosse, le dernier, rouge de sang, sortit d'une orbite.

— Les rats... nom de dieu ! les rats... comme en 14 !

Des marques individuelles étaient obligatoirement cousues sur le linge des pensionnaires, sa chemisette et son caleçon permirent d'identifier le lycéen Henri Van Khyse. Quant à l'autre pendu, on en fut un temps réduit aux hypothèses mais bientôt la vérité s'imposa, il s'agissait bien de Paco.

Grâce aux mesures de dispersion préparées par l'ancien guérillero pour l'embuscade, la plupart des maquisards avaient pu échapper au raid de S.S., lesquels avaient reçu ensuite l'ordre de se porter de toute urgence sur Lyon et ne pouvaient se permettre de traîner en route. L'avance de la 1re armée du général de Lattre de Tassigny les poussait vers le nord. Dans leur retraite, ils semaient, sur leur passage, des pendus et des ruines.

Dans ces heures de liesse, les familles des absents ne se faisaient pas trop de soucis : les maquisards rentraient un à un, d'autres s'engageaient dans la Brigade légère du Languedoc, en formation à Nîmes afin de « poursuivre Hitler jusqu'à Berchtesgaden. »

La dépouille d'Henri n'avait pas été ramenée au bureau de tabac, lieu maudit de tant d'indignités. Le cercueil avait été installé sur des tréteaux au milieu de la placette, entre deux drapeaux, un rouge et un tricolore. La foule, qui se pressait autour de ce catafalque improvisé, s'écarta, quand même impressionnée, mais surtout stupéfaite devant ce « culot ! » quand la Banquise arriva, son éternel manche de pioche à la main. Les murmures cessèrent quand elle exigea l'ouverture du cercueil.

— Vous devriez pas ! supplia le Gandin.

Elle repoussa brutalement Vivette et le pasteur qui tentaient de la retenir. Elle se dressa sur la pointe des pieds, en vain, elle ne pouvait rien voir. Elle posa son manche de pioche contre l'un des tréteaux, puis à deux mains, elle tira à elle le cercueil par l'extrémité. Il glissa jusqu'au sol, et demeura debout, à peine incliné vers l'arrière. Le couvercle n'avait pas encore été vissé, la Banquise l'arracha, et le jeta sur les pieds du Gamate et de la Guitoune qui se reculèrent vivement.

Carrée, campée sur ses jambes écartées, les poings sur les hanches, les coudes rejetés en arrière, faisant saillir les seins, impavide, la Banquise contemplait le contenu du cercueil.

Desséché par la canicule qui lui avait épargné le pourrissement, le corps ressemblait à un vieux tronc d'arbre. Pour qu'il tienne entre les quatre planches, une des jambes avait dû être cassée, on l'avait posée sur la poitrine. Ce qui avait été le visage d'un bel adolescent n'était plus qu'un masque repoussant, les orbites béantes, la bouche ouverte, la peau tellement rongée qu'on aurait dit des écailles.

Horrifiés, les gens détournèrent les yeux du cercueil pour les reporter sur la mère. Ils attendaient la crise de larmes, l'hystérie, les hurlements de la douleur, qu'elle se roule par terre, dans la poussière. Or, elle restait de glace, sans un cri, sans une larme, sans un tic, sans fermer les yeux, sans même un soupir. Le peuple était déçu, alors il devint méchant. Les murmures commencèrent, d'abord tout bas : « Une mère, ça !... » « Elle contemple son œuvre... » « On le sait depuis toujours, elle n'a pas de cœur, c'est une femme de cul... » « Une salope de femelle... » « *Uno fumellasso* ! » « *uno tonca* ! »... Le marmonnement montait, ça devenait un grondement de plus en plus coléreux, émaillé d'insultes de plus en plus menaçantes : « ... *qué las tripos li sourtiguesso per lous uels* ! »

Quand elle ramassa le manche de pioche, le premier rang des Bouscassellois recula d'un pas. Mais elle déposa son arme dans le cercueil, l'allongea pieusement entre les bras raidis, suivant l'antique viatique, pour que le défunt puisse se défendre sur le long chemin qui l'attendait.

Ensuite, toujours aussi lentement, toujours aussi calmement, elle remit le couvercle, se baissa pour soulever le cercueil et le remettre en place sur les tréteaux. Pour finir, elle saisit le drapeau rouge et le drapeau tricolore, les jeta sur le sol et les piétina, regardant les yeux dans les yeux les gens médusés qui lui faisaient face.

Une femme beugla : « Mon homme est mort pour ces drapeaux ! »

Le cri resta solitaire dans un silence gêné, comme s'il était exagéré, inopportun, d'abord cette femme, on ne la connaissait pas bien, elle n'était pas de Bouscassel, et puis la foule ne pouvait pas en supporter davantage, elle se resserra, pour se rassurer eût-on dit, elle roula sur elle-même, grondante, mollusque gigantesque se refermant sur sa proie pour la digérer.

Il y eut le cri aigu d'une voix féminine :

— Ah ! laissez-la !

Le Pétronille lui faisait rempart de son corps. De sa pauvre main mutilée, il repoussait les commères. Fendant péniblement la presse, le pasteur vint se ranger à côté de lui, brandissant sa petite bible crasseuse.

— Que celle qui est sans péché lui jette la première pierre ! proclama le Counifle sans bégayer.

Le Bacellard et le Gandin, leurs fusils à la bretelle, encadrèrent la Banquise :

— On verra ça demain, en attendant, je vais l'enfermer dans ma cave, annonça le forgeron d'un ton sans réplique.

Elle se laissa emmener entre les deux résistants, toujours sans un mot, sans une expression, au milieu de la foule qui s'écartait à regret pour la laisser passer.

— Elle a plus de regard, soupira le Lafuste, le menuisier qui attendait, le tournevis levé, de refermer définitivement le cercueil d'Henri Van Khyse.

— Moi, j'ai mon idée, annonça le Clouque, en se frottant les mains. Mais… c'est pas le tout, je vais creuser le trou de ce pauvre Riri…

Le cantonnier-coiffeur-fossoyeur-bedeau arborait un brassard tricolore timbré des trois lettres F.F.I., à l'encre fraîche.

La jeune madame Leraton était parvenue à arracher son mari à son échiquier pour l'amener à la fenêtre où le notaire à la retraite parut s'intéresser enfin à la vie de Bouscassel. Sur le trajet si court de la placette à la forge, on entendait des réflexions inattendues :

— On dirait plus une femme ! lâcha le facteur.

— Une statue qui marche, ajouta l'Ernestine, la femme du manchot.

L'instituteur, qui avait saisi leurs remarques au passage, récita pour lui-même, entre ses dents : « Elle est belle, ô mortels ! comme un rêve de pierre. »

La Banquise ne regarde plus le ciel, ses yeux contemplent Bouscassel comme si elle découvrait ce village qui était le sien depuis près d'un quart de siècle. Sa vue s'étend depuis le temple, au nord, au bout de la rue, jusqu'au milieu de l'agglomération, jusqu'au bureau de tabac. Un petit vent agite mollement les drapeaux, peu de gens aux fenêtres, ils sont tous dans la rue, ils l'entourent.

Sans crainte mais sans insolence, la Banquise passe la revue de ces visages qu'elle connaît si bien, et ceux sur lesquels son regard s'attarde baissent le nez. Arthur Rubal, dit la Barbouille qui délaisse momentanément son chevalet pour un chassepot exhumé de son grenier, un flingot de la guerre de 70 qui lui fait peur ; l'*esgroumillant* Groumille, veuf de son ennemi quotidien, le Bouffette ; le Boulanger, «pas le mauvais cheval», le Pégot et sa Pelorse, les Kandinski sans leur Anna qui doit courir les GI's quelque part dans la plaine, le Charlot qui laisse pendre son accordéon, le Ripailles qui tient sa clarinette comme une épée, le Ratapénade qui se cache derrière la grosse caisse pendue à son cou, le Rampel qui garde machinalement son banjo sur le cœur : leur musiquette un peu saoule s'est arrêtée net devant les seins nus. Le Pacoulin se préoccupe du mufle de son cheval. Sur le marchepied de la charrette, le Pétronille sanglote sourdement. Le pasteur garde le nez dans sa bible, derrière lui, sa mère rallume sa bouffarde. La famille Ramirez s'est écartée, furibarde, Dieu sait pourquoi...

Le Clouque, incapable de soutenir ce silence de plomb, ricane, puis il plonge un pinceau dans le pot de goudron qu'il a préparé pour ce dernier effet, et il trace à gros traits une croix gammée dégoulinante sur ce crâne d'une incroyable blancheur.

Alors la Banquise se dresse avec un hurlement de louve, renversant la chaise, bousculant le Clouque, elle saute en bas de la charrette. Elle traverse la foule apeurée. Les mains toujours liées dans le dos, elle fonce, la tête en avant, le menton entre les seins, elle déboule dans la ruelle. D'un bond prodigieux, elle se retrouve debout sur la murette. Là, elle prend le temps de se retourner pour fixer la foule qui se presse derrière elle, à l'étroit entre ces murs si rapprochés.

Là, elle entend la voix de son fils et la sienne dans les temps du bonheur :

— Mon Riri, tu n'as pas fini de faire le fou dans la rivière ! un jour, mon fils, tu tomberas sur un rocher, tu te fendras le crâne, tu te noieras et la rivière t'emportera jusqu'à la mer, et moi ? ta mère ? qu'est-ce que je deviendrai sans toi ?

— Maman ! tu viendras me rejoindre, et nous serons des dauphins, et nous bondirons tous les deux sur les vagues et... et...

Nous y serons heureux jusqu'à la fin du monde, lon la...

Jusqu'à la fin du monde.

Une dernière fois, le beau regard de la Banquise pétrifie Bouscassel. Enfin, elle hausse les épaules et saute dans la rivière, la tête la première sur les rochers où éclate son crâne dénudé.

Jusqu'à la fin du monde, lon la !

Quelque temps après, deux motards de la police, précédant un cortège de trois Tractions avant quinze chevaux noires, firent leur entrée dans Bouscassel. En descendirent notamment le préfet, le général commandant la région militaire, le chef régional des Forces françaises de l'intérieur, et le maire de Saint-Jean-du-Val. Tous ces officiels en costume sombre débarquaient assez dédaigneux; faisant attention où ils posaient leurs vernis, regardant leurs montres. Visiblement, ils étaient pressés, ils avaient sans doute pris du retard dans leur tournée. Ils étaient peut-être gênés pour une autre raison.

Le Ratapénade se précipita au-devant de «ces messieurs», s'étonnant de n'avoir pas été averti en tant que nouveau conseiller municipal, adjoint au maire de Saint-Jean-du-Val, chargé de Bouscassel, en somme le maire du hameau...

Le préfet le coupa :

— Monsieur l'adjoint, nous avons peu de temps, et un emploi du temps très chargé, pourriez-vous nous conduire à la sépulture Van Khyse, je vous prie?

Les officiels furent conduits par le conseiller municipal, dans le cimetière, devant une stèle de marbre noir gravé en creux de lettres d'or.

Henri Van Khyse
1925-1944
MORT POUR LA FRANCE
Martyr de la Liberté

(Et en dessous, en lettres beaucoup plus petites :)

Offert par souscription des Bouscassellois pour le glorieux enfant de leur village.

Là, les officiels se mirent en rang et le chef régional de la Résistance commença son discours par un vibrant : « Vous, Clémence Van Khyse... » mais le forgeron l'interrompit aussitôt : c'était la tombe d'Henri Van Khyse, Clémence était ailleurs...

— Comment? s'étonna le préfet, la mère n'est pas enterrée avec son fils !

Les officiels durent faire demi-tour, sortir du cimetière, longer le mur par l'extérieur, pour arriver à une petite bosse de terre, sans inscription et sans même une croix, à l'écart des morts de la commune. Les motards, en tenue de cérémonie, fourragère rouge et gants à troussequin d'une blancheur éclatante, se mirent néanmoins au garde-à-vous de part et d'autre de la tombe qui sembla s'enfoncer encore plus dans la terre.

Les Bouscassellois sortaient de leurs trous comme des rats, il en arrivait de partout, ils formaient cercle mais à distance respectueuse. Pas un, pas une n'osait approcher à moins de vingt mètres. Ils tendaient l'oreille, médusés... Finalement, ne sachant que faire, faute de mieux, le village se découvrit. Le pasteur se détacha du groupe, fit trois pas en avant, la bible ouverte à la main, suivi par sa mère, mais sur un signe péremptoire du forgeron, il recula et rentra dans le rang, parmi les Bouscassellois, en refermant son livre.

Le chef régional prit le premier la parole :

— Nous venons honorer la pure héroïne de Bouscassel, haut lieu de la Résistance. Non seulement elle a donné son fils unique à la Patrie mais, avec un esprit de sacrifice poussé jusqu'à l'abnégation, au mépris de risques considérables, elle a recueilli une masse de renseignements qu'elle a notés sur un humble cahier d'écolier. Ce cahier, transmis à l'état-major des Forces alliées, a permis des actions immédiates, en particulier aériennes, qui ont contribué à abréger le conflit et à économiser de nombreuses vies humaines.

Là, il se tourna vers le préfet et lui passa le papier.

Les Bouscassellois, un à un, baissaient la tête. Certains, qui par mégarde avaient gardé leur chapeau, l'enlevèrent prestement.

Le préfet toussota et dit :

— Au nom du Gouvernement provisoire de la République française, et en vertu des pouvoirs qui me sont conférés, je décerne, à titre posthume, la croix de guerre et la médaille de la Résistance à madame Clémence Van Khyse, « la Banquise », de son nom de guerre...

Il restait là, une médaille dans chaque main, cherchant où il pourrait bien les épingler... Pas un des Bouscassellois n'osa proposer l'intérim de sa poitrine.

Alors le Clouque vint à sa rescousse, toujours serviable :

— Attendez, monsieur le Préfet, il doit me rester quelque part chez moi une croix de bois, je cours la chercher, on pourra clouer ces choses dessus.

Le Gravas,
30 septembre 1997

LE PARLER DE BOUSCASSEL

AMAÏRIT
(De *maïré*, mère) Qui n'est pas sorti des jupons de sa mère.
ANISTAÏRÈS
Qui fourrent leur nez partout.
AQUELLO BÉZOUGNO
Cette chose (le mot est très vague et assez péjoratif).
ARSOUILLE
Voyou (en français, mais ici en utilisation très câline pour un enfant, en bouscassellois).
AVES VIS AQUEL ENQUESTRO ?
Vous avez vu ce bizarre et encombrant objet ?
BACELLER
Frapper très fort.
BAROUF
Vacarme menaçant.
BASTARDOU
Petit bâtard.
BAVASSERIES
Bavardages malveillants et gluants.
BÊCHARD
Houe à deux dents, l'outil le plus fréquent dans les jardins cévenols.
BÉDIGAZ
(De *bedigue*, brebis) Benêt.
BISTANFLU
Mot réservé à un joli polisson, signification incertaine : dont la vitalité réjouit.
BLAGUAÏRÈS
Grands parleurs.
BOUSCASSIER
Bûcheron.
BOUSETTE
Petite bouse de vache, le mot le plus tendre qu'une maman puisse dire à son bébé.
BOUZÈNO
Mauvais sort.
BRANDO-BRÉN
De *brando* : secouer, et de *brén* : merde. « L'Alibert », dictionnaire occitan-français qui, d'après mes amis occitanistes, fait autorité, donne à *bren* : matière fécale, c'est bien de la merde qu'il s'agit. Donc *brando-brén* : fouille-merde.
CABESSE
(Du castillan cabeza) Tête.
CABOUR
Imbécile.
CADÉLAS
(De *cadel*, chiot) Grand chien fou.
CAGADOU
Euphémisme pour chiottes.

CAMPÈNE
Petite cloche d'un temple.
CAOU LOUS RECATA
Faut les ranger soigneusement.
CAPITÉ
(De *caput*, tête) Tombé pile.
CARCINER
Se consumer de souci.
COUDASQUES
Grosses femmes très bêtes et très bruyantes.
COUILLOSTI
Variation très commune pour couillon. La variation est un phénomène courant et particulièrement réjouissant.
Exemple : vous ne vous contenterez pas de traiter l'ivrogne de *pèbré* (poivrot), non, vous psalmodierez : *maï toun pèbro, oï pèbras, pèbrino-o-o !* Autres exemples (quand on y est :) pour insulter les femmes : *femna-fémadoura* (femme-fumier) ; ou encore : *femna-femsa* (femme-fiente). Il y a des poètes de bistrot très portés sur l'allitération crapuleuse, afin de provoquer chez les dames des protestations amusées.
COUQUÏN DÉ SORT
Coquin de sort, le juron le plus courant que se permettent les dames.
CRÉ NOUN DÉ DÎOU
Crénom de dieu.
Juron pour hommes libérés.
CRÉBADOUÏRÉ
Crevure, crevaison générale, nous crèverons tous, il y a tout ça dans ce mot que répètent les octogénaires en contemplant leurs murettes qui s'effondrent.
DESPINDJO-FIGUO
Dépendeur de figues (pour un type très grand, plutôt gentil).
DESTRANQUAILLENT (SE)
Se démantibulent comme une vieille mécanique.
DROULETTES
Fillettes.
EMBUGUER (S')
Littéralement : mettre les tonneaux à gonfler sous les chéneaux. La *bugado*, c'est la lessive.
EMPATOUILLER (S')
S'embarrasser, se mélanger les pinceaux.
EMPESTIFÉLEUR
Qui empoisonne l'air et la société.
ENGRAÏSSA
Engraisser.
ESCANAIT
Etranglait, escroquait.
ESCARABILLÉE
Vive, brillante comme des étincelles.
ESGROUMILLANT
Toussotant, crachant de façon remarquablement répugnante.
ESPIALOUFIT
Dépeigné, hirsute.
ESPOUDARQUER (S')
Marcher en écartant les jambes, ou à la jockey ou comme une commode Louis XV.
ESPOUSSÉE
Secouée.
ESPOUVÉNTO
Qui fait peur, épouvantail vivant.
ESTABOUZITE
Eberluée.
ESTRIPAILLER
Sortir les tripes.
ET PATÏN ET COUFÏN
Et tout le reste.
FEIGNARDASSOS
Gros, vraiment très gros, *feignantas*.
FENESTROU
Petite fenêtre.
FLAOUGNARDASSO
Qui lézarde lourdement, mollement.
FLÈQUES
Pommes de terre cuites à l'étouffée avec oignons, lardons, etc.

FUMELLASSO
Une forte femme.
GALAVARDER
Se goinfrer.
GAMINAS
Grand gamin.
GORJIOU NÈGRO
Gorge noire.
IBROUGNASSOS
Vraiment l'ivrogne dégueulasse, cette variation péjorative est grandiose.
M'AVÈS COUMPRÈS
Vous m'avez compris.
MACAREL
Maquereau, mot marseillais devenu une ponctuation machinale donc désamorcée.
MAHOUSSE
Beau et fort.
MAÏSSO
Bouche, ou plutôt gueule.
MÉFI
Attention ! Cri venu de méfiance, la première syllabe fortement accentuée.
MERDOUZET
Affectueusement : petit merdeux.
MOUNINE
Dissimulée, chafouine, méchante et curieuse.
MOUNSTRÉ
A l'origine, un monstre ; tellement employé qu'il a perdu la plupart du temps toute signification ; c'est devenu une sorte de ponctuation : Allons bon... tiens donc !
MOURÉDJER
Se câliner, en commençant par en haut.
MOURNIFLE
Qui se mêle de ce qui ne le regarde pas.
MOURNIFLET
Diminutif de *mournifle*.
MOURRE
Museau.
MOUSTIELLE
Belette et, par extension, personne qui en a le museau pointu.
MOUTCHACHOU
Petit enfant.
OUMBRETTO
Petite ombre ; employé pour désigner quelqu'un qui ne fait rien sérieusement : *cassaïré à l'oumbretto* : chasseur qui sieste à l'ombre au lieu de courir après le gibier.
PALAMAR
Maladroit.
PAMÉN
Pas moins ! (la plus fréquente des ponctuations, remplace des soupirs ou des « et alors ? »).
PANTAÏSEUR
Rêveur.
PARDINE
Parbleu, assurément, certes, mot passe-partout, comme *pamén*, pour tenir le crachoir sans laisser les autres en placer une.
PECCAÏRÉ
Pauvre pécheur !
PÉCOLE
Crotte de la chèvre, mot très affectueux pour désigner un petit enfant.
PÈGUE
Poix. Le pèguot est le cordonnier, ainsi nommé parce qu'il employait beaucoup de fil poissé. *Quanto pèguo !* : qu'il est collant, ce type, pas moyen de s'en *dépèguer* !
PÉQUÉLET
Un tout-petit.
PÉQUÉLONS
Tout-tout-petits.
PÉTOULET
Encore plus petit ; *pétoule*, c'est rien.
PÉTUNEURS
Fumeurs, de *pétun*, vieux mot

pour tabac revenu à la mode surtout de 40 à 45 à cause de Pétain, comme d'ailleurs : *fan dè pétain* !

PEUCHÉRETTE
Petite, toute petite pécheresse.

PORTE-FACHINE
Envoûteur.

POUTINGUE
Médicament, si possible en fiole.

PRÉGADÏOU
Mante religieuse, littéralement : prie-Dieu.

PUDÈCINO
Puanteur.

PUTANASSO
Grosse putasse.

QUANTÉ PATIDOUÏRÉ
Quelle longue et dure souffrance.

QUÉ LAS TRIPOS LI SOURTIGUESSO PER LOUS UELS !
Que les tripes lui sortent par les yeux !

RABISSANE
Tige sèche de clématite, la cigarette des gamins non voleurs.

RAMPÉLER
Ennuyer, en vous tenant par la jambe, sans cesser de vous parler. Maintenant, à Bouscassel, les *rampels*, on les appelle gonflettes.

RANCARÈDES
Pentes rocheuses, le mot fait riche assonance avec *reincarède*, le mal aux reins.

RASCASSE
Avare.

REBROUSSIERS
Ces gens toujours à rebrousse-poil qu'on ne sait jamais comment prendre.

ROUMÈGUER
Ronchonner dans sa barbe, la bouche pleine de crachats en formation.

ROUSTES
Corrections données à plus faible que soi.

SALOUPARDAS
Grand et gros salaud.

SAS
Tu sais.

SOUILLARDISANT
Dégueulassant.

SOUN ENRAOUMASSATS
Ils sont enrhumés.

TABAZILLES
Vieilles mécaniques bruyantes.

TARTIFLES
Pommes de terre.

TCHARRER
Engueuler.

TCHINARÈDO DO-OU DIABLÉ
Chiennerie du diable.

TESTO D'HIGANAOU
Gros caillou sur le chemin, dur comme une tête de protestant.

TI PENDJARÉN
Nous te pendrons. Pendant l'Occupation, à Bouscassel, on ne se saluait plus de l'étonnant et traditionnel adieu ! mais on se disait simplement : *lous pendjarén* ! on les pendra (les salauds, les traîtres… pas besoin de préciser, tout le monde savait qui).

TI VOOU VIRA ÜN VIRO T'EN LAÏ QUÉ LOU MUR T'EN VIRO ÜN AUTRO TOURNAMAÏ
Je vais te donner une gifle (un retour de main) qui t'enverra tellement fort t'écraser que le mur t'en donnera une autre.

TONCA
Un vrai remède contre l'amour et conne par-dessus le marché.

TORGNOLES
Coups répétés là où ça fait mal.

TRASSE
Se dit de ce qui n'est plus bon à rien, qu'à jeter avant que ça pue.

TRASSETTE
Qui a mauvaise mine, petite santé.
TRÉPER
Tourner en rond, en piétinant de façon à énerver tout le monde.
TRÊVE
Fantôme.
ÜN CÏOU COMM'ÜN ASSÉMAOU
Un cul comme une comporte (récipient pour les vendanges qui ressemble à un tonneau coupé en deux avec des poignées).
ÜN POULIT' TRAVAL
Un joli travail.
VÉ !
Vois !
VERGOUGNOUS
Qui est honteux, à se cacher !
VÏOU ! DÉ FORO ! ÏÈOU VOUS VOOU CAMPÉDJA !
Va dehors ! je vais vous pourchasser.

PRODUCTION JEANNINE BALLAND

Romans « Terres de France »

Jean Anglade
Un parrain de cendre
Le Jardin de Mercure
Y a pas d'bon Dieu
La Soupe à la fourchette
Un lit d'aubépine
La Maîtresse au piquet
Le Saintier
Le Grillon vert
La Fille aux orages
Un souper de neige
Les Puysatiers
Dans le secret des roseaux
La Rose et le Lilas
Avec le temps...
L'Ecureuil des vignes
Une étrange entreprise
Le Temps et la Paille
Les Ventres jaunes
Le Semeur d'alphabets
Sylvie Anne
Mélie de Sept-Vents
Le Secret des chênes
La Couze
Ciel d'orage sur Donzenac
La Maîtresse du corroyeur
Un horloger bien tranquille
Un été à Vignols
Jean-Jacques Antier
Tempête sur Armen
Marie-Paul Armand
La Poussière des corons
Le Vent de la haine
La Courée
tome I *La Courée*
tome II *Louise*
tome III *Benoît*
La Maîtresse d'école
La Cense aux alouettes
L'Enfance perdue
Un bouquet de dentelle
Au bonheur du matin
Le Cri du héron
Le Pain rouge
Victor Bastien
Retour au Letsing
Henriette Bernier
L'Enfant de l'autre
L'Or blanc des pâturages
L'Enfant de la dernière chance
Le Choix de Pauline
Françoise Bourdon
La Forge au Loup
La Cour aux paons
Le Bois de lune
Le Maître ardoisier
Les Tisserands de la Licorne
Le Vent de l'aube
Les Chemins de garance
Patrick Breuzé
Le Silence des glaces
La Grande Avalanche
La Malpeur
Nathalie de Broc
Le Patriarche du Bélon
La Dame des Forges
La Tresse de Jeanne
Annie Bruel
Le Mas des oliviers
Les Géants de pierre
Marie-Marseille
Michel Caffier
Le Hameau des mirabelliers
La Péniche Saint-Nicolas
Les Enfants du Flot
La Berline du roi Stanislas
La Plume d'or du drapier
L'Héritage du mirabellier
Claire Chazal
L'Institutrice
Didier Cornaille
Les Labours d'hiver
Les Terres abandonnées
Etrangers à la terre
L'Héritage de Ludovic Grollier
L'Alambic
Georges Coulonges
Les Terres gelées
La Fête des écoles
La Madelon de l'an 40
L'Enfant sous les étoiles
Les Flammes de la Liberté
Ma communale avait raison

Les blés deviennent paille
L'Eté du grand bonheur
Des amants de porcelaine
Le Pays des tomates plates
La Terre et le Moulin
Les Sabots de Paris
Les Sabots d'Angèle
La Liberté sur la montagne
Les Boulets rouges de la Commune
Anne Courtillé
Les Dames de Clermont
Florine
Dieu le veult
Les Messieurs de Clermont
L'Arbre des dames
Le Secret du chat-huant
L'Orfèvre de Saint-Séverin
Paul Couturiau
En passant par la Lorraine
Annie Degroote
La Kermesse du diable
Le Cœur en Flandre
L'Oubliée de Salperwick
Les Filles du Houtland
Le Moulin de la Dérobade
Les Silences du maître drapier
Le Colporteur d'étoiles
La Splendeur des Vaneyck
Les Amants de la petite reine
Alain Dubos
Les Seigneurs de la haute lande
La Palombe noire
La Sève et la Cendre
Le Secret du docteur Lescat
Constance et la Ville d'Hiver
Marie-Bernadette Dupuy
L'Orpheline du bois des Loups
Les Enfants du Pas du Loup
La Demoiselle des Bories
Le Chant de l'Océan
Elise Fischer
Trois Reines pour une couronne
Les Alliances de cristal
Mystérieuse Manon
Le Soleil des mineurs
Les cigognes savaient
Laurence Fritsch
La Faïencière de Saint-Jean
Alain Gandy
Adieu capitaine
Un sombre été à Chaluzac
L'Enigme de Ravejouls
Les Frères Delgayroux
Les Corneilles de Toulonjac
L'Affaire Combes
Les Polonaises de Cransac
Le Nœud d'anguilles
L'Agence Combes et Cie
Suicide sans préméditation
Fatale Randonnée
Une famille assassinée
Gérard Georges
La Promesse d'un jour d'été
Les Bœufs de la Saint-Jean
L'Ecole en héritage
Le Piocheur des terres gelées
Les Amants du chanvre
Denis Humbert
La Malvialle
Un si joli village
La Rouvraie
L'Arbre à poules
Les Demi-Frères
La Dernière Vague
Yves Jacob
Marie sans terre
Les Anges maudits de Tourlaville
Les blés seront coupés
Une mère en partage
Hervé Jaouen
Que ma terre demeure
Au-dessous du calvaire
Les Ciels de la baie d'Audierne
Les Filles de Roz-Kelenn
Michel Jeury
Au cabaret des oiseaux
Guillemette de La Borie
Les Dames de Tarnhac
Le Marchand de Bergerac
Jean-Pierre Leclerc
Les Années de pierre
La Rouge Batelière
L'Eau et les jours
Les Sentinelles du printemps
Un amour naguère
Julien ou l'Impossible Rêve
A l'heure de la première étoile
Hélène Legrais
Le Destin des jumeaux Fabrègues
La Transbordeuse d'oranges
Les Herbes de la Saint-Jean
Les Enfants d'Elisabeth
Louis-Jacques Liandier
Les Gens de Bois-sur-Lyre
Les Racines de l'espérance

Jean-Paul Malaval
Le Domaine de Rocheveyre
Les Vignerons de Chantegrêle
Jours de colère à Malpertuis
Quai des Chartrons
Les Compagnons de Maletaverne
Le Carnaval des loups
Les Césarines
Grand-mère Antonia
Une maison dans les arbres
Une reine de trop
Une famille française
Le Crépuscule des patriarches
Dominique Marny
A l'ombre des amandiers
La Rose des Vents
Et tout me parle de vous
Jouez cœur et gagnez
Pascal Martin
Le Trésor du Magounia
Le Bonsaï de Brocéliande
Les Fantômes du mur païen
La Malédiction de Tévennec
Louis Muron
Le Chant des canuts
Henry Noullet
La Falourde
La Destalounade
Bonencontre
Le Destin de Bérengère Fayol
Le Mensonge d'Adeline
L'Evadé de Salvetat
Les Sortilèges d'Agnès d'Ayrac
Le Dernier Train de Salignac
Michel Peyramaure
Un château rose en Corrèze
Les Grandes Falaises
Frédéric Pons
Les Troupeaux du diable
Les Soleils de l'Adour
Passeurs de nuit
Jean Siccardi
Le Bois des Malines
Les Roses rouges de décembre
Le Bâtisseur de chapelles
Le Moulin de Siagne
Un parfum de rose
La Symphonie des loups
La Cour de récré
Bernard Simonay
La Fille de la pierre
La Louve de Cornouaille
Jean-Michel Thibaux
La Bastide blanche
La Fille de la garrigue
La Colère du mistral
L'Homme qui habillait les mariées
La Gasparine
L'Or des collines
Le Chanteur de sérénades
La Pénitente
L'Enfant du mistral
Jean-Max Tixier
Le Crime des Hautes Terres
La Fiancée du santonnier
Le Maître des roseaux
Marion des salins
Le Mas des terres rouges
L'Aîné des Gallian
Brigitte Varel
Un village pourtant si tranquille
Les Yeux de Manon
Emma
L'Enfant traqué
Le Chemin de Jean
L'Enfant du Trièves
Le Déshonneur d'un père
Blessure d'enfance
Mémoire enfouie
Louis-Olivier Vitté
La Rivière engloutie
L'Enfant des terres sauvages
Colette Vlérick
La Fille du goémonier
Le Brodeur de Pont-l'Abbé
La Marée du soir
Le Blé noir

Biographie

Michel Caffier
Le Découvreur du Mississippi

Récit « Terres de France »

Albine Novarino
George Sand ou l'Amour du Berry

Collection « Sud Lointain »

Sylvie Anne
L'Appel de la pampa
Jean-Jacques Antier
Marie-Galante, La Liberté ou la Mort
La Dame du Grand-Mât
Le Sixième Condamné de l'Espérance
Erwan Bergot
Les Marches vers la gloire
Sud lointain
tome I *Le Courrier de Saïgon*
tome II *La Rivière des parfums*
tome III *Le Maître de Bao-Tan*
Rendez-vous à Vera-Cruz
Mourir au Laos
Jean Bertolino
Chaman
Fura-Tena
Anne Courtillé
Le Mosaïste de Constantinople
Paul Couturiau
Le Paravent de soie rouge
Le Paravent déchiré
L'Inconnue de Saigon
Les Amants du fleuve Rouge
Le Pianiste de La Nouvelle-Orléans
Les Brumes de San Francisco
Paradis perdu
Annie Degroote
L'Etrangère de Saint-Pétersbourg
Alain Dubos
Acadie, terre promise
Retour en Acadie
La Plantation de Bois-Joli
La Baie des maudits
Elise Fischer
L'Enfant perdu des Philippines
Hubert Huertas
L'Orque de Magellan
Hervé Jaouen
L'Adieu au Connemara
Le Testament des McGovern
Diane Lacombe
L'Hermine de Mallaig
Eric Le Nabour
Orages sur Calcutta
Les Démons de Shanghai
Les Jardins d'Istanbul
Sonia Marmen
La Vallée des larmes
La Saison des corbeaux
La Terre des conquêtes
La Rivière des promesses
Dominique Marny
Du côté de Pondichéry
Les Nuits du Caire
Cap Malabata
Du côté de Bombay
Juliette Morillot
Les Orchidées rouges de Shanghai
Michel Peyramaure
Le Pays du Bel Espoir
Les Fleuves de Babylone
Les Tambours sauvages
Le Temps des moussons
Les Roses noires de Saint-Domingue
Bernard Simonay
Les Tigres de Tasmanie
La Dame d'Australie
Princesse maorie
Jean-Michel Thibaux
La Fille de Panamá
Tempête sur Panamá
La Pyramide perdue
La Cinquième Courtisane
Colette Vlérick
Le Domaine du belvédère

Romans

Hubert Huertas
Nous jouerons quand même ensemble
La Passagère de la « Struma »
Terminus Pondichéry
Denis Humbert
Un été d'illusions
Dominique Marny
Mes nuits ne sont pas les vôtres
Michel Peyramaure
Le Roman de Catherine de Médicis
Jean-Michel Thibaux
Le Roman de Cléopâtre

Achevé d'imprimer sur les presses de

BUSSIÈRE

GROUPE CPI

à Saint-Amand-Montrond (Cher)
en octobre 2007

N° d'édition : C 07575. — N° d'impression : 073467/1.
Dépôt légal : novembre 2007.

Imprimé en France